全国高职高专经济管理类"十三五"规划理论与实践结合型系列教材

校企合作优秀教材

管理基础与实务

GUANLI JICHU YU SHIWU

主　编　胡培业
副主编　洪明刚　樊莲花
主　审　吴东泰
参　编　罗远宁　谭爱红　刘运宇　刘海东

华中科技大学出版社
http://www.hustp.com
中国·武汉

图书在版编目(CIP)数据

管理基础与实务/胡培业主编. —武汉：华中科技大学出版社,2018.9(2021.9重印)
ISBN 978-7-5680-4505-6

Ⅰ.①管… Ⅱ.①胡… Ⅲ.①管理学-高等职业教育-教材 Ⅳ.①C93

中国版本图书馆 CIP 数据核字(2018)第 208331 号

管理基础与实务
Guanli Jichu yu Shiwu

胡培业　主编

策划编辑：聂亚文
责任编辑：舒　慧
封面设计：孢　子
责任监印：朱　玢
出版发行：华中科技大学出版社(中国·武汉)　　电话：(027)81321913
　　　　　武汉市东湖新技术开发区华工科技园　　邮编：430223
录　　排：华中科技大学惠友文印中心
印　　刷：武汉市籍缘印刷厂
开　　本：787mm×1092mm　1/16
印　　张：16.5
字　　数：422千字
版　　次：2021年9月第1版第2次印刷
定　　价：42.00元

本书若有印装质量问题，请向出版社营销中心调换
全国免费服务热线：400-6679-118　竭诚为您服务
版权所有　侵权必究

前言
PREFACE

管理是人类的基本活动之一,它广泛存在于现实社会生活之中,并成为一切组织活动中必不可少的组成部分。任何一个人都是自我管理者,同时又是一定的组织或社会中的管理者或被管理者。因此,管理学是一门便于实操的学问,熟悉必要的管理学知识,既有助于促进人类社会文明的进步,也有助于提升个人工作成效。

目前,高职教育在我国得到快速发展,高职高专院校大多都开设了管理课程,并将其设置为专业必修课。管理类教材也呈百花齐放之势,各显特色。但对于高职高专院校的学生而言,这些教材存在理论性过强、堆砌材料过多、部分重点内容稍显简略的问题,学生学起来很有兴趣,但是学完后未能很好地将管理思维应用到身边方方面面的活动中去。这种不协调意味着管理学教材需要在理论与实践相结合、学习与职业相结合的思路中寻求创新。

本书由高职院校教师和企业高管共同完成,遵循以掌握核心理论知识为基础、以培养技能为重、以培养素质为本的思路,按照高等职业教育培养技术技能型人才的要求,尊重高职院校学生的认知习惯,以职业实践需求为导向,共分为企业基础认知、管理基础认知、中西方管理理论演进、管理环境信息获取与分析能力、决策能力、计划制订与执行能力、组织设计与管理能力、领导能力、控制能力及创新创业能力10个模块,23个项目。

本书追求创新,但不刻意标新立异。在结构设计方面:首先,增加了企业基础认知模块,向读者展示如何成立企业及现代企业的治理结构,并在该模块中详细介绍了"模拟公司"的训练活动,使管理知识的应用落到实处,解决了理论过强、过于抽象的问题;其次,考虑到管理环境信息的获取及分析对管理活动的重要性,将其作为一个独立模块进行介绍;最后,在保留符合传统认知的四大管理职能的基础上,结合我国"大众创业、万众创新"的新形势,丰富了第五项职能,即创新职能,设计了创新创业能力模块。在内容编排方面:结合管理工作的实际流程对本书的内容进行编排,使读者更便于把管理理论和实务相结合;另外,结合大部分高职院校管理学课程的学时配备和管理学的内容结构,对本书的内容进行整合,使整本书的条理更加清晰,且更便于教学安排。每个模块的逻辑思路方面遵循"学习情境—学习目标—能力训练—知识导航—知识拓展或案例分析—思考练习"的脉络,使读者能够融入管理场景,根据学习目标,自我管控学习成效。另外,书中穿插了一些小故事、小案例,增加了学习的趣味性。

本书主要面向高职高专类学生,同时也希望能够对各类组织的基层管理实践者在管理知识的增进和管理能力的提升上有所裨益。

本书由广东松山职业技术学院胡培业担任主编,洪明刚和樊莲花担任副主编,吴东泰教授主审,罗远宁、谭爱红、刘运宇、刘海东参与编写。深圳市德润达光电股份有限公司刘海东副总经理积极参与研讨,就企业管理与运营实践问题提出了许多有益的建议,并提供了部分案例资料。具体分工如下:胡培业设计全书框架、拟定编写提纲、总纂和定稿,编写模块一、三、四、六及模块八中的项目十八;洪明刚编写模块二及模块八中的项目十九;樊莲花编写模块五中的项目十及模块七、九;谭爱红编写模块五中的项目九;刘运宇编写模块八中的项目十七;罗远宁编写模块十。

本书融入了编者们多年的教学经验和成果,参考和借鉴了国内外许多学者的著作和相关文献资料,在此向这些作者深表感谢!另外,因积累时间太久,无法一一对所有参考资料深究出处,在此深表歉意。

管理学是一门博大精深、内涵丰富的学科,由于编者研究水平、掌握的资料和时间有限,虽呕心沥血,但难免有不尽如人意的地方,敬请广大读者斧正,在此深表谢意!

编 者

2018 年 4 月

目录
CONTENTS

模块一 企业基础认知 1
项目一 企业认知及筹建能力 2
项目二 现代企业与现代企业制度 17

模块二 管理基础认知 29
项目三 管理系统认知 30
项目四 管理者素质与技能 39

模块三 中西方管理理论演进 49
项目五 中国古典管理思想 50
项目六 西方管理理论演进 56

模块四 管理环境信息获取与分析能力 75
项目七 管理环境信息获取能力 76
项目八 管理环境分析能力 83

模块五 决策能力 97
项目九 决策过程认知能力 98
项目十 决策方法运用能力 103

模块六 计划制订与执行能力 117
项目十一 计划制订能力 118
项目十二 计划执行能力 125

模块七 组织设计与管理能力 141
项目十三 组织认知及常见组织结构 142
项目十四 组织的设计与变革能力 148
项目十五 人力资源管理能力 156
项目十六 组织文化管理能力 170

模块八 领导能力 181
项目十七 领导与影响能力 182
项目十八 团队激励能力 194
项目十九 人际沟通能力 207

模块九　控制能力 ………………………………………………………… 225
　项目二十　总体控制能力 ………………………………………………… 226
　项目二十一　控制技术与方法运用能力 ………………………………… 232
模块十　创新创业能力 ………………………………………………… 241
　项目二十二　创新能力 …………………………………………………… 242
　项目二十三　创业能力 …………………………………………………… 249
参考文献 ………………………………………………………………… 258

模块一
企业基础认知

GUANLI JICHU
YU SHIWU

学习情境

21世纪的今天,企业在经济社会中扮演着重要角色,与每个人的生活息息相关。某高校学生小陈与几名同学合作,通过努力成功与本地一家规模较大的快递公司达成协议,专门负责该公司在校内快递的揽发和派送,并在学校商业街租了一间仓库办理业务。学生的快递到了,会有专人打电话或发送短信通知学生,学生则随时可以到仓库去取货,这样既方便了学生,也让小陈的团队获得了相应的经济效益。小陈的快递代理点是企业吗?如果你是小陈,你会怎样成立一家企业?

学习目标

1. 知识目标

通过本模块的学习训练,学生能够认识和了解企业的基本概念,了解现代企业和现代企业制度,理解现代企业的制度体系,掌握成立企业的基本流程。

2. 能力目标

通过本模块的学习训练,学生知道如何成立一家企业。

3. 素质目标

通过本模块的学习训练,培养学生的分析判断能力、组织能力和表达能力。

项目一 企业认知及筹建能力

训练01:通过情境模拟,对企业进行认知。

模拟公司创建大会

一、时间:45分钟(课内时间45分钟,课外准备时间自定)。

二、活动目的:通过发散思维,各显其能,在学生创造出各具特色的公司的基础上,让学生掌握企业名称的构成、注册流程及需要准备的材料,拓展学生视野,培养学生的策划能力、团队协作能力和语言表达能力等。

三、活动地点:教室。

四、参与人数:一个教学班组建十二家公司,每家公司6~8人。

五、活动所需资源:多媒体设备,主持人1名,后勤工作人员若干。

六、操作程序:

(一)课前准备

1. 教师在授课之前提前通知学生做好准备,提高学生的学习兴趣与积极性;教师选定本次模拟活动的主持人和后勤工作人员,主持人和后勤工作人员也需要参与公司组建。

2. 确定公司经营范围为学校内部市场,模拟公司由学生自由组合成立,每组6~8人。

3. 人力资源招聘环节(此环节视情况取舍):后勤工作人员统计参加模拟公司组建的人员

名单,并由每个模拟公司派出代表作为现场招聘的面试官,各模拟公司的面试官提前准备好若干个面试问题;后勤工作人员统计未在限定时间内参加模拟公司组建的人员名单,这部分学生将全部作为各模拟公司的应聘者。

4. 各模拟公司预先确定公司名称、公司规模、公司经营目标、公司文化理念、公司经营的产品或行业、公司规章制度、公司经营理念、公司基本运营方案及公司各部门职责、权限、分工。

5. 尝试分析经营环境。

6. 制作模拟公司创建大会发言所用的PPT。

(二) 课堂现场验收成果

1. 活动开始前,后勤工作人员负责活动现场的布置,主持人准备好主持词。

2. 召开模拟公司创建大会,各公司代表发言介绍所创建公司的信息及注册流程,后勤工作人员组织各组抽签确定上场顺序。(约30分钟,每组必须确保用时在3~5分钟之间,不得过于简单,也不能花费太多时间。)

3. 各小组自评分、互评分。

4. 教师评分及总结点评。

(三) 课后总结

各模拟公司将其经营目标、文化理念,各部门职责、权限、分工,经营的产品或行业,业务工作流程及基本运营方案形成书面材料,上交至教师,便于结合后续模块继续深入学习。

训练问题:

1. 什么样的组织才是企业?
2. 企业的名称由哪几部分构成?
3. 注册企业前需要做好哪些准备?
4. 企业的注册流程是什么?

知识导航

一、企业的含义

企业是指从事生产、流通、服务等经济活动,为满足社会需要和获取盈利,依照法定程序成立,进行自主经营,独立享受权利和承担义务的营利性经济组织。

二、企业的特征

(一) 组织性

企业不同于个人、家庭,它是一种有名称、组织机构、规章制度的正式组织,而且它不同于靠血缘、亲缘、地缘或神缘组成的家族宗法组织、同乡组织或宗教组织,而是由企业所有者和员工通过契约关系自由地(至少在形式上)组合而成的一种开放的社会组织。

(二) 经济性

企业是从事生产、流通或服务活动的经济组织,这是企业与不从事经济活动的行政单位、事业单位和群众组织的根本区别。

（三）商品性

企业作为经济组织，不同于自给自足的自然经济组织，它是商品经济组织、商品生产者或经营者、市场主体，其经济活动是面向、围绕市场进行的。不仅企业的产出（产品、服务）和投入（资源、要素）是商品——企业是"以商品生产商品"，而且企业自身（企业的有形、无形资产）也是商品，企业产权可以有偿转让——企业是"生产商品的商品"。

（四）营利性

企业作为商品经济组织，不同于以城乡个体户为典型的小商品经济组织，它是发达商品经济，即市场经济的基本单位、"细胞"，是单个的职能资本的运作实体，是以获取利润为直接、基本目的，利用生产、经营某种商品的手段，通过资本经营，追求资本增值和利润最大化。

（五）独立性

企业是一种在法律和经济上都具有独立性的组织，它（作为一个整体）对外完全独立，依法独立享有民事权利，独立承担民事义务、民事责任。它与其他自然人、法人在法律地位上完全平等，没有行政级别、行政隶属关系。它不同于在民事法律上不独立的非法人单位，也不同于经济（财产、财务）上不能完全独立的其他社会组织，它拥有独立的、边界清晰的产权，具有完全的经济行为能力和独立的经济利益，实行独立的经济核算，能够自决、自治、自律、自立，实行自我约束、自我激励、自我改造、自我积累、自我发展。

三、企业的双重目标

所谓企业的目标，是指企业在一定时期内要达到的目的和要求，一般用概括的语言或数量指标加以表示。

（一）企业的组织目标

企业的组织目标是指企业为了生存和发展，要追求利润，追求企业规模的扩大，以及追求企业长远的经济效益，主要表现为产品品种、产量、质量、固定资产规模、市场占有率、利润额、上缴税金和福利基金等。

（二）企业的社会责任目标

企业作为社会组织，首先要满足社会的需要，包括个人的物质和精神需要，也包括社会的共同需要，这种共同需要表现为企业的社会责任；其次要不断创造和提供就业机会；最后保护环境也是其必须承担的社会责任。

四、企业的类型

（一）按照企业组织形式划分

(1)单厂企业：只有一个工厂的企业。

(2)多厂企业：由几个甚至几十个工厂组成的企业。

(3)经济联合体：一个相对松散的经济联合组织。

(4)企业集团：以把资本作为主要连接纽带的母、子公司为主体，以集团章程为共同行为规范的母公司、子公司、参股公司及其他成员企业或机构共同组成的具有一定规模的企业法人联合体。企业集团不具有企业法人资格。

（二）按照企业规模划分

按照企业规模对企业类型的划分，主要是从营业收入和从业人员两类因素考量，可将企业分为大型、中型、小型和微型四类，具体如表1-1所示。

表1-1 统计上大、中、小、微型企业划分标准

行业名称	指标名称	计量单位	大型	中型	小型	微型
农、林、牧、渔业	营业收入(Y)	万元	$Y \geq 20\,000$	$500 \leq Y < 20\,000$	$50 \leq Y < 500$	$Y < 50$
工业*	从业人员(X)	人	$X \geq 1000$	$300 \leq X < 1000$	$20 \leq X < 300$	$X < 20$
工业*	营业收入(Y)	万元	$Y \geq 40\,000$	$2000 \leq Y < 40\,000$	$300 \leq Y < 2000$	$Y < 300$
建筑业	营业收入(Y)	万元	$Y \geq 80\,000$	$6000 \leq Y < 80\,000$	$300 \leq Y < 6000$	$Y < 300$
建筑业	资产总额(Z)	万元	$Z \geq 80\,000$	$5000 \leq Z < 80\,000$	$300 \leq Z < 5000$	$Z < 300$
批发业	从业人员(X)	人	$X \geq 200$	$20 \leq X < 200$	$5 \leq X < 20$	$X < 5$
批发业	营业收入(Y)	万元	$Y \geq 40\,000$	$5000 \leq Y < 40\,000$	$1000 \leq Y < 5000$	$Y < 1000$
零售业	从业人员(X)	人	$X \geq 300$	$50 \leq X < 300$	$10 \leq X < 50$	$X < 10$
零售业	营业收入(Y)	万元	$Y \geq 20\,000$	$500 \leq Y < 20\,000$	$100 \leq Y < 500$	$Y < 100$
交通运输业*	从业人员(X)	人	$X \geq 1000$	$300 \leq X < 1000$	$20 \leq X < 300$	$X < 20$
交通运输业*	营业收入(Y)	万元	$Y \geq 30\,000$	$3000 \leq Y < 30\,000$	$200 \leq Y < 3000$	$Y < 200$
仓储业*	从业人员(X)	人	$X \geq 200$	$100 \leq X < 200$	$20 \leq X < 100$	$X < 20$
仓储业*	营业收入(Y)	万元	$Y \geq 30\,000$	$1000 \leq Y < 30\,000$	$100 \leq Y < 1000$	$Y < 100$
邮政业	从业人员(X)	人	$X \geq 1000$	$300 \leq X < 1000$	$20 \leq X < 300$	$X < 20$
邮政业	营业收入(Y)	万元	$Y \geq 30\,000$	$2000 \leq Y < 30\,000$	$100 \leq Y < 2000$	$Y < 100$
住宿业	从业人员(X)	人	$X \geq 300$	$100 \leq X < 300$	$10 \leq X < 100$	$X < 10$
住宿业	营业收入(Y)	万元	$Y \geq 10\,000$	$2000 \leq Y < 10\,000$	$100 \leq Y < 2000$	$Y < 100$
餐饮业	从业人员(X)	人	$X \geq 300$	$100 \leq X < 300$	$10 \leq X < 100$	$X < 10$
餐饮业	营业收入(Y)	万元	$Y \geq 10\,000$	$2000 \leq Y < 10\,000$	$100 \leq Y < 2000$	$Y < 100$
信息传输业*	从业人员(X)	人	$X \geq 2000$	$100 \leq X < 2000$	$10 \leq X < 100$	$X < 10$
信息传输业*	营业收入(Y)	万元	$Y \geq 100\,000$	$1000 \leq Y < 100\,000$	$100 \leq Y < 1000$	$Y < 100$
软件和信息技术服务业	从业人员(X)	人	$X \geq 300$	$100 \leq X < 300$	$10 \leq X < 100$	$X < 10$
软件和信息技术服务业	营业收入(Y)	万元	$Y \geq 10\,000$	$1000 \leq Y < 10\,000$	$50 \leq Y < 1000$	$Y < 50$
房地产开发经营	营业收入(Y)	万元	$Y \geq 200\,000$	$1000 \leq Y < 200\,000$	$100 \leq Y < 1000$	$Y < 100$
房地产开发经营	资产总额(Z)	万元	$Z \geq 10\,000$	$5000 \leq Z < 10\,000$	$2000 \leq Z < 5000$	$Z < 2000$

续表

行业名称	指标名称	计量单位	大型	中型	小型	微型
物业管理	从业人员(X)	人	$X \geq 1000$	$300 \leq X < 1000$	$100 \leq X < 300$	$X < 100$
	营业收入(Y)	万元	$Y \geq 5000$	$1000 \leq Y < 5000$	$500 \leq Y < 1000$	$Y < 500$
租赁和商务服务业	从业人员(X)	人	$X \geq 300$	$100 \leq X < 300$	$10 \leq X < 100$	$X < 10$
	资产总额(Z)	万元	$Z \geq 120\,000$	$8000 \leq Z < 120\,000$	$100 \leq Z < 8000$	$Z < 100$
其他未列明行业 *	从业人员(X)	人	$X \geq 300$	$100 \leq X < 300$	$10 \leq X < 100$	$X < 10$

说明：

(1)大型、中型和小型企业需同时满足所列指标的下限，否则下划一档；微型企业只需满足所列指标中的一项即可。

(2)表中各行业的范围以《国民经济行业分类》(GB/T 4754—2017)为准。带*项为行业组合类别，其中：工业包括采矿业，制造业，电力、热力、燃气及水生产和供应业；交通运输业包括道路运输业、水上运输业、航空运输业、管道运输业、多式联运和运输代理业、装卸搬运业，不包括铁路运输业；仓储业包括通用仓储、低温仓储、危险品仓储、谷物、棉花等农产品仓储、中药材仓储和其他仓储业；信息传输业包括电信、广播电视和卫星传输服务，互联网和相关服务；其他未列明行业包括科学研究和技术服务业，水利、环境和公共设施管理业，居民服务、修理和其他服务业，社会工作、文化、体育和娱乐业，以及房地产中介服务业、其他房地产业等，不包括自有房地产经营活动。

(3)企业划分指标以现行统计制度为准。①从业人员是指期末从业人员数，没有期末从业人员数的，采用全年平均人员数代替。②营业收入：工业、建筑业、限额以上批发和零售业、限额以上住宿和餐饮业及其他设置主营业务收入指标的行业，采用主营业务收入；限额以下批发和零售业采用商品销售额代替；限额以下住宿和餐饮业采用营业额代替；农、林、牧、渔业采用营业总收入代替；其他未设置主营业务收入的行业，采用营业收入指标。③资产总额采用资产总计代替。

(资料来源：中华人民共和国国家统计局2018年1月3日发布《关于印发〈统计上大中小微型企业划分办法(2017)〉的通知》)

(三)按照现代产业概念划分

依据现代产业概念的划分，按照企业所从事经济活动的不同，企业可分为工业企业、农业企业、商业企业、运输企业、邮电企业、建筑安装企业、金融企业、旅游企业和餐饮服务企业等。

三次产业划分规定

第一产业是指农、林、牧、渔业(不含农、林、牧、渔服务业)。

第二产业是指采矿业(不含开采辅助活动)，制造业(不含金属制品、机械和设备修理业)，电力、热力、燃气及水生产和供应业，建筑业。

第三产业即服务业，是指除第一产业、第二产业以外的其他产业。第三产业包括：批发和零售业,交通运输、仓储和邮政业,住宿和餐饮业,信息传输、软件和信息技术服务业,金融业,房地产业,租赁和商务服务业,科学研究和技术服务业,水利、环境和公共设施管理业,居民服务、修理和其他服务业,教育,卫生和社会工作,文化、体育和娱乐业,公共管理、社会保障和社会组织,国际组织,以及农、林、牧、渔业中的农、林、牧、渔服务业,采矿业中的开采辅助活动,制造业中的金属制品、机械和设备修理业。

(资料来源:国统字〔2012〕108号文《国家统计局关于印发三次产业划分规定的通知》)

(四)按照企业内部生产力各要素所占比重划分

按照企业内部生产力各要素所占比重的不同,企业可分为劳动密集型企业、资金密集型企业、技术密集型企业和知识密集型企业。

1. 劳动密集型企业

劳动密集型企业又称为劳动集约型企业,是指生产需要大量的劳动力的企业,也就是说,产品成本中活劳动量消耗所占比重较大、平均每个工人的劳动装备不高的企业,如纺织企业、服务企业、食品企业、日用百货等轻工企业及服务性企业等。

2. 资金密集型企业

资金密集型企业是指产品成本中物化劳动消耗所占比例较大或资金有机构成较高的企业,如钢铁、石油化工等重工业企业。

3. 技术密集型企业

技术密集型企业是指技术装备程度比较高、所需劳动力或手工操作的人数比较少的企业。技术密集型企业的主要特点是技术装备先进、工艺过程复杂、原材料消耗量大、劳动生产率高。

4. 知识密集型企业

知识密集型企业是指综合运用先进的、现代化的科学技术成就的工业企业,也有人称之为知识技术密集型企业。这类企业集中了较多的中高级技术人员,多数是需要花费较多的科研时间和产品开发费用,能生产高精尖产品的企业,如电子计算机、飞机和宇宙航空工业企业,大规模和超大规模集成电路工业企业,原子能工业企业等。也有人把从事电子计算机软件设计、技术和管理的咨询服务业也归入其中。

(五)按照企业所有制关系划分

1. 国有企业

国有企业是指国家对其资本拥有所有权或者控制权的企业。政府的意志和利益决定了国有企业的行为。国有企业是国民经济发展的中坚力量,是中国特色社会主义的支柱。

国有企业作为一种生产经营组织形式,同时具有商业类企业和公益类企业的特点,其商业性体现为追求国有资产的保值和增值,其公益性体现为国有企业的设立通常是为了实现国家调节经济的目标,起着调和国民经济各方面发展的作用。按照国有资产管理权限划分,国有企业分为中央企业(由中央政府监督管理的国有企业)和地方企业(由地方政府监督管理的国有企业)。个别中央企业在国家社会经济发展过程中所承担的责任较为特殊,归属于国务院直属管理,这些中央企业属于正部级。

2. 集体所有制企业

集体所有制企业是指部分劳动群众集体拥有生产资料的所有权,共同劳动并实行按劳分配的经济组织。

3. 私营企业

私营企业是指由自然人投资设立或由自然人控股，以雇用劳动为基础的营利性经济组织，通俗地说，就是私人出钱开办的企业。

4. 外商投资企业（又称"三资企业"）

外商投资企业包括中外合资经营企业、中外合作经营企业及外资企业。

（六）按照企业法律形式划分

按照企业组织形式和所负法律责任的不同，企业可以分为独资企业、合伙企业、公司制企业和股份合作制企业。

1. 独资企业

独资制又称单一业主制，它是历史上最早出现的企业制度形式，是最传统、最简单的企业形式。独资企业只有一个产权所有者，企业财产即个人财产，它在法律上为自然人企业，通常业主直接经营，对经营有绝对权威，业主享有全部经营所得，独立承担企业风险，对债务承担无限清偿责任。

优点：规模较小，经营方式比较灵活，决策迅速及时，制约因素较少，业主能够独享利润，企业保密性强。

缺点：自然人对企业的影响大，企业没有独立的生命。

独资企业至今仍普遍存在，而且在数量上占大多数，适用于零售商业、服务业、手工业、农业、林业、渔业等。

2. 合伙企业

合伙企业是指由各合伙人依照《中华人民共和国合伙企业法》订立合伙协议，共同出资、共同经营、共享收益、共担风险，并对企业债务承担无限连带责任的营利性组织。

合伙企业分为普通合伙企业和有限合伙企业。合伙人可以是自然人、法人和其他组织，但国有独资公司、国有企业、上市公司，以及公益性事业单位、社会团体不得成为普通合伙人。合伙企业一般无法人资格，不缴纳企业所得税，缴纳个人所得税，可以由部分合伙人经营，其他合伙人仅出资并共负盈亏，也可以由所有合伙人共同经营。普通合伙企业和有限合伙企业在合伙人构成和责任承担上存在一些区别：

(1) 普通合伙企业由普通合伙人组成，合伙人对企业债务承担无限连带责任。

(2) 有限合伙企业由普通合伙人和有限合伙人组成，普通合伙人对企业债务承担无限连带责任，有限合伙人以其认缴的出资额为限对企业债务承担责任。

优点：在一定程度上弥补了独资企业业主在资金、知识、能力等方面的缺陷，扩大了资金来源和信用能力，提高了决策能力，增加了企业发展的可能性，因此合伙企业的产生有其必然性。

缺点：多头领导，重大决策上有延误；合伙人有一人退出或加入都会引起企业的解散和重组，企业存续相对不稳定；企业规模存在局限性。

合伙企业占全部企业的比重小，适合于资本规模较小、管理不复杂、经营者对经营影响较大、个人信誉因素相当重要的企业。

3. 公司制企业

公司制企业又称为公司，是依照《中华人民共和国公司法》组建，能够独立享有民事权利、承担民事责任的以营利为目的的经济组织。公司制是企业发展的高级形式。

公司制企业具有以下特征：①公司是法人；②公司实现了股东最终财产所有权与法人财产权的分离；③公司法人财产具有整体性、稳定性和连续性；④公司实行有限责任制度。

公司制企业有有限责任公司、股份有限公司、无限责任公司、两合公司和股份两合公司等形式。目前我国公司的组织形式主要是有限责任公司、股份有限公司。

1) 有限责任公司

有限责任公司简称有限公司，由五十个以下的股东出资设立，注册资本的最低限额为人民币三万元。有限责任公司的股东，以其认缴的出资额为限对公司承担责任。只有一个自然人或一个法人股东的有限责任公司称为一人有限责任公司。一人有限责任公司的股东不能证明公司财产独立于股东自己财产的，应当对公司债务承担连带责任，股东应以其认缴的出资额为限对公司承担责任。

2) 股份有限公司

股份有限公司简称股份公司，是指把全部资本分为等额股份，股东以其认购的股份为限对公司承担责任的企业法人。设立股份有限公司，需以2人以上200人以下为发起人，注册资本的最低限额为人民币500万元，股东应以其认购的股份为限对公司承担责任。

3) 无限责任公司

无限责任公司是指由两个以上股东组成，股东对公司债务负连带无限责任的公司，又称为无限公司，它是最典型的人合公司，必须由两个以上的股东组成，而且股东必须是自然人。股东对公司债务负无限连带责任，即股东必须以出资财产和出资财产以外的其他财产作为清偿公司债务的保证。公司的全部财产不足以清偿公司债务时，债权人有权就其未受偿部分要求公司股东以其个人财产清偿，而且股东间的责任是连带的。偿还公司债务超过自己应承担数额的股东，有权向本公司的其他股东追偿，这样，这部分股东就成为新的债权人。

4) 两合公司

两合公司是指以共同商号进行商业活动的公司，其股东中的一人或数人以其一定的出资财产数额对公司的债务负有限责任（有限责任股东），其他股东负无限责任（无限责任股东）。无限责任股东是法律上的经理，但并不排除有限责任股东按合同参与领导公司。与只计出资资本的有限责任股东相比，无限责任股东有权获得更多的利润分成。两合公司与隐名合伙有相似之处，其无限责任股东之间的关系，与开名公司股东之间的关系基本相同。

5) 股份两合公司

股份两合公司是指由无限责任股东和有限责任股东共同出资组成，介于无限责任公司和股份有限公司之间的一种股份公司。无限责任股东管理和控制公司的经营活动，对公司债务承担无限连带清偿责任；有限责任股东一般不参与公司的经营管理，对公司债务仅以其出资额为限负有限责任。

4. 股份合作制企业

股份合作制企业是指依法设立的，企业资本以企业职工股份为主，职工股东共同出资、共同劳动、民主管理、共担风险，所有职工股东以其所持股份为限对企业承担责任，企业以全部资产承担责任的企业法人。

股份合作制企业既不同于股份制企业，也不同于合作制企业和合伙企业，它是以劳动合作为基础，吸收了一些股份制的做法，使劳动合作和资本合作有机结合，是我国合作经济的新发展,也是社会主义市场经济中集体经济发展的一种新的组织形式。

五、企业资金筹措

在创建企业的过程中,企业设立者要解决的重要问题是如何筹措到足够的资金。企业筹措资金的渠道主要有两种:一种是合伙人或者股东出资,形成自有资金;二是通过对外借款,形成借贷资金。

(一)企业自有资金的筹措

企业资金是企业在工商行政管理部门登记的注册资金,是各种投资者以实现盈利和社会效益为目的,用于进行生产经营、承担有限民事责任而投入的资金。根据《企业财务通则》的规定,设立企业必须有法定资金。资金可以随企业再生产过程进行长时间的周转,除了在生产经营期间投资者依法转让外,不得以任何方式抽走。在现代市场经济社会,资金如同企业的血液,现代企业如果没有充足而鲜活的资金,就根本不能生产、生存。企业自有资金的筹措方式主要有国家投资、联营投资、发行股票三种。投资者可以用现金、实物、土地、无形资产等形式向企业投资。需要指出的是,企业不论采用哪一种方式,均要符合国家有关法律法规的规定。

1. 国家投资

国家投资是国有企业筹集资金的主要渠道,其主要形式有:原有企业的国拨固定资金和流动资金、财政和主管部门拨给企业的专项资金、减免税所形成的资本积累等。国家投资的资金的特点是:产权属国家所有,所有者是国有资产代表机构或部门或其他代理人;资金不具有借款性质,不存在还本付息问题;资金数额一般比较大。

2. 联营投资

联营投资是指独立于本企业以外的法人组织及个人以参与利润分配为目的向企业进行的投资。这种投资形式通常包括其他企业、单位或者个人向本企业的投资。联营投资的资金特点是:因为涉及投资者经营管理权问题,所以要处理好他们之间的关系,防止为了筹集资金而放弃主要的经营权。

3. 发行股票

1)股票的含义

股票是股份公司为筹集自有资金而发行的有价证券,是持股人拥有公司股份的凭证,它代表股份企业的所有权,股票持有者为股东。股东按照股票价格向公司交纳股金,并获得股票上所规定的权力,但同时失去了对其所交纳股金的占有权,因为股票上并没有注明偿还本金的日期和数额。事实上,股东一旦购买公司的原始股,就不能再退出股份。

如果企业通过发行股票来筹集资金,资金应当按照面值计价,发行价格超过面值而产生的价格差额作为资本公积金处理。

2)股票的种类

(1)普通股和优先股。普通股是指享有普通权利的股份,它是构成公司资金的基础,是股票的一种基本形式,也是发行量最大、最为重要的股票。目前在上海和深圳证券交易所中交易的股票都是普通股。普通股具有三个特点:第一,持普通股的股东有权取得股息,但必须在支付了公司的债权和优先股的股息后才能分得;第二,公司因破产或者解散进行清算时,持普通股的股东有权分得公司财产,但要在公司债权人、持优先股的股东之后分得财产;第三,持普通股的股东一般有表决权,有权选举董事会和监事会,有经营管理的发言权。普通股是股份公司资本构成中最重要、最基本的股份,亦是风险最大的一种股份,但又是股票中最基本、最常见的一种。优先股是指对公司资产、利润享有优先权利的股票。优先股具有以下特点。第一,优先获得股息权。优先股的股息一般是固定的,与公司的经营状况基本没有关系,并在普通股之前获得股息。第二,优先分得财产权。公司破产或者清算时,持优先股的股东比持普通股的股东优先分得资产。第三,优先股一般没有表决权。到目前为止,我国还没有发行过优先股。

(2) 记名股和无记名股。记名股是指在股票上记载有股东的姓名或者名称,并将其载入公司股东名册的股份。我国公司法规定,公司向发起人、国家授权投资机构、法人发行的股票,应当为记名股票,并记入股东名册。记名股的转让,必须在相应地变更股东名册后方能生效。无记名股是指在股票上不记载股东姓名的股票。持有股票即取得股东的资格。这种股票所有权的特点是必须具体地占有股票本身,持有无记名股的股东需要经常向公司提示股票,留心股东大会的消息。无记名股的优点在于发行手续简单,易于购买和转让;不足之处在于公司对股东情况难以掌控,可能导致经营风险较大。

(3) 面额股和无面额股。面额股是指在股票票面上载明一定金额的股票,也叫作有票面金额股。无面额股是指在股票票面上不载明一定的金额,而只载明占公司总资本一定比例的股票。

(4) 表决权股与无表决权股。表决权股是指该股份的持有者有权对诸如董事长人选等重大事项进行表决的股票,无表决权股是指该股票的表决权在公司章程中被剥夺或者被限制的股票。

3) 股票的特点

股票的特点主要表现为以下几个方面。

(1) 不可偿还性。股票是一种无偿还期限的有价证券,投资者认购了股票后就不能再要求退股,只能到二级市场卖给第三者。

(2) 参与性。股东有权出席股东大会,选举公司董事会,参与公司重大决策。从实践中看,只要股东持有的股票数量达到左右决策结果所需的实际数量时,就能掌握公司的决策控制权。

(3) 收益性。股东凭其持有的股票,有权从公司领取股息或红利,获取投资的收益。

(4) 流通性。股票的流通性是指股票在不同投资者之间的可交易性。流通性通常以可流通的股票数量、股票成交量及股价对交易量的敏感程度来衡量。

(5) 价格波动性和风险性。由于股票价格会受到诸如公司经营状况、供求关系、银行利率、大众心理等多种因素的影响,因此其波动有很大的不确定性。正是这种不确定性,有可能使股票投资者遭受损失。价格波动的不确定性越大,投资风险就越大。因此,股票是一种高风险的金融产品。

4) 股票的发行

股票的发行必须坚持公开、公平、公正的原则,必须同股同权、同股同利。任何单位或者个人所认购的股份,每股应当支付相同的价格。

股票的发行价格可以为票面价格,也可以超过票面价格,但不能低于票面价格。超过票面价格发行又称为溢价发行,必须经国务院证券管理部门批准,溢价款要列入资本公积金。

5) 企业自有资金筹措注意事项

企业采取国家投资、联营投资或者发行股票等方式筹集资金时,必须符合以下要求:

(1) 企业筹集的资金必须聘请中国注册会计师验资并出具验资报告，由企业据以发给投资者作为出资证明书。

(2) 吸收的投资者的无形资产（不包括土地使用权），不得超过企业注册资金的20%；因情况特殊，经特批最高不得超过30%。

(3) 企业不得吸收投资者的已设立有担保物权及租赁资产的出资。

(4) 资金可以一次性或者分期筹集。一次性筹集的，从营业执照签发之日起六个月内筹足。分期筹集的，最后一期出资应当在营业执照签发之日起三年内缴清，其中投资者第一次出资不低于15%，并且在营业执照签发之日起三个月内缴清。

（二）企业负债筹资

负债是指企业借入的资金，是企业所能承担的，能以货币计量，需要承担资产或者劳务偿还的经济责任。负债是解决企业资金不足的主要途径之一。企业的负债分为流动负债和长期负债。

1. 流动负债筹资

流动负债是指在一年（含一年）或者超过一年的一个营业周期内偿还的债务，包括短期借款、应付账款、应交税金和一年内到期的长期借款等。流动负债筹资相对数额较小，它具有手续简便、筹资期限和额度受法律限制少、筹资成本较低等优点，但有时利息率较高，风险较大，一般以企业的流动资金来偿付。

1) 短期借款

所谓短期借款，是指银行等金融机构贷给企业的期限在一年以内的款项，有工业周转贷款、临时贷款和特种贷款等形式。

工业周转贷款是指工业企业未完成当年的生产、经营计划，超过了计划规定的流动资金的正常需要，在银行批准的年度信贷计划内，向银行申请的一种短期贷款。

临时贷款是指企业在生产、经营过程中，为解决季节性、临时性等特殊原因而引起的超过核定的流动资金占用额的合理需要时，向银行申请的一种临时性贷款。这种贷款一般不超过3个月，按规定用途使用。

特种贷款是指经济效益较好的新建、扩建企业，在难以自筹足够的流动资金时，向银行申请的贷款。这种贷款的期限一般为1年，最长不超过2年。

2) 应付账款

应付账款是指企业因购买原材料、商品和接受劳务供应等而应付给供应单位的款项。应付账款是尚未结清的债务。

3) 应交税金

应交税金是指企业应交而未交的各项税金，如增值税、消费税、营业税、所得税、资源税、土地增值税、城市维护建设税、房产税、土地使用税、车船使用税、个人所得税等。这些应交的税金在尚未交纳之前暂时停留在企业，形成一项负债。

4) 一年内到期的长期借款

比如，之前有一笔借款是十年的，到今年年底时，再过五个月就要到期了，这便形成企业的流动负债。

2. 长期负债筹资

长期负债是指偿还期限在1年或者超过1年的一个营业周期以上的债务。长期负债筹资的资金主要用于企业扩大再生产、增加新设备和开发新项目等,对企业的生产、经营有着深远的影响。长期负债具有数额较大、偿还期限较长、利息率较高的特点。长期负债包括长期借款、长期应付款、长期债券。

1) 长期借款

长期借款是指企业向银行或者其他金融机构借入的期限在1年以上(不含1年)的各项借款,包括基建借款和专门用途借款等。

2) 长期应付款

长期应付款是指在较长时间内应付的款项,主要有应付补偿贸易引进设备款和应付融资租入固定资产租赁费等。

(1)补偿贸易。采用补偿贸易方式引进国外设备和融资租入固定资产,一般情况下是固定资产使用在前,款项支付在后。如采用补偿贸易方式引进设备时,企业可先取得设备,设备投产后,用其生产的产品归还设备价款。其优点是不使用现汇就可以获得急需的技术设备,其缺点是用这种方式进口的设备往往不是最先进的。

(2)融资租赁。融资租赁实质上是一种分期付款购入固定资产的形式。具体做法是:由租赁公司受承租企业的委托购买所需要的设备;承租企业按租赁条件取得设备使用权,以所得的利润分期向租赁公司支付租赁费,并在租赁期间负责设备的维修、保养;承租企业承认租赁公司对设备的所有权,不对设备进行任意处理,并无权在合同未到期以前取消合同。一般设备的租赁期为3~5年,大型设备可以达到10年以上。租赁期满后,根据合同条款处理设备。

3) 长期债券

长期债券是企业筹措资金的一种方式,是为了借款向社会发行的债券,一般来说,其偿还期限在10年以上。发行企业(公司)债券有严格的法律要求,需要符合一定的条件。

发行债券筹集的资金,必须用于审批机关批准的用途,不得用于弥补亏损和其他支出。债券主要有以下三种类型。

(1)可转换债券。上市公司经股东大会决议,可以发行可以转换为股票的债券,这类债券称为可转换债券。发行可转换债券时,应当报请国务院证券管理部门批准。可转换为股票的公司债券,持有人对转换股票与不转换股票有选择权。

(2)担保公司债券与无担保公司债券。担保公司债券是指以公司的财产作为担保的债券,一般来说,这种债券的利息率较低;无担保公司债券是指凭公司信用而无其他财产担保的债券。

(3)普通公司债券与参与公司债券。普通公司债券是指按照原定利息率支付利息的债券;参与公司债券是指当公司的股利分配比率超过公司债券利息率时,可以按照一定比例增加利息的债券。

六、企业的设立与登记

企业的设立要按照《中华人民共和国公司法》《中华人民共和国合伙企业法》《中华人民共和国个人独资企业法》等法律法规,以及国家统计局、国家工商行政管理总局颁布的《关于划分企业登记注册类型的规定》进行登记,个人独资企业和合伙企业只能领取企业营业执照,而不能领取企业法人营业执照。这里主要讲述公司制企业的设立与登记。

(一) 公司的名称、住所与经营范围

1. 公司的名称

公司的名称是公司人格特定化的标志,需要区别于其他经济主体。公司的名称具有唯一性(即一个公司只能有一个名称)和排他性(即在一定范围内,只有一个公司能使用指定的、已经注册的名称)。

按照法律规定,公司的名称构成有四要素——"行政区划+字号+行业+组织形式",缺一不可。具体来讲,一是公司注册机关的行政级别和行政管理范围;二是字号,它是公司名称的核心要素,应由两个以上的汉字和少数民族文字组成;三是公司的行业经营特点,即公司的名称应显示出公司的主要业务和行业性质;四是公司的法律性质,即凡依法设立的公司,必须在公司名称中标明有限责任公司或股份有限公司字样。行政区划的不同级别应对应着相应的企业性质。

以深圳市为例,所有的公司均可以"深圳"或"深圳市"为行政区划。如"深圳市德润达光电股份有限公司","深圳"为行政区划,"德润达"为字号,"光电"为行业,其中起主要识别作用的是字号。个人独资企业及个体工商户只能用下一级行政区划,如"深圳市沙坪坝区某某公司"。由于企业经营所需,需要冠以中国或大行政区名,如"华南",则需要向国家市场监督管理总局提出申请。

2. 公司的住所

公司以其主要办事机构所在地为住所,主要办事机构在公司登记时确定。例如,公司有多个办事机构,一般公司总部所在地为公司的住所。申请公司的住所时,必须提交能够证明其拥有使用权的文件,如房屋的产权证或者房屋的租赁合同(必须有2年以上的租赁期限)等。

确定公司的住所有两方面的含义:一是确定诉讼管辖地,按照法律规定,如果出现合同纠纷、侵权行为等,一般由被告所在地的人民法院管辖;二是确定公司送达文件的法庭地址。

3. 公司的经营范围

任何一个公司成立前都必须明确经营范围。为了维护股东、债权人的权益和维护经济秩序,《中华人民共和国公司法》对公司的经营范围做出以下规定。

(1)公司的经营范围由公司章程做出规定。

(2)公司的经营范围要依法登记。

(3)经营范围中属于法律法规规定的项目,必须经过有关部门批准。如:经营金银业务,必须经过中央银行批准;经营烟草业务,必须经过国家烟草专卖局批准等。

(4)公司超范围经营,由登记机关责令改正,并要处以1万元以上至10万元以下的罚款。

(5)公司修改章程,并经过登记机关办理变更登记,可以变更经营范围。

(二) 公司的设立与登记流程

我国有限责任公司和股份有限公司的审批程序是不同的:有限责任公司实行注册登记制度,只要符合条件,就可到工商管理部门登记、成立;股份有限公司实行行政审批制度,它的成立必须先得到省级以上人民政府的批准,然后再到省级工商管理部门登记。下面主要介绍有限责任公司的设立流程。

有限责任公司的设立原则主要采用准则主义,即除法律法规明确规定须经审批的外,只要具备有限责任公司的设立条件,即可向公司登记机关直接办理注册登记。根据《中华人民共和国公司法》规定,设立有限责任公司一般应经过如下程序。

1. 发起人发起

这是设立有限责任公司的预备阶段,由发起人明确设立公司的意向,并做必要准备。如果发起人为多人,发起人之间应签订发起人协议,以明确各发起人在公司设立过程中的权利与义务。

2. 公司名称的预先核准

在企业名称预先核准申请表中,填写申请的公司名称,另外可填写三个备用名,由工商局在内部网中检索是否重名。如果没有重名,就可以使用这个名称,第二天核发企业名称预先核准通知书。

公司名称预先核准时,应当提交下列文件:

(1)有限责任公司的全体股东或者股份有限公司的全体发起人签署的公司名称预先核准申请书;

(2)全体股东或者发起人指定代表或者共同委托代理人的证明;

(3)国家工商行政管理总局规定要求提交的其他文件。

3. 公司章程的制定

公司章程应当由全体发起人共同商议起草,并经全体股东共同同意后方可生效。全体股东应当在公司章程上签名、盖章。公司章程的样本可以在工商局网站下载,根据公司具体情况修改。

4. 必要的审批手续

一般来说,有限责任公司的设立只要不涉及法律法规的特别要求,直接注册登记即可成立。但《中华人民共和国公司法》第六条第二款规定:"法律、行政法规规定设立公司必须报经批准的,应当在公司登记前依法办理批准手续。"所以,对于法律法规规定必须经过有关部门的批准才能设立公司的,应当向主管部门提出申请,获得批准文件。如设立典当行、保险、银行、基金、融资担保、小额贷款、个人征信和经营证券等业务的有限责任公司,就应事先经有关证券主管机关批准,不经批准,就不得申请登记。这些就是常说的"前置审批"。

5. 股东交纳出资并经法定的验资机构验资后出具证明

设立有限责任公司时,除法律法规规定不得作为出资的财产外,股东可以用货币出资,也可以用实物、知识产权、土地使用权等可以用货币估价并可以依法转让的非货币财产作价出资,但全体股东的货币出资金额不得低于有限责任公司注册资金的30%。股东在交纳其出资额时,可以一次性交足,也可以分期交付,但一人有限责任公司应当一次性交足。同时,公司全体股东的首次出资额不得低于注册资金的20%,也不得低于法定的注册资金的最低限额,其余部分由股东自公司成立之日起两年内交足。其中,投资公司可以在五年内交足。股东以货币出资的,应当将货币出资足额存入有限责任公司在银行开设的账户;股东以非货币财产出资的,应当依法办理其财产权的转移手续。

股东交纳出资后,必须经依法设立的验资机构验资并出具证明。法定的验资机构有会计师事务所和审计师事务所等。股东不按法律规定交纳出资的,除应当向公司足额交纳外,还应当向已按期足额交纳出资的股东承担违约责任。公司成立以后,发现作为设立公司出资的非货币财产的实际价额显著低于公司章程所定价额的,应当由交付该出资的股东补足其差额,公司设立时的其他股东对此承担连带责任。

6．向公司登记机关申请设立登记

公司登记机关一般是所在地县(区)级及以上工商局。申请设立有限责任公司的,应当提交下列文件：

(1)公司法定代表人签署的设立登记申请书；

(2)全体股东指定代表或者共同委托代理人的证明；

(3)公司章程；

(4)依法设立的验资机构出具的验资证明,法律法规另有规定的除外；

(5)股东首次出资是非货币财产的,应当在公司设立登记时提交已办理其财产权转移手续的证明文件；

(6)股东的主体资格证明或者自然人身份证明；

(7)载明公司董事、监事、经理的姓名、住所的文件以及有关委派、选举或者聘用的证明；

(8)公司法定代表人任职文件和身份证明；

(9)企业名称预先核准通知书；

(10)公司住所证明；

(11)国家工商行政管理总局规定要求提交的其他文件。

法律法规或者国务院规定设立有限责任公司必须报经批准的,还应当提交有关批准文件。

7．登记发照

对于有限责任公司设立申请,登记机关应当依法进行审查。对于不符合《中华人民共和国公司法》规定的,不予登记；对于符合《中华人民共和国公司法》规定的,依法核准登记,发给营业执照。营业执照的签发日期为有限责任公司的成立日期。获得了公司登记机关颁发的营业执照,公司的设立程序才完全结束。

公司依法登记后,是公司取得法人资格的开始,但要使公司正常运营,还需要凭登记机关颁发的营业执照,申请开立银行账户、刻制公章、办理纳税登记等。

1．办理税务登记

领取营业执照后,应当在30天内到公司住所地辖区税务局办理税务登记。没有进行税务登记,公司的成立是不完整的。依法纳税是公司的法定义务,而办理税务登记是纳税的程序性要求。办理税务登记后,可以向税务部门申请领购发票。

2．办理企业法人组织机构代码证

企业法人组织机构代码证,是证明企业法人的组织身份和备案凭证。公司成立后,应携带企业法人营业执照和税务登记凭证到质量监督机关办理企业法人组织机构代码证。

3．开办银行账户

公司注册登记后,应凭营业执照、企业法人组织机构代码证等材料,到银行开设公司基本账户。

4．刻制公章

公章是代表公司的主要标志。刻制公章时,应持营业执照等材料,先到公安机关备案。只有办理了刻制公章备案后,公司的公章才能被刻制出来,才可以使用。

5．向股东签发出资证明

根据《中华人民共和国公司法》第三十二条规定："有限责任公司成立后,应当向股东签发出资证明书。"因此,公司注册登记后,不可忽视的是向股东签发出资证明。在证明上载明股东姓名、出资额及出资时间等信息,以证明股东在公司的身份和地位,同时也是办理股权转让的必备文件。

6. 办理"后置审批"

"后置审批"是指对于应当予以前置审批的商事登记,为了提高商事登记的效率,促进商事活动的迅速开展,采取先进行商事登记而后进行理应前置审批的审查,它代表了前置审批制度改革的方向。比如提供餐饮服务的,取得营业执照之后,还需要办理食品生产经营卫生许可证才能营业;开旅馆的,需要办理特种行业许可证;开养老院或福利企业的,需要办理养老机构设立许可证或福利企业证书等。

项目二　现代企业与现代企业制度

训练 02: 通过案例分析,对现代企业进行认知。

有限责任公司的组织机构

张某、李某、赵某3人各出资30万元设立了天成制衣有限责任公司,张某、李某、赵某分别是公司的董事长、监事和经理,李某同时兼任总会计师。2016年8月,公司修改章程,李某与赵某不同意,而张某认为自己是董事长,于是修改了公司章程,自此3个股东貌合神离。赵某在经理工作岗位上勤勤恳恳,但在2017年1月病假1周,张某以此为由解除了赵某的经理职务,由自己兼任。2017年8月,张某的儿子张某某因经济来往欠债10万元,张某用公司财产为其子的个人债务进行担保。

训练问题:

1. 公司的组织机构有问题吗?
2. 公司章程的修改程序合法吗?
3. 张某有权罢免经理吗?
4. 张某以公司财产为其子张某某的个人债务提供担保,这样做对吗?

一、现代企业的含义及特征

(一) 现代企业的含义

现代企业是指企业所有者和经营者分离,并达到技术现代化和管理现代化的企业组织形式。现代企业作为企业的先进组织形式,是在社会生产力的进一步发展、企业的技术装备不断现代化的条件下产生和发展起来的,它是相对于传统企业而言的。

(二) 现代企业的特征

1. 所有权与经营权相分离

所有者与经营者相分离是现代企业产生的基础和条件。"公司制"成为现代企业的重要组织形式。在传统的企业中,由于企业规模不大,经营企业没有研发专门的技术,企业所有者即企业经营者,直接从事企业的日常经营活动。随后公司逐渐取代工厂,成为现代企业的重要组织形式。由于公司资本所有权的多元化和分散化,同时也由于公司规模的大型化和管理的复杂化,企业的高层管理权力逐渐转移到经理手中。所有者的分散化引起了"股份革命",经营者的专门化出现了"经理革命"。"股份革命"和"经理革命"打破了业主企业和合伙企业中的企业主将所有权和经营权集于一身的管理体制,创立了所有权与经营权相分离的管理体制和管理组织。

2. 拥有现代化技术

技术作为第四生产要素,在企业中起着越来越重要的作用。古典企业生产要素集合和现代企业生产要素集合,可以用下面两个关系式来概括:

$$古典企业生产要素集合 = 土地 + 劳动力 + 资本 + 技术$$
$$现代企业生产要素集合 = (土地 + 劳动力 + 资本) \times 技术$$

3. 实行现代化管理

现代企业内部生产社会化程度空前提高,劳动分工更加细致,劳动协作更加紧密。现代企业生产自动化程度的提高,要求有更严格的计划性、比例性和节奏性,因而要求在精细分工的基础上实行更加科学的管理。企业管理现代化,是适应现代生产力发展的客观要求,运用科学的思想、组织、方法和手段,对企业的生产、经营进行有效管理,是创造最佳经济效益的过程。

4. 企业规模不断扩大

现代企业的成长过程,就是企业规模的扩张过程。实现规模扩张主要有以下三种形式:垂直型或纵向型扩张、水平型或横向型扩张、混合型扩张。

也有学者把现代企业的特征简单地表述为三点:具有现代企业制度、采用现代化大生产方式、从事大规模产销活动。

二、现代企业制度

(一) 现代企业制度的含义

现代企业制度是指适应现代化大生产需要,反映社会主义市场经济的要求,以规范和完善的企业法人制度为基础,以有限责任为标志,以公司制为主要形态,以科学管理为保证的企业组织形态、产权安排和治理结构。

1. 我国现代企业制度的基本特征

1) 产权清晰

所谓产权清晰,主要有以下两层含义。

(1)有具体的部门和机构代表国家对某些国有资产行使占有、使用、处置和收益等权利。

(2)国有资产的边界要"清晰",也就是通常所说的"摸清家底"。首先要搞清实物形态国有资产的边界,如机器设备、厂房等;其次要搞清国有资产的价值和权利边界,包括实物资产和金融资产的价值量,国有资产的权利形态(股权或债权,占有、使用、处置和收益权的分布等),总资产减去债务后的净资产数量等。

2）权责明确

权责明确是指合理区分和确定企业所有者、经营者和劳动者各自的权利和责任。所有者、经营者、劳动者在企业中的地位和作用是不同的,因此他们的权利和责任也是不同的。

(1)权利。所有者按其出资额享有资产受益、重大决策和选择管理者的权利,企业破产时则对企业债务承担相应的有限责任。所有者在企业存续期间,对由各个投资者投资形成的企业法人财产拥有占有、使用、处置和收益的权利,并以企业全部法人财产对其债务承担责任。经营者受所有者的委托,在一定时期和范围内拥有经营企业资产及其他生产要素并获取相应收益的权利。劳动者按照与企业的合约拥有就业和获取相应收益的权利。

(2)责任。严格意义上说,责任包含了通常所说的承担风险的内容。要做到权责明确,除了明确界定所有者、经营者、劳动者及其他企业利益相关者各自的权利和责任外,还必须使权利和责任相对应或相平衡。此外,在所有者、经营者、劳动者及其他企业利益相关者之间,应当建立起既相互依赖又相互制衡的机制,这是因为他们是不同的利益主体,既有共同利益的一面,也有不同乃至冲突的一面。相互制衡就要求明确彼此的权利、责任和义务,要求相互监督。

3）政企分开

政企分开的基本含义是政府行政管理职能、宏观和行业管理职能与企业经营职能分开。

(1)政企分开要求政府将原来与政府职能合一的企业经营职能分开后还给企业。改革以来进行的放权让利、扩大企业自主权等就是为了解决这个问题。

(2)政企分开还要求企业将原来承担的社会职能分离后交还给政府和社会,如住房、医疗、养老、社区服务等。应注意的是,政府作为国有资本所有者,对其拥有股份的企业行使所有者职能是理所当然的,不能因为强调政企分开而改变这一点。当然,问题的关键还在于政府如何才能正确地行使而不是滥用其拥有的所有权。

4）管理科学

管理科学是一个含义宽泛的概念。从较宽的意义上说,它包括了企业组织合理化的含义;从较窄的意义上说,管理科学要求企业管理的各个方面,如质量管理、生产管理、供应管理、销售管理、研究开发管理、人事管理等科学化。管理致力于调动人的积极性、创造性,其核心是激励、约束机制。要使用管理科学,当然要学习、创造,引入先进的管理方式,包括国际上先进的管理方式。对于管理是否科学,虽然可以从企业所采取的具体管理方式的先进性上来判断,但最终还要从管理的经济效率,即管理成本和管理收益的比较上做出评判。

2. 现代企业制度的内容

现代企业制度是指以产权制度为基础和核心的企业组织和管理制度,它包括产权制度、组织制度和管理制度。其中,产权制度是决定组织制度和管理制度的基础,组织制度和管理制度在一定程度上反映了企业财产权利的安排,三者共同构成了现代企业制度。

1）产权制度

产权制度即法人制度,是界定和保护参与企业的个人和经济组织的财产权的法律和规则。在产权制度下,出资人的原始所有权演化为股权,公司法人则获得公司的法人财产权,对公司的全部资产拥有占有、使用、收益和处置的权利,以独立的财产对自己的经营活动负责。对于国有企业而言,产权制度的实质是确认国家拥有财产的所有权。企业拥有独立的法人财产权。

2) 组织制度

组织制度,即企业组织形式的制度安排,规定着企业内部的分工协调和权责分配的关系。现代企业组织制度就是要建立规范和完善的公司法人治理结构。法人治理结构由股东会、董事会、监事会和经理人员四部分组成。股东会是公司的最高权力机构,董事会是公司的决策机构,总经理及高层经理人员组成公司的执行机构,监事会是公司的监督机构。由于各自的地位、功能和作用不同,他们分别享有不同的权能,承担着相应的责任,形成既相互独立又相互作用、相互制衡的关系。

3) 管理制度

管理制度是指企业在管理思想、管理组织、管理人才、管理方法、管理手段等方面的安排,是企业管理工作的依据。现代企业管理制度主要包括:正确的经营思想,灵活的经营战略,科学、完善的领导制度,熟练掌握现代管理知识和技能的管理人才,具有良好素质的职工队伍,高效运行的组织机构和管理制度,良好的企业形象和具有特色的企业文化。

三、现代企业治理结构

法人治理结构,是在资产所有权与经营管理权相分离的情况下,关于所有者与代理人之间的关系的一种制度安排。从本质意义上讲,法人治理结构是指所有者与代理人之间的关系。

公司治理结构包括公司内部治理结构和公司外部治理结构。内部治理是《中华人民共和国公司法》所确认的一种正式的制度安排,是公司治理的基础,主要是指股东(会)、董事(会)、监事(会)和经理之间的博弈均衡安排及博弈均衡路径。外部治理是外在市场的倒逼机制,市场的竞争迫使公司要有适应市场压力的治理制度安排。公司的外部治理活动场所主要为资本市场、产品市场、劳动力市场等。

(一) 公司内部治理结构

公司内部治理结构由股东会、董事会、监事会和经理人员四部分组成。

1. 股东会

股东会是股东表达自己意愿与要求的场所,是由全体股东或股东代表组成的公司权力机构。公司是由股东投资组成的,股东会是公司的最高权力机构,公司其他机构行使的职权直接或间接来自股东会。股东会的职权如下:

(1)决定公司的经营方针和投资计划。

(2)决定公司增加或减少资本以及公司债券的发行。

(3)选举或罢免公司董事和监事。

(4)决定公司的分立、合并、终止和清算。

(5)审议批准公司的利润分配方案和年度财务结算。

(6)修改公司章程。

(7)公司章程规定的其他职权。

2. 董事会

董事会作为股东会的受托者,是股东会闭会期间的最高决策机构。公司董事应遵守公司章程,忠实履行职务。董事会的职权如下:

(1)执行股东会决议。

(2)决定公司的经营计划和投资方案。
(3)拟定公司的财务预决算方案、利润分配方案和弥补亏损方案。
(4)制定公司增减资本、发行公司债券的方案。
(5)拟定公司合并、分立、终止和清算的方案。
(6)聘任或解聘公司经理等高级管理人员,并决定其报酬。

有限责任公司董事会不少于3人,股份有限公司董事会不少于5人。董事会会议应有过半数的董事出席方可举行。董事会做出决议,必须经全体董事的过半数通过。

一般把参与企业内部管理过程的董事称为执行董事,把不参与企业内部管理过程的董事称为非执行董事。既有专家身份又处在独立立场的董事,叫作独立董事。独立董事是相对于执行董事而言的,是指在外单位任职而在本单位挂职的董事。

3. 经理层

公司的执行机构是指以总经理为首的执行班子。从性质上来说,以总经理为首的执行班子是公司业务活动的最高指挥中心,它是一个执行性机构,不同于董事会的合议制机构,因此必须实行首长负责制。可设经理一名,副经理若干;或总经理一名,经理若干。

总经理作为公司法人代表的代理人及公司行政工作首脑,必须对董事会负责,其主要职权如下:

(1)组织实施董事会决议。
(2)组织实施公司年度经营计划和投资计划。
(3)拟定公司内部管理机构的设置方案和基本管理制度。
(4)制定公司的具体规章。
(5)提请聘任或解聘公司的副总经理和财务负责人。
(6)公司章程和董事会授予的其他职权,如拟定公司职工的工资水平和分配方案、决定公司副总经理以下员工的奖惩等。

首席执行官(chief executive official,CEO)一职是美国在20世纪60年代进行公司治理结构改革时的一个创新,其初衷是解决公司规模过大、效率不高、决策层与执行层脱节等弊端,也就是把一部分本应由董事会决策的权力下放给职业经理人。CEO不仅仅是比总经理、总裁更中听的一种所谓"官衔",他的权力也非常大,除了拥有总经理的全部权力以外,其权力中还有董事会40%~50%的权力。

4. 监事会

监事会是依照法律规定设置的,以检查公司财务状况、监督公司董事和经理行为、维护股东和公司利益为主要职责的监督机构。

监事会作为公司的监督机构,必须以保护股东的利益为己任,监督、约束董事和高级经理人员。监事会的职权如下:

(1)检查公司的经营和财务活动。
(2)对董事、经理履行职务时违反法律法规或者公司章程的行为进行监督。
(3)当董事和经理的行为损害公司利益时,要求董事和经理予以纠正。
(4)提议召开临时股东会。
(5)列席董事会会议。
(6)公司章程规定的其他职权。

（二）公司外部治理结构

公司的有效运行和科学决策，不仅需要通过股东会、董事会、经理层和监事会发挥作用的法人治理结构，而且需要一系列通过资本市场、控制权市场、产品市场和经理市场等发挥作用的市场治理，以及通过法律法规、伦理道德和社会文化等发挥作用的外部治理。

1. 资本市场治理

1）股票市场治理

在有效的股票市场中，股东通过观察股票价格的变动情况，据此判断公司经营的好坏。当对公司业绩不满时，他们就通过"用脚投票"、卖掉股份的方式来表决，这样就会引起股价下跌。经理被替换的威胁成为公司管理层的压力和动力。

2）债务市场治理

债务是一种硬约束，过度的债务融资会使企业的成本上升，增大企业还本付息的压力，加强投资者对企业的监督和控制。债务融资可以在一定程度上抑制企业经营者的过度投资，进而在公司治理中发挥独特的作用。

2. 控制权市场治理

公司控制权市场是一种对经理人员具有实质性威胁的外部约束机制。它包括代理权竞争和收购。

1）代理权竞争

代理权竞争也称代理权争夺，是指公司股东组成不同的利益集团，通过争夺股东的委托表决权，以获得董事会的控制权，进而达到替换公司经营者或修改公司战略计划的目的的行为。在代理权争夺过程中，参与争夺的各方为了征集到足够的委托投票权，都必须提出有利于企业各方利益的政策或建议，因而能够在一定程度上迫使经营者采取有助于公司利益最大化的经营管理政策和投资计划。

2）收购

收购也称接管，是指公司在经营过程中遇到困难、业绩不佳，股票因价格明显下跌而被其他公司大量购买，导致公司控制权易手的一种治理方法。如果未经双方协商，公司股票被收购方公开标价收购，这种收购称为敌意收购。收购与重组无论成功与否，一般都会有一定的积极意义。

3. 产品市场治理

产品市场是个显示屏，企业的绩效在这里显示无遗，因为公司治理的内在结构的最终结果反映在公司产品的市场竞争力上。竞争性的产品市场对经营者有很强的激励和约束作用，委托人可以据此实施对代理人的评价和奖惩。

4. 经理市场治理

经理市场如同产品市场一样，其价格机制具有信号筛选功能，价格本身反映了代理人的能力和信誉。公司在选择经营者时，主要是根据其过去的经营业绩和表现，从而判断其人力资本的价值和经营能力的高低，并据此做出取舍。有效的经理市场可以甄别经理是否有能力和是否尽职，并对经理人形成压力。

5. 社会环境治理

社会环境治理可以在一定程度上弥补市场机制本身的不足，是一种间接的公司治理，它不直接介入公司内部治理的权力体系,也不干预公司的微观运作。

1) 法律法规治理

法律法规治理是政府通过制定法律法规对公司治理产生影响,以及国家法律制度背景与执法状况对公司外部治理环境的营造。

2) 伦理道德治理和社会文化治理

伦理道德治理是指一个国家或者社会主流的价值准则、伦理观念等对公司相关者态度、行为的影响及约束,它不是通过相关的法律制度体现出来的,而是通过根植于社会文化之中的具有广泛社会认同和潜在约束力的道德准则体现出来的。

合伙企业和有限责任公司的区别

创业初始,经常会存在几个人合伙的情况,成立合伙企业或者设立有限责任公司,两者有哪些区别呢?

一、企业设立的依据

任何一种法律认可的企业组织形式之所以具有其特质,均非是与生俱来的,而是法律所赋予的。合伙企业与有限责任公司的区别首先体现在其设立的法律依据上。

(1)合伙企业:设立的主要法律依据是《中华人民共和国合伙企业法》(2006年修订,以下简称《合伙企业法》)和《中华人民共和国合伙企业登记管理办法》(2014年修订)。

(2)有限责任公司:设立的主要法律依据是《中华人民共和国公司法》(2013年修订,以下简称《公司法》)和《中华人民共和国公司登记管理条例》(2016年修订)。

二、企业设立的条件

所谓企业设立的条件,即法律规定该种企业组织形式成立所具备的基本要件。考虑到作者的行文目的,本书将重点就法律对合伙企业和有限责任公司成立所具备要件的不同之处进行阐述。

(一)出资人数要求

(1)合伙企业:根据《合伙企业法》规定,合伙企业应该由2个以上的合伙人出资设立,其中有限合伙企业应由2个以上50个以下的合伙人出资设立。

(2)有限责任公司:根据《公司法》的规定,有限责任公司由50个以下的股东出资设立。

(二)出资方式要求

(1)合伙企业:根据《合伙企业法》规定,合伙企业的合伙人可以用货币、实物、知识产权、土地使用权或者其他财产权利出资,也可以用劳务出资。但是,有限合伙企业中的有限合伙人则不能以劳务出资。

(2)有限责任公司:根据《公司法》的规定,有限责任公司的股东可以用货币出资,也可以用实物、知识产权、土地使用权等可以用货币估价并可以依法转让的非货币财产作价出资,但是法律法规规定不得作为出资的财产除外。此外,首次设立时,有限责任公司全体股东发起人的货币出资金额不得低于注册资本的30%。

相对于有限责任公司股东而言,合伙企业的合伙人在出资方式上更为灵活,突出表现为普通合伙人可以劳务出资。

（三）注册资金要求
(1)合伙企业:《合伙企业法》没有对合伙企业做出注册资金的要求。
(2)有限责任公司:根据《公司法》的规定,有限责任公司注册资金的最低限额为人民币3万元,其中一人有限责任公司注册资金的最低限额为人民币10万元。
三、企业行为依据
(1)合伙企业:行为主要受《合伙企业法》和合伙协议的约束。
(2)有限责任公司:行为主要受《公司法》和章程的约束。
四、企业权力机构
(1)合伙企业:《合伙企业法》并未对合伙企业的最高权力机构予以明确,原则上合伙企业事务由合伙人共同决定(合伙人会议)。
(2)有限责任公司:根据《公司法》规定,有限责任公司的最高权力机构是股东会。
五、企业决策机构
(1)合伙企业:根据《合伙企业法》规定,按照合伙协议的约定或者经全体合伙人决定,可以委托一个或者数个合伙人对外代表合伙企业,执行合伙事务。
(2)有限责任公司:根据《公司法》规定,有限责任公司的董事会或执行董事为其决策机构或决策者。
六、投资者权利流转
（一）合伙企业合伙人权利流转
(1)原则上,合伙人入伙、退伙及财产份额对外转让,均须经全体合伙人一致同意。
(2)合伙人在合伙企业中的财产份额可以继承,有限合伙人资格一般可继承,普通合伙人资格一般不能继承。
(3)合伙人可以在合伙协议中对合伙人的入伙、退伙、财产份额继承及对外转让做出更严格的规定。
（二）有限责任公司股东权利流转
(1)股东之间可以相互转让其全部或者部分股权。
(2)股东对外转让股权应经其他股东过半数同意。
(3)原则上,股东资格及股权均可以继承。
(4)章程可以对股权转让做更严格规定。
相对于有限责任公司,基于其强调"人合"的特点,合伙企业对合伙人的权利流转要求更为严格。
七、企业对外投资资格
(1)合伙企业:可以向其他经济组织(如有限责任公司、股份有限公司、外商投资企业、合伙企业等)投资,原则上无限制。
(2)有限责任公司:可以向其他经济组织(如有限责任公司、股份有限公司、外商投资企业、合伙企业等)投资,原则上无限制。
2009年11月20日之前,受政策限制,合伙企业在成为上市公司股东方面存在一定障碍。随着修订后的《证券登记结算管理办法》于2009年12月21日施行,这一障碍已不复存在。
八、企业税收缴纳要求
合伙企业、有限责任公司在税收缴纳方面的区别主要体现在所得税方面。

(1)合伙企业:无须就企业所得缴纳企业所得税,而是由合伙人就个人从合伙企业获取的利润分配缴纳个人所得税。

(2)有限责任公司:需要就企业所得缴纳企业所得税,股东还需要就个人从公司获取的利润分配缴纳个人所得税。

仅就所得税缴纳而言,合伙企业与有限责任公司相比,不存在双重税负。

九、企业利润分配方式

与有限责任公司相比,合伙企业在利润分配方面更能体现其"人合"的特点,更具有灵活性。

(1)合伙企业:原则上,合伙企业的利润分配按照合伙协议的约定办理;合伙协议未约定或者约定不明确的,由合伙人按照实缴出资比例分配;无法确定出资比例的,由合伙人平均分配。

(2)有限责任公司:原则上,股东按照实缴的出资比例分取红利,但是全体股东约定不按照出资比例分取红利的除外。

十、企业债务责任承担

因为合伙企业不具有独立法人资格,因此法律对其债务责任的承担要求明显区别于有限责任公司。

(1)合伙企业:普通合伙人对合伙企业债务承担无限连带责任,内部按出资比例对合伙企业债务承担责任;有限合伙人以其出资对合伙企业债务承担有限责任。

(2)有限责任公司:股东以其出资额为限对公司债务承担有限责任,公司以其全部财产对自身的债务承担责任。

思考练习

一、单项选择题

1. 企业是(　　)组织。
 A. 赢利性　　　　B. 生产性　　　　C. 公益性　　　　D. 非正式

2. 我国公司制企业的主要组织形式是(　　)。
 A. 无限责任公司和股份有限公司
 B. 有限责任公司和股份有限公司
 C. 股份合作制公司和股份有限公司
 D. 股份两合公司和股份有限公司

3. 现代企业的典型法律形态是(　　)。
 A. 个人业主制企业　　　　B. 合伙企业
 C. 公司制　　　　D. 股份合作制企业

4. 现代经济中在数量上占绝大多数的企业形式是(　　)。
 A. 个人业主制企业　　　　B. 合伙企业
 C. 有限责任公司　　　　D. 股份有限公司

5. 以下哪个不是合伙制企业的缺点?(　　)
 A. 合伙人承担无限连带责任　　　　B. 稳定性差
 C. 易造成决策上的失误　　　　D. 有限的规模

6. 以下属于业主制与合伙制共同特点的是(　　)。
 A. 都具有法人资格　　　　B. 风险较小

C. 规模较大　　　　　　　　　　　D. 不具有法人资格

7. 有限责任是（　　）企业的优点。
A. 个人业主制　　B. 合伙制　　　C. 公司制　　　　D. 工厂制

8. 以下哪一项不是现代企业制度的内容？（　　）
A. 企业的信用制度　　　　　　　　B. 企业的产权制度
C. 企业的组织制度　　　　　　　　D. 企业的管理制度

9. 现代企业制度是以（　　）为主要形式。
A. 个人业主制企业　　　　　　　　B. 合伙制企业
C. 工厂制度　　　　　　　　　　　D. 股份有限公司和有限责任公司

10. 募集设立的方式适合于（　　）。
A. 股份有限公司　　　　　　　　　B. 无限责任公司
C. 两合公司　　　　　　　　　　　D. 有限责任公司

二、多项选择题

1. 企业的双重目标是（　　）。
A. 获取盈利　　　　　　　　　　　B. 承担社会责任
C. 促进科技进步　　　　　　　　　D. 企业规模扩张

2. 单一业主制企业的优点有（　　）。
A. 建立程序简单　　　　　　　　　B. 经营的保密性强
C. 利润独享　　　　　　　　　　　D. 经营方式灵活

3. 下列内容中，（　　）是公司制企业的特征。
A. 具有法人财产权　　　　　　　　B. 承担无限责任
C. 两权分离　　　　　　　　　　　D. 有限的规模

4. 公司制企业的优点是（　　）。
A. 无限责任　　　B. 有限责任　　C. 筹资方便　　　D. 企业发展稳定

5. 公司制企业的缺点是（　　）。
A. 组建程序复杂　　　　　　　　　B. 组建费用较高
C. 保密性较差　　　　　　　　　　D. 政府对公司的限制较多

6. 下列企业中，属于法人企业的有（　　）。
A. 独资企业　　　　　　　　　　　B. 合伙企业
C. 有限责任公司　　　　　　　　　D. 股份有限公司

7. 下列组织中属于自然人企业的有（　　）。
A. 独资企业　　　　　　　　　　　B. 合伙企业
C. 股份合作制企业　　　　　　　　D. 有限责任公司

8. 下列说法正确的有（　　）。
A. 母公司和子公司是独立法人
B. 总公司和分公司是独立法人
C. 总公司、母公司和子公司是独立法人
D. 总公司、母公司、分公司和子公司是独立法人

9. 有限责任公司的股东包括（　　）。

A. 自然人　　　　　B. 法人　　　　　C. 政府　　　　　D. 公务员
10. 公司有限责任的含义是指（　　）。
A. 公司以其全部财产承担责任　　　　B. 公司以其财产的一部分承担责任
C. 股东以其出资额承担责任　　　　　D. 股东以其全部个人财产承担责任

三、简答题

1. 企业的法律形式有哪些？
2. 成立一家企业的流程是什么？
3. 现代企业的治理结构是怎样的？

模块二
管理基础认知

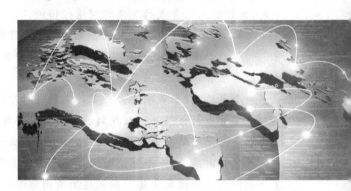

GUANLI JICHU
YU SHIWU

 **学习情境**

厕所管理中的困惑

某日早上,某企业的行政部经理急匆匆地跑进总经理办公室,向总经理汇报说厕所冲不干净,希望可以装配水箱加压装置。

总经理听后大怒:"厕所冲不干净都来找我!"行政部陈经理赶忙解释说:"我已经多次和集团工程总监反映水压不够的问题,但工程总监坚持认为是使用厕所的人没有冲水,而不是新办公楼的水压问题,反而埋怨我们行政部没有做好卫生宣传工作。"

听后,总经理立刻委派助理到厕所进行实地考察,并以"实战"测试厕所的水压。下午,总经理助理向总经理汇报:8个厕所共32个粪坑有8个存在水压问题,主要集中在办公楼第4层。于是,总经理立刻责成行政部经理进行协调。

翌日,行政部经理将书面报告呈交给了总经理,根据集团工程总监的意见,由于加压泵将耗费10万元,于是他建议增加2名后勤人员专门负责厕所卫生。总经理考虑到人员成本的问题,没有批准报告,于是该问题被暂时搁置。

一个月后,由于董事长办公室的厕所进行维修,董事长在光临4楼厕所的时候不幸目睹了"惨象"。董事长大怒并立刻找到陈经理当面怒斥。陈经理听后委屈地解释说:"一个月前,我已经将解决该问题的书面报告呈交给总经理,但由于人员成本问题总经理没有批准。"

董事长困惑了:一个月的时间加三个部门共同努力,为什么厕所的冲水问题还没得到解决?这个责任应该由谁来承担?如果连厕所问题都解决不了,那公司的务实、求真、高效的管理方略何年才可以实现?这个问题根源在于人还是厕所呢?

学习目标

1. 知识目标

通过本模块的学习训练,学生能够熟悉管理的含义、特征、性质和职能,通过了解管理者的类型,掌握成为一名管理者应该具备的素质和技能。

2. 能力目标

通过本模块的学习训练,学生能充分认识到管理中人的重要性,并且能够判断管理者属于何种类型,指出其具备或者欠缺何种技能。

3. 素质目标

通过本模块的学习训练,学生对管理进行全面的思考与讨论,树立管理意识,培养管理思维,增强管理实践,全面提升对管理系统的认识。

项目三　管理系统认知

 **能力训练**

训练01:通过参与管理小游戏,对管理进行认知。

翻牌找朋友

一、时间：45分钟（课内时间45分钟，课外准备时间自定。其中游戏模拟30分钟，总结15分钟）。

二、活动地点和道具：教室；扑克牌一副、计时器（手机、手表）；其余物品若干。

三、活动目的：通过翻牌找朋友游戏，锻炼学生分析问题、解决问题的能力；经过多轮活动的驱动，充分利用扑克牌和数字的魅力，切实开阔学生视野，培养学生的计划能力、团队协作能力、沟通能力和决策能力等。

四、参与人数：一个教学班选出四组同学，每组4～6人，同时每组配备一名活动观察员。

五、操作程序：

游戏共分四个阶段。

1. 准备阶段：观察员将同一花色的13张纸牌按字面朝下摆好后，任意抽取2张和其他组进行交换，并将换回的异色牌按照字面朝下放入指定位置。

2. 自查阶段：全队同学通过依次翻牌，以同色1至13为标准，查找本队的纸牌中缺少的牌和多出来的牌（统称异色牌，共2张），并以纸质文档报给观察员，注意上报时的名称规范，比如必须说黑桃5，而不能只说5。注意，在翻牌过程中牌面依旧必须朝下。最快查找出并且正确（以递交纸质文档时间和准确度为准）的团队得100分，第二名得90分，第三名得85分，第四名得80分，以上均可并列排名。

3. 找朋友阶段：自查阶段结束后，经过商讨，每队各派出一名代表，在观察员的监督下，从桌面上拿起异色牌（不能再翻开其他牌，翻错一张扣5分），各代表到指定的交易市场进行交换，在2分钟内完成交换的团队均将获得50分的加分奖励。

4. 观察员将各队找回来的同色牌放入该队纸牌序列，并按照1至13的顺序依次翻开（即只有找到"A"以后才能将"A"翻开，然后才有机会去找"2"，否则不允许将牌面朝上）。翻牌用时在60秒内的团队将获得30分奖励，翻牌用时为60～70秒的团队将获得25分奖励，翻牌用时为70～90秒的团队将获得20分奖励，翻牌用时超过90秒的团队不奖励也不扣分，所得分计入第一阶段得分中并加总最后得分。

注：全程的计分和计时及监督工作由观察员完成。

训练问题：

1. 各团队谈游戏感受和体会。
2. 观察员做各队观察总结。
3. 老师做总结。

知识导航

自从有了人类，就出现了管理，它起源于人类的共同劳动。当人们组成一个集体去实现共同目标时，就必须进行管理，其目的是协调集体中每个成员的活动。

管理的范围很广，大到管理一个国家，小到管理自己。管理是我们这个现实世界普遍存在的现象，社会中的生产、工作、学习，甚至日常生活、衣食起居，处处都受到管理活动的影响，以至于有人认为20世纪最伟大的发明不是汽车、火箭、计算机，而是管理学。

管理自古有之，但在工业革命以前，由于早期管理活动的简单性和经验性，对理论要求不高,所以没有形成一门学科。

管理学诞生于工业化之后的西方,但管理正式成为一门学科仅有一百余年的历史。在管理学的发展历程中,形成了众多的学派,每个学派都有其独到之处,以至于"诸侯林立""群雄并起"。这些犹如热带雨林般的众多学派,共同促进了管理学的不断发展。

在我国,管理学的建设是在20世纪80年代以后,随着改革开放才开始进行的。尽管起步较晚,但我国管理学的发展仍取得了令人瞩目的成就,对管理的认识也逐步深化。

管理学是一门综合性学科,也是争议较大的学科。经过一百余年的风雨涤荡,管理学已由颗粒之种长成了参天大树。然而,它依然年轻,每一个细节都值得进一步深入研究。但如果一开始就从比较具体的细节入手学习,难免会失之于零碎,所以有必要首先从整体上对管理学加以鸟瞰式的考察。

一、管理的含义与特征

人们在共同的活动中为有效达到一定的目标,需要进行管理。管理是随着人们共同活动的产生而产生的,其历史可以追溯到远古时代。古代埃及人建造金字塔,中国人修建长城,无一不包含了大量的组织管理工作。可以说,自从有了人类,就有了管理,管理是随着生产力的发展而发展起来的。管理即管辖、治理的意思,大到国家,小到企业、学校,几乎任何组织都离不开管理,可以说管理的范围与人类活动的范围同样宽广。现实生活中的每一个人实际上都在不同领域、不同层次上担负着一定的管理工作,如行政管理、企业管理、科学文化管理,甚至是家庭管理。然而,要给管理下一个简洁、确切的定义却并非易事。

(一) 管理的含义

管理一词的英文是management,它是由意大利文manegiare和法文manage演化而来的,原意是"训练和驾驭马匹",美国人最早将该词用于管理学中。管理的概念本身具有多义性,不仅有广义和狭义之分,更因为其时代的不同而产生了不同的解释和理解。管理学学者们对管理的定义做了大量的研究,并从不同的角度和侧重点提出了大量关于管理的定义。

"科学管理之父"弗雷德里克·泰罗认为:管理就是要确切了解你希望工人干些什么,然后设法使他们用最好、最节约的方法去完成它。

雷恩认为:给管理下一个广义而确切可行的定义,可把管理看成是发挥某些职能,以便有效获取、分配和利用人的努力和物质资源来实现某个目标的活动。

法约尔认为:经营和管理是两种不同的东西,经营是引导企业实现它的目的,设法从它所拥有的一切财力和人力资源中获得最大的好处,即确保六个重要职能的实现,而管理是六个职能中最特殊、地位最重要的一个。

梅奥指出:管理是指在力图达到经济目标的同时,维持社会组织的平衡,使个人在贡献其劳务以达到共同目标的过程中获得个人的满足,愿意与他人进行协作。

决策学派代表、诺贝尔经济学奖获得者西蒙指出:管理就是决策。

霍德盖茨认为:管理就是经由他人去完成一定的工作。

哈罗德·孔茨指出:管理,就是设计并保持一种良好环境,使人在群体里高效率地完成既定目标的过程。

彼得·德鲁克认为:管理是一种工作,因此它有其技能、工具和技术;管理是一门学术,是一门到处均可运用的系统化知识;管理是一种文化,它包含在价值、风格、信仰与传统之中;管理还是一种任务,它不在于"知",而在于"行"。

美国管理协会对管理的定义:管理是通过他人的努力来达到目标。

管理定义的多元化反映了人们对管理的多种理解,以及各管理学派的研究重点与特色。但是我们也应看到,不同的定义只是观察角度和侧重点不同,在总体上对管理实质内容的认识还是共通的。这些不同的定义对全面、深刻地理解管理这一概念是极为有益的。

上述这些不同的定义均强调或突出了管理活动某一方面的特性,各有各理,各执一端。所以综合来看,本书认为管理就是在特定的环境下,对组织所拥有的资源进行有效的计划、组织、领导、控制和创新,以便高效地实现组织既定目标的过程。

这个定义包含以下六层含义。

(1)管理的目的是有效实现目标。管理是围绕着某一共同目标进行的,所有的管理行为都是为实现组织目标服务的。目标不明确,管理便无从谈起;目标是否切合实际,直接关系到管理的成败或成效的高低。对于任何一个组织而言,管理都是不可或缺的,但又不是独立存在的。管理不具有自己的目标,不能为管理而管理,而只能使管理服务于组织目标的实现。

(2)管理过程是由一系列相互关联、连续进行的活动所构成,这些活动包括计划、组织、领导、控制和创新,它们是管理的基本职能。

(3)管理要通过组织中各种资源的综合运用来实现组织的目标。管理的本质是协调,它贯穿于整个管理活动过程的始终。要实现目标,就必须协调人与事、人与物及人与人的活动和利益关系,使资源与职能活动协调,而执行管理职能的直接目标与结果就是使资源与活动协调。因此,所有的管理行为在本质上都是协调问题。

(4)管理是在一定环境下进行的。有效的管理必须充分考虑组织内、外部环境的影响。通常来说,管理并不是独立存在的,它是一个组织的"器官",是为组织服务的。

(5)管理的主体是管理者。管理者是指组织中从事管理活动的人。管理者对管理的效果、组织的效果承担重大责任。管理者的责任有三个层次:一是管理一个组织,二是管理管理者,三是管理工作和员工。

(6)管理的对象是组织资源和组织活动。组织目标是通过组织活动实现的,任何组织活动都离不开使用或消耗一定的资源。资源主要包括资金、物质和人员三个方面,因为这三个词语的英文首字母均为 M,故将其简称为"3M"。管理作为协调活动,无非就是以最低的成本获取和使用组织资源,以最佳方式安排组织活动,从而使组织活动更有效地趋向其目标。

(二)管理的特征

管理的特征可以归纳为以下五个方面。

1. 人本性

管理活动是以组织为基础的,没有组织就无从谈管理,组织目标的实现离不开人的活动,管理要解决的主要矛盾就是人与人之间的矛盾。

2. 复杂性

管理的复杂性,是指管理所面临的环境及影响因素是复杂的。组织是一个开放的系统,它与外部的大系统产生各种联系,这个大系统的政治环境、经济环境、技术环境、社会文化环境等及其变化,都对管理活动产生影响。企业组织总是在一个动态、复杂的环境中成长,管理者总是要面临各种不同的环境,综合考虑各种因素,做出合理的、有效的管理决策,这是管理者面临的挑战。

3. 科学性

管理的科学性,是指管理的理论是科学的。管理理论是对大量企业管理实践的科学总结,是对管理规律的概括,它有自身固有的原理、技术和方法,通过对这些原理、技术和方法的学习,可以大大提高管理实践的水平。

4. 间接性

管理附着在组织及大量的日常活动中,管理不是直接地为实现目标而从事一项作业活动,而是调动各种资源,推动各方力量去协调,进行一系列的作业活动,从而达到组织目标。

5. 经济性

管理主要研究如何将资源进行最合理配置,要求人们把正确的事情做对。资源配置是需要成本的,因此管理就具有经济性。管理的经济性首先反映在资源配置的机会成本上,管理者选择一种资源配置方式,是以放弃另一种资源配置方式的代价取得的;其次,管理的经济性反映在管理方式、方法选择的成本比较上,因为在众多的资源配置的方式、方法中,不同的方式、方法的成本是不同的,如何选择就有了经济性的问题;再次,管理是对资源有效整合的过程,选择不同的资源供给和配比,也就有了成本大小的问题,这是经济性的又一表现。

二、管理的性质

(一) 管理的二重性

管理的二重性,是马克思主义关于管理问题的基本观点。马克思指出:"凡是直接生产过程具有社会结合过程的形态,而不是表现为独立生产者孤立劳动的地方,都必然会产生监督劳动和指挥劳动,不过它们具有二重性。"这里的"监督劳动"和"指挥劳动"就是指管理。从马克思的论述中可以看出,管理活动具有二重性:它既有与组织生产力和社会化大生产相联系的自然属性,又有与生产关系和社会制度相联系的社会属性。

一方面,管理是通过组织生产力、协作劳动,使生产过程联系为一个统一的整体,是有效地组织共同劳动所必需的,它是由生产社会化引起的,因此它具有同生产力、社会化大生产相联系的自然属性。它主要取决于生产力发展水平和劳动社会化程度,这是一切管理的共性;另一方面,管理又是在一定的生产关系条件下进行的,是与生产关系相联系的一种"监督劳动",因而也必然体现出生产资料占有者维护和巩固生产关系的意志,成为其实现特定生产或业务活动目的的一种职能,因此管理又具有同生产关系、社会制度相联系的社会属性。管理的社会属性主要取决于社会生产关系的性质和社会制度,这是管理的个性,即特殊性。

管理的自然属性和社会属性便是管理的二重性。

1. 管理的自然属性

马克思在《资本论》中指出:"一切规模较大的直接社会劳动或共同劳动,都或多或少地需要指挥,以协调个人的活动,并执行生产总体的运动——不同于这一总体的独立器官的运动——所产生的各种一般职能。一个单独的提琴手是自己指挥自己,一个乐队就需要一个乐队指挥。"可见,管理是人类社会活动的客观需要。

管理也是生产力。任何社会、任何企业,其生产力是否发达,取决于它拥有的各种经济资源、生产要素是否得到有效的利用,取决于从事社会劳动的人的积极性是否得到充分的发挥,而这两者都有赖于管理。在同样的社会制度下,企业外部环境基本相同,有不少企业的内部条件如资金、设备、能源、原材料、产品及人员素质和技术水平基本类似,但经营结果、所达到的生产力水平却相差悬殊。同一个企业,有时只是更换了企业主要领导,例如换了厂长,企业就可能出现崭新的面貌。其他社会组织也有类似的情况,其原因就在于管理。由于不同的领导人采用了不同的管理思想、管理制度和管理方法,因此产生了完全不同的效果,这样的事例不胜枚举。事实证明,管理是生产力,科学技术也是生产力,但科学技术的发展需要有效的管理,并且只有通过管理,科学技术才能转化为生产力。

管理的上述性质并不以人的意志为转移,也不因社会制度意识形态的不同而有所改变,它完全是客观存在的,所以我们称之为管理的自然属性。

管理的自然属性,一方面是指管理活动的产生具有客观必然性,是由人们的共同协作劳动引起的,任何社会只要存在组织的集体活动,分工协作就不可缺少,管理活动就会普遍存在,这是不以人的意志为转移的;另一方面是指管理具有与生产力、社会化大生产相联系的属性,该属性表明管理是有效组织共同劳动所必需的,因此管理活动的主要任务之一就是处理好人与自然、自然与自然之间的关系,合理组织生产力,而不受社会制度、生产关系等的影响。这些管理理论、方法与技术是无国界的,国外能用,我们也能用,因为它们是为提高社会生产力服务的,这体现了管理的共性一面。

2. 管理的社会属性

管理的社会属性是指管理具有与生产关系、社会制度相联系的属性。任何管理都是一定的社会制度下的管理,都反映了一定的生产关系。

(1)管理者不是抽象的管理者。在阶级社会中他们总是某阶级的成员,是某一阶级利益的代表,他们会自觉不自觉地为维护与实现本阶级的利益服务。

(2)在现代社会中,管理的权力基于财产的权力,哪一个阶级是生产资料的所有者,那一个阶级就是社会的统治者、管理者。管理就是为这个阶级服务的。

(3)生产关系是一个抽象的表述,它必须通过生产、交换、分配和消费等活动来体现。开展这些活动都离不开管理,所以说管理是社会生产关系实现的方式之一。

管理的社会属性,表明组织处于不同的社会制度和社会生产关系下,其用于改善、维护与发展生产关系方面的管理理论、方式和手段往往存在差异。社会生产关系的性质决定了组织管理的目的,决定了管理方式、管理手段的选择和运用,这体现了管理的个性一面。

3. 明确管理二重性的重要意义

明确管理的二重性,对于我们正确认识管理的地位与作用,科学运用管理理论与方法来指导社会实践活动,不断提高我国各种组织的管理水平,建立具有中国特色的管理科学理论体系,具有重要的现实意义。

(1)管理体现了生产力与生产关系的辩证统一。把管理仅仅看作是生产力或仅仅看作是生产关系,都不利于我国管理和管理实践的发展,也不利于我国经济的健康发展。我国在很长一段时期内的"左"的错误思潮(在管理上表现为重社会属性轻自然属性、重生产关系轻生产力)曾严重地阻碍了我国经济的健康发展。我们应当引以为戒,总结历史经验教训,形成具有中国特色的管理,更好地指导我国的管理实践。

(2)管理的二重性理论有利于人们全面认识管理人员的素质结构。管理体现的是生产力与生产关系的辩证统一,它一方面要合理组织生产力,致力于生产效率的提高;另一方面要不断改善与维护生产关系,努力提高组织成员对工作的满意度、个人价值的实现度及不同成员之间的和谐相处度。这要求管理人员必须有合理的知识、能力与素质结构。作为一名优秀的管理者,应该成为"复合型人才",既要具备组织生产力方面的技术、知识和能力,又要掌握处理各种人际关系与社会关系方面的知识、能力与技巧。任何人想要成为优秀的管理者,就应当加强管理理论知识的学习和人际关系协调能力与技巧的培养及训练。

(3)管理的二重性理论有利于我们正确对待发达国家的管理经验。任何管理理论、技术与方法的出现,都有其时代背景和区域特色,都是与当时当地的生产力及社会条件相适应的。我们必须客观对待发达国家的管理理论、方法与经验,既不能全盘复制,也不能盲目排外,应当根据国情取其精华,去其糟粕,为我所用。只有这样,才能在引进发达国家的资金与先进技术的同时,引进发达国家的先进管理理论知识与经验,并在与我国国情相结合的过程中,实现管理的共性与个性的统一。

(二) 管理的科学性和艺术性

1. 管理的科学性

管理的科学性在于管理作为一个活动过程,其间存在着一系列基本客观规律,有一整套分析问题、解决问题的科学方法理论,并在实践中不断得到验证和丰富,可复制和学习,并可指导人们实现有效管理。管理的科学性,强调人们必须按照管理的科学规律进行管理,强调管理专业知识的重要性。许多管理问题都可以用理性的、逻辑的、客观的和系统的方法来解决,是有章可循的。

2. 管理的艺术性

管理的艺术性就是强调实践性和创新性。要有效地实现管理,管理者必须在管理实践中发挥积极性、主动性和创造性,因地制宜地将管理知识与具体的管理活动相结合。管理的艺术性强调管理者仅凭书本上的管理理论,或者背诵原理和公式来进行管理活动是不能保证其成功的,还要灵活运用管理知识,讲究管理技巧,面对千变万化的管理对象,因人、因事、因时、因地制宜,灵活多变地、创造性地运用管理技术与方法解决实际问题。因此,尽管管理研究者们一直在探索管理的规律性法则,管理实践者们也总是尽可能地采取科学的管理方法,但人们仍不得不经常基于直觉、经验、本能和个人观察做出决策和提出解决问题的方法。例如,管理者有时必须在看似可行的几个方案之间进行选择,或者有时管理者必须在众人的反对声中做出正确的决策,此时管理者必须将直觉和个人观察同客观数据和事实相结合,这样才能成功。

3. 管理是科学与艺术的结合

管理活动可以分为程序性活动和非程序性活动两大类。程序性活动就是指有章可循,照章运作便可取得预期效果的管理活动。非程序性活动是指无章可循,需要边运作边探索的管理活动。管理的科学性要求不断地实现管理活动由非程序性向程序性的转化,这种转化过程就是人们对这类活动进行规律性科学总结的过程。管理的科学性要求管理者在管理活动中遵循客观规律,不断建章立制、科学管理。

管理虽然有一定的规律可循,但它绝不是"按图索骥"的照章操作行为。管理理论作为普遍使用的原理、原则,必须结合实际应用才能奏效。管理者在实际工作中面对千变万化的管理对象,要灵活多变地、创造性地运用管理艺术与技艺,这就是管理的艺术性。管理的艺术性要求管理者必须掌握实际情况,因势利导,总结经验,理论联系实际。

综上可知,管理既是一门科学,又是一门艺术,管理的科学性是管理艺术性的前提和基础,管理的艺术性是管理科学性的补充与提高,这种科学性与艺术性的划分是大致的,其间并没有明确的界限。说管理是科学,是强调其客观规律性;说管理是艺术,则是强调其灵活性与创造性。而且,这种科学性与艺术性在管理的实践中并非是截然分开的,而是相互作用,共同发挥管理的功能,促进目标的实现。

三、管理的职能

管理活动是通过一系列具体的职能来完成的。所谓管理的职能,是指管理活动所具有的功能及其所体现的不同性质、不同类型的工作内容。人类的管理活动究竟具有哪些管理职能,这是一个至今仍然众说纷纭的问题。

历史上最早系统地提出管理职能思想的是法国管理学者亨利·法约尔,他在1916年出版的《工业管理与一般管理》一书中提出,所有管理者都行使五种管理职能:计划、组织、指挥、协调和控制。之后,有许多管理学者站在不同的角度,对管理职能的划分提出了自己不同的见解。例如20世纪30年代,拉尔夫·柯里尔·戴维斯(Ralph Currier Davis)提出管理职能包括计划、组织和控制三项;20世纪40年代,布雷克提出管理职能包括计划、协调、控制和激励四项;20世纪50年代中期,美国UCLA(加州大学洛杉矶分校)的两位教授哈罗德·孔茨和西里尔·奥唐内尔在其有关管理学的教科书中,把管理职能划分为五种,即计划、组织、人员配备、指挥和控制,全书的结构安排基于这种职能划分。

当今大多数教科书仍是按照亨利·法约尔提出的管理职能体系编写的,只不过在这些教科书中,管理职能一般被压缩为四种:计划、组织、领导和控制。国内的管理学教科书的情形与此类似,所不同的只是对管理职能的划分。

进入20世纪70年代以后,尤其是20世纪80年代以来,随着科学技术的飞速发展,生产力水平不断提高,组织的内外环境发生了根本性变化,管理活动的内容也日趋复杂化、多样化,一些学者为管理职能又增添了不少新内容。综合国内外一些学者的观点,本书将管理职能划分为计划、组织、领导、控制和创新。

(一) 管理职能

1. 计划

计划是指管理者为实现组织目标,对工作所进行的筹划活动,这是非常重要的职能。首先计划是管理者指挥的依据,其次计划是降低风险、掌握主动权的手段,最后计划是减少浪费、提高效率的方法。计划一般包括调查与预测、制定目标、选择活动方式等一系列工作,任何管理者都要执行计划职能,而且要想将工作做好,无论大事小事,都不可缺少事前的筹划。计划是管理者的首位职能,管理活动从计划开始。

2. 组织

组织是指确定所要完成的任务、由谁来完成任务及如何管理和协调这些任务的过程。组织是管理者为实现组织目标而建立和协调组织结构的工作过程。组织职能就是提供给实施角色的人们的一个良好的合作保证,以便使信息、资源和任务能够在组织内顺畅流动,发挥整体大于部分之和的优势,使有限的人力资源形成增加的合力效果。

组织一般包括设计与建立组织结构、合理分配职权与职责、选拔与配置人员、推进组织的协调与变革等。合理、高效的组织结构是实施管理、实现目标的保证。因此，不同层次、不同类型的管理者总是或多或少地承担着不同性质的组织职能。

3. 领导

领导是指管理者指挥、激励下属，以便有效实现组织目标的行为。领导的本质是一种影响力。领导一般包括选择正确的领导方式；运用权威，实施指挥；激励下属，调动其积极性；进行有效沟通等。不同层次、不同类型的管理者，其领导职能的内容及侧重点各不相同。领导是管理过程中最常用、最关键的职能。

4. 控制

控制是管理者为保证实际工作与目标一致而进行的活动。控制一般包括制定标准、衡量绩效、纠正出现的偏差等一系列工作过程。工作失去控制就会偏离目标，没有控制，就很难保证目标的实现，控制是管理者必不可少的职能。但是，不同层次、不同类型的管理者，其控制的重点内容和控制方式是有很大差别的。

控制和计划是密不可分的。计划是控制的前提，为控制提供目标和标准，管理者必须及时了解计划的执行情况，并将有关信息和目标进行比较，发现实践活动中存在的问题，分析原因，并采取措施；控制是实现计划目标的手段。从管理的纵向来看，各级管理者都要重视控制职能；从管理的横向来看，对各项管理活动、各个管理对象都要进行控制。没有控制，计划目标就不可能实现。

5. 创新

所谓创新，就是改变现状。创新贯穿于各种管理职能和各个组织层次中。管理者的创新活动包括技术创新和制度创新。关于是否把创新列为管理职能，学者们有不同的看法。

孙明燮（1998年）认为创新不是管理职能，而是管理功能；周三多等人（1999年）则把创新列为管理职能，并认为创新是管理工作的原动力。本书采用周三多等人的观点。因为在被称为"唯一不变的就是变化"的当今世界，要想使组织立于不败之地，管理者必须具有创新精神，敢于应对各种挑战。尤其是在我国大力实施创新驱动战略、创新创业教育如火如荼的新时代，基于创新在管理工作中的特殊重要性，有必要将它单独作为一种管理职能，尽管这样做可能使不同的管理职能有所交叉。

（二）管理职能之间的相互关系

计划、组织、领导和控制是最基本的管理职能，它们分别回答了一个组织要什么和怎么做、靠什么做、如何做得更好及做得怎么样等基本问题。作为管理工作的手段和途径，随着管理对象的变化和科学技术的发展，管理职能也在不断地丰富和完善。至于创新，则没有特定的表现形式，它总是在与其他管理职能的结合中表现其存在。对于一个有活力的组织来说，创新无处不在、无时不在。创新贯穿于各种管理职能和各个组织层次中。

在理解五项管理职能时要注意以下两个问题。

1. 各管理职能之间的逻辑顺序并不是绝对的

在管理实践中，管理职能之间密切联系。按照日常习惯，各项管理职能存在顺序履行的逻辑，即首先要执行计划，然后是组织、领导，最后是控制，创新则融入各个管理工作过程中。实践工作中，要注意协调各项管理职能，使之形成连续、一致的管理活动，这样才能保证管理工作的顺利进行和组织目标的完成。但是，上述逻辑顺序并不是绝对的，在实际管理中，各项职能是相互融合、相互交叉的。

2. 正确处理管理职能的普遍性与差异性

这五项管理职能是一切管理者，即无论何种组织、何种管理层次、何种管理类型的管理者，都要履行这五项管理职能。但同时也必须认识到，不同组织、不同管理层次、不同管理类型的管理者，在具体履行管理职能时，又存在着很大的差异性。例如，高层管理者更关注计划和组织，而基层管理者则更重视领导和控制。即使对于同一管理职能，不同管理层次的管理者的关注重点也不同。例如，对于计划，高层管理者更重视长远、战略性计划，基层管理者则只安排短期作业计划。

项目四 管理者素质与技能

训练 02：通过案例分析，对管理者的素质与技能进行认知。

升任公司总裁后的思考

郭宁最近被一家生产机电产品的公司聘为总裁。在他准备去接任此职的前一天晚上，他浮想联翩，回忆起他在公司工作二十多年的情况。

他在大学时学的是工业管理，大学毕业获得学位后就到该公司工作，最初担任液压装配单位的助理监督。他当时真不知该如何工作，因为他对液压装配所知甚少，在管理工作上也没有实际经验，他感觉每天都手忙脚乱的。可是他非常认真好学，他一方面仔细查阅该单位所订的工作手册，并努力学习有关的技术书刊；另一方面监督长也对他主动指点，使他渐渐摆脱了困境，胜任了工作。经过半年多时间的努力，他已有能力独自承担液压装配监督长的工作。可是，当时公司没有提升他为监督长，而是直接提升为装配部经理，负责包括液压装配在内的四个装配单位的领导工作。

在他当助理监督时，他主要关心的是每日的作业管理，技术性很强；而当他担任装配部经理时，他发现自己不能只是关心当天的装配工作状况，还得做出此后数周乃至数月的规划，还要完成许多报告和参加许多会议，他没有多少时间去从事他过去喜欢的技术职责。当上装配部经理不久，他就发现原有的装配工作手册已基本过时，因为公司已安装了许多新的设备，吸收了一些新的技术，这令他花了整整一年时间去修订工作手册，使之切合实际。在修订工作手册的过程中，他发现要让装配工作与整个公司的生产作业协调起来需要有很多讲究。他主动到几个工厂去学习，学到了许多新的工作方法，他把这些方法写到修订的工作手册中去。由于该公司的生产工艺频繁发生变化，因此工作手册也不得不经常修订，郭宁对此都完成得很出色。他工作了几年后，不但自己学会了这些工作，而且还学会如何把这些工作交给助手去做，教他们如何做好，这样，他可以腾出更多的时间用于规划工作和帮助他的下属把工作做得更好，以及花更多的时间去参加会议、批阅报告和完成自己向上级的工作汇报。

当他担任装配部经理六年后，正好该公司负责规划工作的副总裁辞职应聘到其他公司，郭宁便主动申请担任此职务。在同另外五名竞争者较量之后，郭宁被正式提升为规划工作副总裁。他自信地认为自己拥有担任此职位的能力，但由于此高级职务工作的复杂性，他在刚接任时仍碰到了不少麻烦。例如，他感觉很难预测一年后的产品需求情况，可是一个新工厂的开工，乃至一个新产品的投入生产，一般都需要在数年前做好准备。而且在新的工作岗位上，他还要不断地处理市场营销、财务、人事、生产等部门之间的协调工作，这些是他过去都不熟悉的。他在新的岗位上越来越感觉到：越是职位上升，越难于仅仅按标准的工作程序去进行工作。但是，他还是渐渐适应了，做出了成绩，以后又被提升为负责生产工作的副总裁，而这一职位通常是由该公司资历最深、辈分最高的副总裁担任。到了现在，郭宁又被提升为总裁。他知道，一个人当上公司最高主管职位之时，他应该自信地认为自己有处理可能出现的任何情况的才能，但他也明白自己尚未达到这样的水平。因此，他不禁想到自己明天就要上任了，今后数月的情况会是怎样的，他不免为此而担忧。

训练问题：

1. 郭宁担任助理监督、装配部经理、规划工作副总裁和总裁这四个职务，需具备的管理技能各有什么不同？请结合基层、中层、高层管理者的职责进行分析。

2. 你认为郭宁要成功地胜任公司总裁的工作，哪些管理技能是最重要的？你觉得他具有这些技能吗？试加以分析。

一、管理者的含义及分类

（一）管理者的含义

管理者是组织的心脏，其工作绩效的好坏直接关系着组织的兴衰成败。管理大师彼得·德鲁克曾这样说："如果一个企业运转不动了，我们当然是要去找一个新的总经理，而不是另雇一批工人。"管理者对组织的生存发展起着至关重要的作用。彼得·德鲁克给管理者下的定义为：在一个现代的组织里，每一个知识工作者如果能够根据他们的职位和知识，对组织负有贡献的责任，因而能够实质性地影响该组织经营及达成成果的能力者，即为管理者。这一定义强调，作为管理者，首要的标准是必须对组织的目标负有贡献的责任，而不是权力。只要共同承担职能责任，对组织的成果有贡献，他就是管理者，而不在于他是否有下属人员。

综合以上分析，本书将管理者定义为：管理者是指履行管理职能，对实现组织目标负有贡献责任的人。

（二）管理者的分类

1. 按照管理人员所处的组织层次划分

1）高层管理者

高层管理者是指组织中的高级领导人，他们对外代表组织，对内拥有最高职位和最高职权，并对组织的总体目标负责，其主要任务是制定战略目标、把握发展方向和制定重大政策，他们拥有资源分配权等，以决策为主要职能，故也称为决策层。例如，一个工商企业的总经理、学校的校长等，就属于高层管理者。

2) 中层管理者

中层管理者介于高层管理者与基层管理者之间,是一个组织中的中层机构的负责人员。他们是高层管理者决策的执行者,监督和协调基层管理者的工作活动,负责制定具体的计划、政策,行使高层管理者授权下的指挥权,并向高层管理者报告工作,也称为执行层。例如,一个工厂的生产部经理、一个商场的商品部经理、学校的系主任和处长等,就属于中层管理者。中层管理者一般可以分为三类:行政管理人员、技术管理人员和支持性管理人员。

3) 基层管理者

基层管理者是指在生产经营第一线的管理人员,他们负责将组织的决策在基层落实,制定作业计划,负责现场指挥、现场监督,也称为作业层。例如,生产车间的工段长、班组长等,就是基层管理者。

以上三个不同层次的管理人员,其工作内容和性质存在很大的差别。一般来说,基层管理者所关心的主要是具体的战术性工作,而高层管理者所关心的主要是抽象的战略性工作。

2. 按照管理工作的性质与领域划分

1) 综合管理者

综合管理者是指负责整个组织或部门的全部管理工作的管理人员。他们是一个组织或部门的主管,对整个组织或部门目标的实现负有全部的责任;他们拥有这个组织或部门所必需的权利,有权指挥和支配该组织或该部门的全部资源与职能活动,而不是只对单一资源或职能负责。例如,工厂的厂长都是综合管理者,而工厂的财务主管就不是综合管理者,因为其只负责财务这种单一职能的管理。

2) 职能管理者

职能管理者又可称作专业管理者,是指在组织内只负责某种职能的管理人员。这类管理者对组织中某一职能或专业领域的工作目标负责,只在本职能或专业领域内行使职权、指导工作。职能管理者大多是具有某种专业或技术专长的人,例如,一个工厂的总工程师、销售经理等。就一般工商企业而言,职能管理者主要包括以下类别:计划管理、生产管理、技术管理、市场营销管理、物资设备管理、财务管理、行政管理、人力资源管理、后勤管理和安全保卫管理等。

3. 按照职权关系的性质划分

1) 直线管理人员

直线管理人员是指有权对下级进行直接指挥的管理者,他们与下级之间存在着领导、隶属关系,是一种命令、服从的职权关系。直线管理人员的主要职能是决策和指挥。直线管理人员主要是组织等级链中的各级主管及综合管理者。例如企业中的总经理、部门经理、班组长,他们都是典型的直线管理人员。

2) 参谋人员

参谋人员是指对上级提供咨询建议,对下级进行专业指导的管理者。他们与上级的关系是一种参谋、顾问与主管领导的关系,与下级的关系就是一种非领导、隶属的专业指导关系,他们的主要职能是咨询、建议和指导。对企业而言,参谋人员通常是指各级职能管理者,他们既向最高领导者提供咨询建议,又对整个企业各部门及人员进行其所负责的专业领域内的业务指导。

二、管理者的角色

管理者角色的概念是亨利·明茨伯格提出来的。亨利·明茨伯格将管理者的工作分为十种角色,这十种角色可归入三大类:人际角色、信息角色和决策角色。

(一) 人际角色

人际角色直接产生自管理者的正式权力基础。管理者在处理组织成员和其他利益相关者的关系时就扮演着人际角色。人际角色包括以下三种。

1. 代表人角色

作为"头头",管理者必须行使一些具有礼仪性质的职责,如出席集会,或宴请重要客户等。

2. 领导者角色

由于管理者对所在单位的效益负重要责任,因此他们必须在工作小组内扮演领导者角色,和员工一起工作,并通过员工的努力来确保组织目标的实现。

3. 联络者角色

管理者无论是对内还是对外,都起着联络者的作用。联络者角色是指与组织内的人、小组一起工作,与外部利益相关者建立良好的关系所扮演的角色。

(二) 信息角色

管理者应确保和其一起工作的人具有足够的信息,从而能够顺利地完成工作。整个组织的人依赖于管理结构和管理者,以获取或传递必要的信息,从而完成工作。信息角色包括以下三种。

1. 监督者角色

管理者持续关注内、外环境的变化,以获取对组织有用的信息,接触下属并且从个人关系网获取信息,依据信息识别工作小组和组织潜在的机会和威胁。

2. 传播者角色

作为传播者,管理者应把重要的信息传递给工作小组成员。管理者有时会因特殊目的向工作小组成员隐藏特定的信息,但管理者必须保证员工能获得必要的信息,以便切实、有效地完成工作。

3. 发言人角色

管理者必须把信息传递给单位或组织以外的个人。例如,必须向董事和股东说明组织的财务状况和战略方向,必须向消费者保证组织在切实履行社会义务,必须让政府对组织的遵守法律行为感到满意。

(三) 决策角色

管理者负责处理信息,并得出结论;管理者负责做出组织的决策,让工作小组成员按照既定的路线行事,并分配资源,以保证工作小组计划的实施。决策角色包括以下四种类型。

1. 企业家角色

管理者对所发现的机会进行利用,如开发新产品、提供新服务、发明新工艺等。

2. 干扰对付者角色

管理者必须善于处理冲突和解决问题,如平息客户的怒气、同不合作的供应商进行谈判,或者调解员工之间的争端等。

3. 资源分配者角色

管理者决定组织的资源用于哪些项目。

4. 谈判者角色

研究表明,管理者会把大量的时间花费在谈判上,谈判对象包括员工、供应商、客户、其他工作小组等。无论是何种工作小组,其管理者都应进行必要的谈判工作,以确保工作小组朝着组织目标迈进。

三、管理者应具备的素质

管理者的素质是指管理者与管理相关的内在基本属性与质量。管理者的素质主要表现为品德、知识、能力与身心条件。管理者的素质是形成管理水平与能力的基础,是做好管理工作、取得管理功效的极为重要的主观条件。

(一) 政治与文化素质

政治与文化素质是指管理者的政治思想修养水平和文化基础,包括政治坚定性、敏感性;事业心、责任感;思想境界与道德情操,特别是职业道德;人文修养与广博的文化知识等。

(二) 基本业务素质

基本业务素质是指管理者在所从事的工作领域内的知识与能力,包括一般业务素质和专业业务素质。

(三) 身心素质

身心素质是指管理者自身的身体状况与心理条件,包括健康的身体、坚强的意志、开朗乐观的性格、广泛而健康的兴趣等。

四、管理者应具备的技能

每个管理者都在自己的组织中从事某一方面的工作,都要力争使自己主管的工作达到一定的标准和要求。管理是否有效,在很大程度上取决于管理者是否真正具备了作为一个管理者应具备的技能。根据罗伯特·卡茨的研究,管理者在行使管理职能和扮演三种管理角色时,必须具备三类技能,即技术技能、人际技能和概念技能。

(一) 技术技能

技术技能是指管理者掌握与运用某一专业领域内的知识、技术和方法的能力。比如车间主任要熟悉各种机械的性能、使用方法、操作规程,以及各种材料的用途、加工工序等。一般技术技能包括专业知识、经验、技术、技巧,程序、方法、操作及工具运用熟练程度等。这些是管理者对相应专业领域进行有效管理所必须具备的技能。管理者虽不能完全做到内行、专家,但必须懂行,必须具备一定的技术技能,特别是一线管理者更应如此。

(二) 人际技能

人际技能有时也称为人际关系技能,是指管理者处理人事关系的技能,即理解、激励他人并与他人沟通和共事的能力。人际技能包括观察人、理解人、掌握人的心理规律的能力;人际交往融洽相处、与人沟通的能力;了解并满足下属需要,进行有效沟通的能力;善于团结他人,增强向心力、凝聚力的能力等。在以人为本的今天,人际技能对现代管理者来说是一种极其重要的基本功,没有人际技能的管理者是不可能做好管理工作的。

(三) 概念技能

概念技能又称构想技能,是指管理者观察、理解和处理各种全局性的复杂关系的抽象能力。概念技能包括对复杂环境和管理问题的观察、分析能力,对全局性、战略性、长远性的重大问题的处理与决断的能力,对突发性紧急处境的应变能力等,其核心是一种观察力和思维力。显然,在组织的动态活动中,任何管理者都会面临一些混乱而复杂的环境,此时需要管理者认清各种因素之间的关系,以便抓住问题的实质,根据形势和问题果断地做出正确的决策。概念技能对于组织的战略决策和发展具有极为重要的意义,是组织的高层管理者所必须具备的技能。管理者所处的层次越高,面临的环境越复杂,越无先例可循,就越需要概念技能。

各层次管理者对技能需要的比例如图 4-1 所示。上述三种技能对任何管理者来说都是缺一不可的,但不同层次的管理者由于所处位置、作用和职能不同,因此对三种技能的需要程度明显不同。高层管理者尤其需要概念技能,而且所处层次越高,对概念技能的要求越高,概念技能的高低成为衡量一个高层管理者素质高低的重要尺度,其次是人际技能和技术技能;中层管理者更多地需要人际技能,其次是技术技能和概念技能;处于较低层次的基层管理者,由于他们的主要职能是现场指挥监督,因此他们主要需要的是技术技能,其次是人际技能,相比之下,基层管理者对概念技能的要求不是太高。

基层管理者	中层管理者	高层管理者
概	念 技	能
人	际 技	能
技	术 技	能

图 4-1 各层次管理者对技能需要的比例

案例分析

忙碌的生产部长

金星公司是南部一家专门生产住宅建筑用的特殊制品的合资企业。王雷是该厂的生产部长,他的直接上级是公司的总经理。张立是装配车间的主任,归王雷领导。张立手下有七名工人,负责装配住房中的各种用锁。

夏季的一天上午,公司总经理打来电话对王雷说:"我们收到好几次客户投诉,说我们的锁装配得不好。"王雷对此事很快做了调查,然后来到总经理办公室,向上司汇报说:"我可以放心地跟您说,对于那些蹩脚的锁的装配,没有我的责任。那是装配车间主任张立的失职,他没有去检查手下的工人是否按正确的装配程序工作。"王雷同时向总经理汇报了他在这个星期所做的几件重要的工作:A. 对工厂的下半年生产进度与人员使用做了初步安排;B. 在装卸码头指导搬运工人们使用一台新买的起重机;C. 对一位求职者进行面试,填补厂里质量管理职位的空缺;D. 包装生产线上的一位操作工去看病,他顶班在生产线上干了大半天;E. 将生产系统中的有关人员间的关系做了一点调整,让工程师们以后直接向工厂的总监汇报工作,不必再经过总工程

师;F.与总会计师一起查阅报表,检查厂里上半年的经费开支和生产情况。王雷还向总经理说明了他个人对企业盈利情况的分析。

那天从总经理那里汇报回来,王雷抓紧时间办妥了几件事:一是与工会一起处理了一桩劳资纠纷;二是向厂里的基层管理人员解释了在工伤赔偿政策上打算做哪些改动;三是同销售部经理讨论了产品的更新换代问题;四是打电话给一家供应厂商,告诉他们有一台关键的加工机器坏了,无法修理,请他们速来换一台;五是考虑了如何改进厂里的制造工艺。待办完这些事,他一看表才知早已过了下班的时间。

根据案例所提供的情况,请回答下列问题:

1. 王雷和张立分别是这家企业哪一层次的管理人员?（　　）
　A. 高层和中层　　　　　　　　B. 中层和基层
　C. 高层和基层　　　　　　　　D. 都是中层

2. 关于锁装配不善的问题,公司总经理应该首先责成谁负起最终责任?这依据的是什么原则?（　　）
　A. 装配车间主任,监督职责明确原则　　B. 装配车间的工人们,执行职责明确原则
　C. 生产部长,责任的不可下授原则　　　D. 依据责权对等原则,没人该对此负责

3. 王雷向总经理汇报说他这星期做了几件重要的工作,请在下列空格里依次写下这些工作所体现的活动或职能性质(管理职能):
　A.(　　)　　B.(　　)　　C.(　　)
　D.(　　)　　E.(　　)　　F.(　　)

4. 劳资纠纷的处理和工伤赔偿政策的解释都需要何种管理技能?（　　）
　A. 人际技能　　　　　　　　　B. 技术技能
　C. 概念技能　　　　　　　　　D. 不需要管理方面的技能

5. 产品的更新换代和制造工艺的改进对管理工作的职能和技能有什么要求?（　　）
　A. 它们都是技术方面的问题,与管理工作无关
　B. 它们都涉及管理中的决策职能,所以只要具备概念技能就可做好该类工作
　C. 它们是纯粹的技术领域内的业务决策,做好该项决策需要有一定的管理技能,但主要限于技术技能方面
　D. 技术领域的决策是一项富有挑战性的管理工作,要求同时具备概念技能和技术技能,甚至有时还需要人际技能

6. 打电话请供应厂商来换一台同目前用坏的机器一样的设备,这是设备简单替换问题,需要的管理技能主要是(　　)。
　A. 概念技能和技术技能　　　　B. 人际技能和技术技能
　C. 技术技能　　　　　　　　　D. 人际技能和概念技能

思考练习

一、单项选择题

1. 在管理的各项职能中,最具有规范性、技术性的职能是(　　)。
　A. 计划　　　B. 组织　　　C. 领导　　　D. 控制

2. "凡事预则立,不预则废",说的是(　　)的重要性。

A. 组织   B. 预测   C. 预防   D. 计划

3. 为了保证计划目标得以实现,需要有控制职能,控制的实质就是使( )。
   A. 实践活动符合计划   B. 计划接近实际活动
   C. 实践活动具有指标约束   D. 计划得以严格执行

4. 当管理者接待来访者、参加剪彩仪式等社会活动时,他行使的是( )角色。
   A. 发言人   B. 联络者   C. 领导者   D. 精神领袖

5. 对于基层管理者来说,具备良好的( )是最为重要的。
   A. 人际技能   B. 概念技能   C. 技术技能   D. 管理技能

6. 将管理要素按目标的要求结合成一个整体,体现了管理的( )职能。
   A. 计划   B. 组织   C. 领导   D. 控制

7. 下列哪一性质不属于管理的特性?( )
   A. 科学性   B. 应用性   C. 精确性   D. 艺术性

8. 要确保"事有人做,人有事做;事得其人,人得其事",需做好管理中的( )工作。
   A. 计划   B. 组织   C. 领导   D. 控制

9. 某大企业人才济济、设备精良,长期以来以管理正规有序而自豪。但近年来该企业业绩不佳,尤其是干群士气低落,管理人员和技术人员的流失率逐年升高。从管理职能分析,该企业最有可能是( )工作存在问题。
   A. 计划职能   B. 组织职能   C. 领导职能   D. 控制职能

10. 美国管理大师彼得·德鲁克说过,如果你理解管理理论,但不具备管理技术和管理工具的运用能力,那么你还不是一个有效的管理者;反过来,如果仅具备管理技术和管理工具的运用能力,而不掌握管理理论,那么你充其量只是一个技术员。这句话说明( )。
    A. 有效的管理者应该既掌握理论,又具备管理技术与管理工具的运用能力
    B. 是否掌握管理理论对管理工作的有效性来说无足轻重
    C. 如果理解管理理论,就能成为一名有效的管理者
    D. 有效的管理者应该注重管理技术与管理工具的运用能力,而不必注重管理理论

11. 根据亨利·明茨伯格的十角色理论,管理者在人际关系方面主要扮演( )角色。
    A. 监听者   B. 联络者   C. 传播者   D. 发言人

12. 三川旅行公司刘总经理在市场总体不景气的情况下,以独特的眼光发现了惊险性旅游项目与40～45岁男性消费者之间的相关性,在此基础上设计了具有针对性的旅游路线和项目,并进行了前期宣传。因为涉及与交通管理、保险、环保等部门的协调,新项目得到正式批准的时间比预期的晚了整整一年,由此丧失了大量的市场机会。你认为下列哪种说法最能概括刘总经理的管理技能状况?( )
    A. 技术技能、人际技能、概念技能都弱
    B. 技术技能、人际技能、概念技能都强
    C. 技术技能和人际技能强,但概念技能弱
    D. 技术技能和概念技能强,但人际技能弱

二、多项选择题

1. 粗略划分,管理有( )职能。
   A. 计划   B. 组织   C. 领导   D. 控制

2. 管理的职能就是管理工作中所包含的几类基本活动,这些基本活动具有(　　)的性质。
A. 彼此独立,分别由不同的部门人员担当
B. 各不相同,分别由不同层次的人担当
C. 在空间和时间上彼此交融,每一个主管人员都要承担这些活动
D. 形式不同而本质相同

3. 一艘船要顺利驾驶到目的地,船长的角色职能包括设计方向的领航员、实际控制方向的舵手、轮船的设计者或选用者,以及全体船员形成支持、参与和沟通关系的促进者,这些是组织中的(　　)职能。(请将答案按顺序填写)
    A. 计划　　　　　　B. 组织　　　　　　C. 领导　　　　　　D. 控制

4. 基层管理者必须具备(　　)技能。
    A. 技术技能　　　　B. 人事技能　　　　C. 概念技能　　　　D. 协调技能

5. 管理的二重性是指管理的(　　)。
    A. 科学性　　　　　B. 自然属性　　　　C. 社会属性　　　　D. 艺术性

6. 下列关于管理二重性的说法正确的是(　　)。
A. 管理的二重性是指自然属性和社会属性
B. 学习管理的二重性是指管理经验等要批判性地吸收,实现管理的本土化
C. 全面引进、吸收国外成熟的管理经验
D. 明确管理是生产力和生产关系的辩证统一

三、简答题

1. 管理的职能有哪些?它们之间有什么关系?
2. 什么是管理?管理有哪些基本特征?
3. 在一个组织中,管理者承担着哪些角色?
4. 有效的管理者一定是成功的管理者吗?说明理由。
5. 管理者应具备哪些技能和素质?

模块三

中西方管理理论演进

GUANLI JICHU
YU SHIWU

学习情境

任何国家的管理思想都是深深地植根并发源于这个国家、民族的生存发展环境和这个国家的民族文化土壤之中的,都无一例外地会带有这个国家、民族的传统文化印痕。中国作为一个具有五千年悠久历史的文明古国,涌现出的古代历史名家都有哪些经典的管理思想?主要是在什么时期涌现的?西方管理理论的形成、管理思想的演进过程又是什么样的呢?有哪些典型的代表人物、代表作以及重要的管理理念值得我们去学习、去借鉴呢?

管理思想的发展是由当时的条件和时代所决定的。今天,我们只有融合古今中外管理思想的精髓,立足于我国国情,才能形成具有中国特色的现代管理理论,为建设具有中国特色的社会主义做出应有的贡献。

学习目标

1. 知识目标

通过本模块的学习训练,学生认识和了解中国古典管理思想和西方管理理论演进的过程,能够根据管理学理论本土化的发展趋势,对我国先进传统文化中的管理理论有大致的了解,为将来管理工作的顺利开展提供前期的准备;掌握古典管理理论阶段泰勒、法约尔、韦伯等人的管理思想。

2. 能力目标

通过本模块的学习训练,学生能够运用中西方管理理论分析案例,初步掌握其在现实管理过程中的运用价值。

3. 素质目标

通过本模块的学习训练,学生能够养成应用管理理论解决实际管理问题的习惯、思维、理念。

项目五 中国古典管理思想

训练 01:通过案例分析,了解我国古典管理智慧。

秦国的法家

春秋五霸之一的秦穆公去世之后,秦国一度衰落,到了秦孝公掌权时期,他想要通过自己的努力让国家强盛起来。这时,商鞅来到了秦国,以变法富国、强兵之道打动了秦孝公,秦孝公任命他为左庶长,开始推行变法。

商鞅通过变法,持续打击旧贵族的势力,使得国君的权威得到空前的提升,全国通过紧密的组织结构统一由中央指挥。同时商鞅奖励耕战,耕作产出多的家庭免除劳役,作战勇敢的士兵可获得爵位。

故事一:《战国策》记载,秦国的士兵在作战过程中不带盔甲,胳膊下夹着俘虏,身上挂着人头,赤身裸体地追杀逃跑的对手。六国的军队和这样的秦军作战,就如同鸡蛋碰石头一样。秦军为什么这样的勇敢?

从秦代官吏墓葬中发现的法律文献可知,商鞅对军功有如下规定。

秦国的士兵只要斩获一个敌人首级,就可以获得爵位一级、田宅一处和仆人数个。斩杀的首级越多,获得的爵位就越高。

如果一个士兵在战场上斩获两个敌人首级,他做囚犯的父母就可以立即成为自由人。如果他的妻子是奴隶,也可以转为平民。

对于重视家族传承的中国人来说,军功爵位是可以传子的。如果父亲战死疆场,他的功劳可以记在儿子头上。一人获得军功,全家都可以受益。

在军中,爵位高低不同,每顿吃的饭菜甚至都不一样。三级爵位的有精米一斗、酱半升、菜羹一盘,两级爵位的只能吃粗米,没有爵位的普通士兵能填饱肚子就不错了。

所以,两千年前的秦国,是一个军装闪闪发亮的国家,对于千千万万的秦国人来说,上战场不仅是为国家战斗,而且是通向财富和荣誉、摆脱贫困卑微地位的唯一出路。也就是说,是商鞅的军功制度造就了秦军的勇悍。

故事二:秦国在统一战争期间的总人口不过才500多万,却长期负担着一支超过60万人的常规军(史书上称秦为"带甲百万"),在当时的生产条件下,秦军后勤供应压力之巨大是不难想象的,然而秦国还是完成了这一任务。

墓葬中记载法律的竹简上说:

播种的时候,水稻种子每亩用二又三分之二斗,谷子和麦子用一斗,小豆用三分之二斗,大豆用半斗。如果土地肥沃,每亩撒的种子可以适当减少一些。

各县对牛的数量要严加登记。如果由于饲养不当,一年死三头牛以上,养牛的人有罪,主管牛的官吏要惩罚,县丞和县令也有罪。

如果一个人负责喂养十头成年母牛,其中六头母牛不生小牛的话,饲养牛的人就有罪,相关人员也要受到不同程度的惩处。

农户归还官府的铁农具,因为使用时间太长而破旧不堪的,可以不用赔偿,但原物得收下。

由此可见,秦国是采用国家权威来对耕作进行如此细致的管理。秦法已经深入秦国人民生产生活的各个角落。正是通过这样细致的管理和严格的责任制,秦军带来的看似不可能完成的后勤负担才得以完成。

这种严格的责任制在秦军的兵器生产中也有体现。

故事三:为一支"带甲百万"的军队提供装备,秦国的兵工业面临的压力并不轻于后勤粮草供应的压力。考古发现,所有秦军使用的剑、弩、戈等兵器,不论在何地、何时,由何人制造,其规格都是一致的,即秦军的兵器使用的是"标准化"制度。

在兵马俑中的秦兵器上发现了很多人名,经过分析总结,发现这是一种四级的分层责任制度。相邦(即丞相)是全国所有兵器工厂的总监,工师(即厂长)负责一个工厂的兵器生产,丞(相当于车间主任)负责工厂中某一类兵器的生产,最基层的工匠直接制造一件件兵器。

吕不韦(秦国相邦)在《吕氏春秋》中提到"物勒工名",意思是器物的制造者要把自己的名字刻在上面。这是一种责任制度。这种责任制度与对失职有严厉惩罚的秦法结合起来,每个责任人都要把自己的工作做好,工师要兢兢业业地检查每件兵器,工匠则在加工的时候要严格地依据标准来进行制造,这样,在前线的每个士兵使用的都是经过多层筛选的最优兵器,而且具有同样良好的质量。

训练问题：

1. 秦国法家的主要政策有哪些？
2. 三个案例各反映了法家的什么管理思想？
3. 举例说明法家管理思想和西方的哪种管理思想比较接近。

知识导航

相对于其他的文明古国，我国所孕育的中华文明是世界上唯一没有中断过的古老文明，在各个历史发展时期，曾经产生了许多重要的管理思想和管理实践活动，直到今天还具有指导和借鉴意义。中国的文化是以儒、道、释为中心，以墨、农、名、兵、商、纵横、阴阳等为复线，形成了一个多元文化体系。除了释（佛教）源于印度外，其他都源于中国古代春秋战国时期。在秦汉时期形成了诸子百家的基本理论框架，之后虽然进行了部分的修正或调整，但是总的格局没有大的变化。因此，对秦汉时期诸子百家中具有代表性的思想流派进行分析研究，可以基本反映出我国古代在管理思想方面的成就。

一、中国古典管理思想

（一）儒家管理思想

儒家理论由孔子开创并提出主体的思想构架，再经较晚的孟子和荀子的进一步补充，正式形成了一门儒学。儒家学说在历史上有几个具有代表性的阶段：秦始皇统一中国后，焚书坑儒，对儒家进行彻底的否定；汉武帝时期，罢黜百家，独尊儒术；宋代，儒学理论加上了朱熹的理学，儒家的理论进一步得到了完善。

儒家管理哲学的基本精神是以"人"为中心，人的管理和施行管理的人是儒家理论的核心，提倡"为政以德""正己正人"，在管理的载体、手段、途径、规则等方面提出了独到的见解。

1. 关于管理的载体

儒家管理哲学的中心概念就是"仁"。孔子曰："为政在人，取人以身，修身以道，修道以仁。仁者人也，亲亲为大。"（《礼记·中庸》）这表明，儒家管理哲学把"人"作为管理的载体（包括管理者和被管理者），把人以及人际关系作为理论的出发点。

2. 关于管理的手段

儒家强调"为政以德"，主张用道德教化的手段感化百姓，从而达到治理的目的。孔子曰："道之以政，齐之以刑，民免而无耻；道之以德，齐之以礼，有耻且格。"（《论语·为政》）这说明，儒家认为用道德感化人心，比起一味地惩罚会收到更好的效果。当然，儒家并不否认法治的作用，认为即使是在施行法律手段的同时，也不应该忘记道德手段的配合。所谓"政宽则民慢，慢则纠之以猛；猛则民残，残则施之以宽。宽以济猛，猛以济宽，政是以和。"（《左传·昭公二十年》）

3. 关于管理的途径

儒家提倡"为政以德"，同时也就包含着管理者自身的德行。"为政以德，譬如北辰，居其所而众星共之"（《论语·为政》），其意是说管理者要想取得"众星共之"的效果，就要从自身做起，注意个人的道德修养，正所谓"修身、齐家、治国、平天下"（《礼记·大学》）。从管理者的自我管理，再拓展到家庭管理、国家管理和社会管理，逐层上升，循序渐进。

4. 关于管理的规则

"礼"是儒家的管理规则。儒家的"礼",即所谓的"齐之以礼"。所谓的"礼",就是"先王秉承上天的意志而指定,目的是治理人间的事情。"在儒家看来,"礼"实际上是社会各种活动的一项规则,是社会的一种控制手段,其本质在于规范各种各样的社会关系,使整个社会联系在一起,这样才有利于统治者的统治。这是一种外在控制。

5. 对组织的独到见解

"或劳心,或劳力;劳心者治人,劳力者治于人;治于人者食人,治人者食于人;天下之通义也。"(《孟子·滕文公章句上》)劳心者通过什么来管理呢?荀子认为,就人类而言,论力气比不上牛,论行走比不上马,但牛和马都为人所役使,这是为什么呢?他的回答是:"人能群,彼不能群也。人何以能群?曰:分。分何以能行?曰:义。"人们在几千年前就明白了整体大于部分,人和动物的根本区别是群—分—义,群是建立组织结构,分是实行分工,而人之所以能建立组织结构和实行分工合作的根本原因是人与人之间存在着"义"。

总之,儒家管理哲学的核心是"治人",管理方式是"人治",管理的关键是"择人(得人)",管理的组织原则是"人伦",管理的最终目标是"安人"。"天地之性,人为贵"正是儒家哲学的反映。

儒家的管理哲学以治国平天下为管理的终极目标,以管理者的自我修养为管理的前提条件,对人的内外控制,以德来使之转化为诚服臣民为主要手段的管理方法来施行管理。整个儒家管理理论体系无不体现了如何成为管理者(统治者)、如何当管理者、管理者应如何管理的思想,它为封建统治者提供了有利的管理武器,但作为一个国家的主导文化理论,它却从来没有提到效率和发展生产等关乎生产力提高的问题。

(二)道家管理思想

道家学说的发展可以追溯到黄帝和《周易》。《周易》中提到"一阴一阳之谓道"。到了春秋战国时期,老子所著的《道德经》和庄周所著的《庄子》成为道家的经典著作。他们是道家的创始人。道家管理哲学以"道"为中心,提倡"道法自然""无为而治""弱者道之用"等,在管理的规律、方法和艺术方面提出了独到的见解。

1. 关于管理的规律

老子提出"人法地,地法天,天法道,道法自然"(《道德经》第25章),意思是说人们必须要按照自然规律办事,不要把自己的意志强加给自然。从管理的角度来看,就是要求管理者必须遵循社会管理的客观规律,一切顺其自然,才能取得良好的效果。

2. 关于管理的方法

老子认为"道常无为",所以管理者就要"居无为之事,行不言之教"(《道德经》第2章)。"无"的意思是"实有似无",是一种不为人注意,却又发挥作用的方式。老子主张"无为而治"的管理方法,这里所说的"无为"并不是真的让管理者无所作为,放弃管理的职责,而是"无为而有为",处"无为"为的是有更大的作为,就是通过最少的、必要的、有效的法律制度,把社会干涉行为减少到最低程度,从而实现组织和个人的和谐以及协调发展。

3. 关于管理的艺术

老子认为"天下莫柔弱于水,而攻坚强者莫之能胜,以其无以易之。弱之胜强,柔之胜刚"(《道德经》第78章)。他强调,弱能胜强,柔能胜刚,认为弱是道的最根本属性。因此,守弱才是保持事物符合道的最妙手段。

(三) 法家管理思想

法家对社会的认识和对人的认识以及对人的管理,在许多方面,或者说在某种程度上是和西方的某些管理思想相吻合的。因此,有些学者认为,如果中国不是以儒家为其正统文化,而是以法家为其正统文化的话,那么中国有可能在13世纪就进入了工业革命时期。法家代表人物有吴起、商鞅、韩非等。

法家管理哲学以"法"为中心,提倡"法、术、势"相结合,在管理的制度、技巧、权威方面提出了独特的见解。

1. 关于管理的制度

就执法而言,法家主张"法治",反对"人治"。韩非提出"上法而不上贤"。他认为,历史上的贤君和暴君都是很少的,大多数君主都属于"中人",即只具有中等管理水平的统治者。如果实行法治,靠这些"中人"就可以把国家管理好;如果实行"人治",则非要"千世一生"的圣贤不可,那是不现实的。退一步说,即使是由圣贤来管理国家,也不能离开法律制度。

2. 关于管理的技巧

法家所谓的"术"相当复杂,韩非主要说的是君主驾驭臣子的技巧,既有管理的技术,又有管理的艺术,更有管理的权术。

3. 关于管理的权威

韩非认为,帝王之所以为帝王,关键在于有"势"。他指出:"势者,胜众之资也"。"势"分为"自然之势"和"人为之势"。"自然之势"指在既成条件下管理者对权力的运用,"人为之势"则指管理者创造条件来强化自己的权威。韩非更重视"人为之势",特别强调管理者应充分发挥自己的主体能动作用,以保证管理措施的积极推行。

法家管理哲学的核心是以奖惩赏罚的强制手段来求得公平这一社会理想,主张用客观的、具体的、铁定的法律,通过铁面无私的奖惩制度,进一步强化司法的威严和检查的力量,确保每个人在各自的工作位置都能够达到最高的工作效率,同时对没有达到甚至是消极怠工、腐败浪费等行为进行最严厉的惩罚。在秦始皇统一中国时法家是有相当高的地位的,但法家管理哲学存在如下问题:远古时代信息不发达,难以获得可靠的资料来确保奖罚的公平性;在高压作用下,没有任何的人情味等,长期实施可能会使人的心理和身体产生麻木不仁的结果。

因此,法家管理哲学在短期内能取得较好的管理效果,但长期实行,或实行得不彻底,反面效果会逐渐暴露,而且可能是破坏性的。用儒家的心肠、法家的手段来进行管理被认为是管理的最优状态。

(四) 商家管理思想

商家的主要代表人物有范蠡、白圭、吕不韦、桑弘羊等,其中最早、最为著名的就是范蠡。范蠡生活在春秋时期,曾为越王勾践的大夫,辅佐勾践灭吴复国,后弃官从商,在当时的商业中心陶地定居,自称"朱公"。他既"居货"又"耕畜",农牧结合,善于经营,十九年之中三致千金,成为天下富翁,世称"陶朱公"。在经商致富的过程中,他总结出理论原则,称为"积著之理",其主要内容如下。

1. 在商业原则方面

范蠡从事商业的基本原则为"知斗则修备,时用则知物,二者形则万货之情可得而观已"

(《史记·货殖列传》),意思是说,能够充分理解作战与战前准备的关系,能够及时了解季节和需求之间的关系,则天下货物的供需行情就看得很清楚了。

2. 在价格方面

范蠡把商品价格的变化概括为"论其有余不足,则知贵贱。贵上极,则反贱;贱下极,则反贵"(《史记·货殖列传》)。

在市场价格的变化面前,范蠡认为商人的反应应该是"贵出如粪土,贱取如珠玉"。

3. 在资金使用方面

范蠡提出要注意加速商品和资金的周转,"财币欲其行如流水";主张"无息币",即不要把货币滞压在手中;提倡"无敢居贵",不要囤积居奇,贪求过分的高价。

4. 在商品质量方面

范蠡在具体商品的经营中提出要注意商品的质量,"务完物",即贮藏货物务必保存完好。

(五) 兵家管理思想

兵家的主要代表人物,春秋末有孙武、田穰苴,战国时期有孙膑、吴起、尉缭、魏无忌、白起等,汉初有张良、韩信等。中国兵家思想十分丰富,代表著作有《孙子兵法》《孙膑兵法》《三十六计》等,其中流传最广、影响最大的就是《孙子兵法》,其作者为春秋时期的孙武。兵家管理哲学以"谋略"为中心,对管理的战略、策略、方略均有一定的启发作用。

1. 在管理的战略方面

孙武强调,优秀的战争指挥员应该靠计谋取胜。"故上兵伐谋,其次伐交,其次伐兵,其下攻城","知己知彼,百战不殆;不知彼而知己,一胜一负;不知彼,不知己,每战必殆。"这些重视战略筹划的思想,对于管理人员具有重要的启迪作用。

2. 在管理的策略方面

孙武指出"水因地而制流,兵因敌而制胜。故兵无常势,水无常形;能因敌变化而取胜者,谓之神。"这种"因变制胜"的策略思想,对于管理,特别是企业管理和经济管理具有重要的参考价值。

3. 在管理的方略方面

孙武提出了分级管理的原则,即"凡治众如治寡,分数是也。"要使管理多数人像管理少数人一样(简单、容易),就要依靠组织和编制的作用。孙武提出了"军、旅、卒、伍"的四级军事编制,每军12 500人,每旅500人,每卒100人,每伍5人。

如何形成富有战斗力的组织呢?孙武又提出了"令文齐武"的原则,就是要用思想教育的手段,对部属晓之以理、动之以情,同时还要用制度控制的方法,严格纪律,严肃法度。这一方略对任何管理都是适用的。

(六) 墨家管理思想

墨家是春秋战国时期的一个重要学派,与儒家并称显学,其创始人为著名思想家墨子(墨翟)。墨家管理哲学主要体现在《墨子》《胡非子》《随巢子》《我子》《田俅子》《尹佚》等著作中。墨家管理哲学以"兼爱"为核心,提倡"兼以易别",反对儒家所强调的社会等级观念。墨家认为,社会动荡是因为人与人之间不能互爱,国与国之间不能和平相处。进攻他国会给人民带来痛苦,对生产力的破坏最大,所以他们极力反对战争,以求国泰民安,使人民可以安居乐业。墨家提出

"兼相爱，交相利"（《墨子·卷七 天志上》第二十六），以尚贤、尚同、节用、节葬作为治国方法。

《墨子》一书是墨子讲学时由其弟子们记录后整理而成的。墨家管理哲学以其独到的见解、鲜明的主张，对中国传统管理思想的发展产生了非常深远的影响，其管理思想是中国传统管理思想文化宝库中的重要组成部分，为现代管理中的人本管理、知识管理、企业文化建设、创新管理、柔性管理、管理沟通等方面提供了有益的哲学思维。

二、管理实践

从历史遗迹来看，中华古文明不仅体现在指南针、造纸术、火药和印刷术这四大发明之中，而且反映在耸立在高山之巅的万里长城、贯穿南北的京杭大运河、直到现在还发挥作用的都江堰水利工程及堪称世界奇迹的秦始皇兵马俑等浩大的工程之中。这一系列伟大的工程，足以证明中华民族的祖先在创造灿烂文明的同时，已经具备了高超的组织能力和系统的管理思想。

从历史记载来看，管理实践的事例非常多。汉高祖刘邦在总结他取得天下的原因时说："夫运筹策帷帐之中，决胜于千里之外，吾不如子房；镇国家，抚百姓，给馈饷，不绝粮道，吾不如萧何；连百万之军，战必胜，攻必取，吾不如韩信。此三者，皆人杰也，吾能用之，此吾所以取天下也。"一个"用"字完全体现了现代管理中的用人之长的原则。

我国宋朝真宗时期，一个名叫丁渭的大臣提出的"一举三得"方案，则集中反映了公元11世纪中国伟大的管理实践活动。当时，由于皇城失火，宏伟的昭君宫被烧毁。真宗命令丁渭用25年的时间修复。这是一项浩大的工程，任务繁重，不仅要设计施工，还要清理废墟、挖土、烧砖、运输材料。丁渭提出，首先在皇宫前面挖沟，然后利用挖沟取出的土烧砖，再把京城附近的河水引入沟中，用大船直接从水路把大批的建筑材料运到宫前，最后将废墟杂土填入沟中，就地处理碎砖烂瓦，复原大街。这样既省去了运土制砖的时间，大大加快了运输速度，又一下子解决了就地取土、顺利运输和清理废墟三个问题。

此外，人们熟知的田忌赛马的故事就是孙膑运用运筹学和博弈论的思想帮助田忌胜了齐王。历史上类似的事例非常多，这里不再一一列举。

项目六 西方管理理论演进

训练02：通过情境模拟，对企业进行认知。

角色扮演游戏

一、活动内容：设想有一名青年职工，上班经常迟到，不按照有关规程操作，还经常和别的职工发生言语冲突，如果你是车间主任或者班组长，你会如何对他进行管理？

二、活动方式：小组讨论。

三、活动要求：试分别表演信奉泰罗的科学管理理论和信奉梅奥的人际关系理论的管理者对这名青年职工的态度和管理方法。

四、活动地点:教室。

知识导航

有人类集体活动的地方,就有管理。在漫长的发展过程中,人类积累了大量的管理实践经验,并形成了一些宝贵的管理思想,但在相当长的时间内未能形成系统的管理理论。直至19世纪末20世纪初,随着科技和生产力的飞速发展,科学管理的出现,标志着人类系统管理理论的诞生。在这之后的一百多年时间里,管理理论以极快的速度得到发展。总体来说,管理理论的发展大致经历了传统经验管理、古典管理理论、行为科学理论等阶段。

一、传统经验管理

18世纪后期到19世纪末,即从资本主义工厂制出现起,到资本主义自由竞争阶段的结束,经历了一百多年,这时的企业,资本家既是所有者,又是经营者。管理者完全凭自己的经验进行管理,没有管理规范与系统制度,这种管理被称为经验管理或传统管理。

18世纪的工业革命使工厂成为工业生产的主要经营组织,大力推动了企业规模和劳动分工的发展。生产力发展水平和劳动方式的改变必然对管理提出新的要求,这一时期出现了一些现代管理理论的萌芽。例如,亚当·斯密系统地论述了劳动组织问题,强调了分工的作用,并提出了"经济人"的观点;欧文在自己的工厂里实行了改善工作条件与生活条件、缩短劳动时间等一系列改革,对"和谐一致"进行了探索;巴贝奇进行作业研究,提出按边际熟练原则确定报酬制度,等等。这期间主要集中在对劳动组织的研究。

二、古典管理理论

19世纪末至20世纪初,资本主义自由竞争发展到垄断阶段,在此期间,伴随着科学技术的进步,生产社会化程度逐步提高,企业的规模越来越大,市场竞争日益激烈。由于缺乏科学理论的指导,在传统的小生产管理方式下,工人劳动时间长,缺乏训练,效率低下,这令管理者们非常苦恼,不知如何才能进一步提高工人的劳动积极性。同时,作为出资方的资本家,迫切需要用科学的管理方法取代传统的管理方法,以提高企业的劳动生产率和利润率。正是由于这种客观的要求,管理理论应运而生。

(一)泰勒及其科学管理理论

1. 泰勒的生平

弗雷德里克·温斯洛·泰勒(1856—1915)出生于美国费城一个律师家庭。早年泰勒曾经考上哈佛大学法律系,但由于得了眼疾而被迫辍学。1875年,他进入费城一家小机械厂做学徒工;1878年,他进入费城米德维尔钢铁厂当学徒工。由于工作努力、业绩突出,他先后被提升为车间管理员、小组长、技师、绘图主任,在1884年开始担任该厂的总工程师。为了改进管理,他在米德维尔钢铁厂进行了各种试验。1898年至1901年期间,他受聘于伯利恒钢铁公司,继续从事管理方面的研究。1901年之后,泰勒把大部分时间用在写作和演讲上,以此来宣传自己的一套管理理

论——科学管理理论。泰勒的代表著作有《计件工资制》(1895年)、《车间管理》(1903年)和《科学管理原理》(1911年)。由于泰勒对管理学做出了基础性和开创性的贡献,在他去世后的墓碑上刻有"科学管理之父"的字样,以此作为后人对他的评价。

2. 科学管理理论的主要内容

泰勒的科学管理理论的核心问题是提高效率,其主要内容包括以下六个方面。

1) 工作定额

以经验为主的低效率的管理方式造成工作的低效率,并且伴随着人力、财力惊人的浪费。为了提高生产效率和工作效率,应该制定出有科学依据的工作定额。在这方面,泰勒从时间研究和动作研究入手,做了大量的试验工作。为了提高时间的利用率,通过长期的研究和试验,他提出根据工作日写实记录进行改进,保留必要时间,去掉不必要时间,从而达到提高劳动生产率的目的。以工序为对象进行测量时,按操作步骤进行实地测量,并研究工时消耗。他总结先进工人的操作经验,并推广先进的操作方法,确定合理的工作结构,为制定工作定额提供参考;通过动作分析去掉多余的动作,保留和改善必要的动作,这样既能够减少工人的体力消耗,避免身体的损害,又能够提高作业的效率。其中,最为著名的就是泰勒在伯利恒钢铁公司进行的搬运生铁块的试验。该公司有75名工人,负责把92磅重的生铁块搬运到30米外的铁路货车上,他们每人每天平均搬运12.5吨,日工资1.15美元。泰勒找了一名工人进行试验,测试搬运的姿势、行走的速度、把握的位置及休息时间的长短等因素对搬运量的影响。结果表明,存在一种合理的搬运生铁块的方法,利用这种方法将57%的时间用于休息,可以使每个工人的日搬运量提高到47~48吨,工人的日工资提升至1.85美元。

2) 实行标准化

劳动定额的制定是科学管理的基础,实际上也是劳动实践和操作动作的标准化。泰勒认为在工作中还应建立各种标准的操作方法、规定和条例,使用标准化的机器、工具和材料,要为人们工作中的每一个环节制定一种科学方法,以代替旧的只凭经验的工作方法。标准化能够大幅度提高生产效率和工作效率,因此标准化是泰勒管理研究的重要方面。

3) 科学地选人、用人

科学地选人、用人,即挑选一流的工人。原来工厂招聘工人、分配工作只考虑数量问题,很少考虑具体的岗位需要什么样的人,从而造成人与工作的不协调。泰勒认为人的天赋与才能各不相同,他们所适合做的工作也不同,为了提高生产效率,就必须为工作挑选最合适的工人。他把工人分为头等工人和二等工人两类。头等工人指那些既能干又愿意干的工人,二等工人指那些在身体条件上完全能够胜任但十分懒惰的工人。他认为应该为工作挑选头等工人,不仅在能力上要适合工作,还要考虑人的态度问题。

4) 差别计件工资制

泰勒认为,工资制度不合理是引发劳资矛盾的重要原因。计时工资制不能体现多劳多得,弊端很大;计件工资制表面上将报酬与完成的工作数量挂钩,但随着工人完成数量的增加,资方可以降低单件的报酬,最后并不能使工人的总报酬有实质性的提高,因此工人只好"磨洋工"。为了鼓励工人超额完成工作定额,提高生产效率,他提出:如果工人完成或超额完成工作定额,按照比正常单价高出25%的标准计酬;如果完不成工作定额,按照比正常单价低20%的标准计酬。

5) 计划职能与执行职能相分离

泰勒认为,应该对企业中各项工作的性质进行认真、仔细的研究和分析,用科学的工作方法取代传统的经验工作方法。当时的企业没有专门的管理部门,许多管理工作,诸如计划、统计、质量管理、控制等都混杂在执行工作中。他主张将计划工作与执行工作分开,建立专门的计划部门,并配备标准工具,采用标准的操作方法。计划职能与执行职能相分离,既促进了劳动分工的发展,实现了管理工作的专业化,又为科学管理理论的形成奠定了坚实的组织基础。

6) 实行例外原则

泰勒认为,规模较大的企业组织的管理必须应用例外原则,即企业的高级管理人员把例行的一般日常事务授权给下级管理人员处理,自己只保留对例外事项的决定权和监督权。这种原则的实质是实行分权管理,在当时集权化管理的背景下,这无疑具有非常积极的现实意义。

3. 科学管理理论的实质、局限性及其历史贡献

1) 实质

泰勒认为,科学管理的实质是对一切企业或机构中的雇主和工人双方在思想上进行一次完全的革命,这种完全的思想革命,使双方不再把注意力放在利润如何分配上,而是放在如何增加利润,使利润增加到无论如何分配都不会引起双方争论的程度上。这时,他们将停止对抗,转为向一个方向并肩前进;这时,他们自然会懂得友谊与合作,用互相帮助来代替相互对抗。可是,泰勒的理论在实践中的效果并不理想,运用科学管理理论的工厂引发了大规模的工人罢工,在当时的美国引起了很大的轰动。

2) 局限性

科学管理理论最明显的局限性,就是泰勒认为工人是"经济人"。他认为,工人之所以工作是因为追求物质利益,没有金钱和物质的诱惑,工人不会好好工作。大部分人是懒惰的、无知的、没有责任心的,因此对工人的管理方法和手段就是制定严格的规章制度,将工人管起来,工人只能被动地服从管理者的命令。泰勒只注重物质技术因素,忽视了人及社会因素,没有看到工人的主观能动性及心理因素在生产中的作用。对工人的错误认识,必然导致科学管理理论在实践中的困境。

3) 历史贡献

泰勒的自身条件、所处的时代背景和社会条件,不可避免地会影响到他进行研究的方法、效率和思路,他所提出的理论也难免存在一定的局限性。但是科学管理理论的提出不仅是管理方法的革命,促进了当时工厂生产效率的提高和工厂管理的根本性变革,也是管理思想的革命,标志着管理学作为一门独立的学科开始形成,对以后的管理理论的发展产生了深远的影响,具有历史性的意义。

(二)法约尔及其一般管理理论

1. 法约尔的生平

当泰勒在美国研究并倡导科学管理的时候,亨利·法约尔(1841—1925)在欧洲积极地从事管理理论的研究。他于1860年毕业于法国圣埃蒂安国立高等矿业学院,作为一名采矿工程师,进入法国一家矿业公司工作,不久被提升为一口矿井的经理。1888年,他开始担任该公司的总经理,直到退休。1916年,他出版了代表作《工业管理与一般管理》。该书是他一生管理经验和管理思想的总结,虽然其中的管理理论以大企业为研究对象,但是除了可以应用于工商企业外,

还可以应用于政府、教会、慈善机构和军事组织等。因此,法约尔被公认为是第一位概括和阐述一般管理理论的管理学家,被称为"经营管理或一般管理理论之父"。

2. 一般管理理论的主要内容

法约尔的一般管理理论的主要内容包括以下两个方面。

1) 企业的基本活动和管理的五种职能

法约尔指出任何企业都存在六种基本活动,而管理只是其中的一种。具体来说,这六种基本活动为技术活动,指生产制造和加工;商业活动,指采购、销售和交换;财务活动,指资金的筹措、运用和控制;安全活动,指设备的维护和人员的保护;会计活动,指货物盘点、成本统计和核算;管理活动,指计划、组织、指挥、协调和控制等五种职能。

对于管理的五种职能,他认为:计划是指预测未来并制定行动方案;组织是指建立企业的物质结构和社会结构;指挥是指使企业人员发挥作用;协调是指让企业人员团结一致,使企业的所有活动和努力统一和谐;控制是指保证企业进行的一切活动符合制定的计划和所下达的命令。

2) 法约尔提出的十四条管理原则

第一,分工。分工是指在技术工作和管理工作中实行专业化,以提高效率。

第二,权力与责任。权力是指指挥他人的权力以及促使他人服从的权力,并且在行使权力的同时必须承担相应的责任,不能出现有权无责或者有责无权的情况。更为重要的是,法约尔区分了管理者的职位权力和个人权力,指出职位权力来自个人职位高低,而个人权利是由个人的品德、智慧和能力等个人特征形成的。

第三,纪律。纪律是指企业领导人同下属之间在服从、勤勉、积极、举止和尊敬等方面所达成的一种协议,而所有的组织成员都要根据各方达成的协议,对自己在组织内的行为进行控制。

第四,统一指挥。统一指挥是指组织内每一个人只能服从一个直接的上级,并接受他的命令。多头领导对于权威、纪律和稳定性都是一种威胁。

第五,统一领导。统一领导是指凡是目标相同的活动,只能在一个领导和一个计划下进行。这对于正常组织的行动的统一、力量的协调和集中有至关重要的意义。

第六,个人利益服从集体利益。集体的目标必须包含个人的目标,但个人和小集体的利益不能超越组织的利益,当两者有矛盾时,领导人要以身作则,使之一致。

第七,合理的报酬。报酬制度应当公平,对工作成绩和工作效率优良者给予奖励,但是奖励应有一个限度,应当以能激起职工的热情为限,否则将会出现副作用。

第八,集权与分权。提高下属重要性的做法是分权,而降低下属重要性的做法是集权,要根据企业的性质、条件、环境和人员的素质来恰当地决定集权与分权的程度,当企业的实际情况发生改变时,要适时改变。

第九,等级链与跳板原则。等级链也叫等级制度,是指从最高的权威到最底层管理人员的等级系列,它表明权力等级的顺序和信息传递的途径,但是有时可能由于信息沟通的线路太长而有所延误,从而出现信息失真的现象。为了既能够维护统一指挥原则,又避免出现以上情况,法约尔提出了一种跳板原则,即在需要沟通的两个部门之间建立一个"法约尔桥",形成同级之间的横向沟通。双方在沟通之前,需征求各自上级的意见,并且事后要立即向上级汇报。

第十,秩序。法约尔认为秩序是一种对应关系。"凡事各有其位","有地方放置每件东西,且每件东西都放在该放置的地方;有职位安排每个人,且每个人都安排在应安排的职位上"。如设备、工具要排列有序,人员要有自己确定的位置。合理的秩序是按照事物的内在联系确定的。法约尔认为,要使人们做到这点不仅有赖于有效地组织,而且有赖于审慎地选人。

第十一,公平。公平是指在待人方面,管理者必须做到善意与公道结合。

第十二,保持人员稳定。培养一个人胜任目前的工作需要花费时间和金钱。所以人员,特别是管理人员的经常变动对企业很不利。人员不必要的流动是管理不善的原因和结果,鼓励和保持各级员工相对稳定地工作是极为重要的。

第十三,首创精神。首创精神是创立和推行一项计划的动力,领导者不仅本人要有首创精神,还要鼓励全体成员发挥他们的首创精神。

第十四,集体精神。在组织内要形成团结、和谐和协作的气氛。

3. 法约尔的历史贡献

法约尔的一般管理理论虽然是以企业为研究对象建立起来的,但是由于他抓住了管理的一般性,使得这种理论更具有普遍性,为管理理论的形成构筑了一个科学的理论框架。法约尔认为人类对知识的需要是普遍的,尤其是企业的中上层领导人,他大力提倡在大学和专科学校开设管理方面的课程,传授管理知识。后人根据这种设想建立了管理学,并把它引入课堂,管理学的教科书一般也都是按照法约尔的一般管理理论的框架撰写的。

(三)韦伯及其理想的行政组织体系理论

1. 韦伯的生平

马克斯·韦伯(1864—1920)是德国著名的社会学家。他认为古往今来的社会组织无非是建立在三种权威之上的,其一是世袭的权威,其二是神授的权威,其三是合理合法的权威。他坚信只有合理合法的权威才是现代社会中最有效、最合理的组织形式的基础。他的管理思想主要集中在《社会组织和经济组织理论》一书中。他提出了理想的行政组织体系理论,这一理论又被称为"官僚制"组织理论,因此他被尊称为"组织理论之父"。

2. 理想的行政组织体系理论的主要内容

韦伯提倡的理想的行政组织体系理论具有以下特点。

(1)分工明确。对每个职位上的组织成员的权利和责任都有明确的规定,并作为正式职责使之合法化,表明这一职务是任职者唯一的或主要的工作。

(2)等级严明。按照等级原则对各种公职或职位进行法定安排,形成一个自上而下的指挥链或等级体系。每个下级都处于一个上级的控制和监督之下,每个管理者不仅要对自己的决定和行动负责,而且要对下级的决定和行动负责。

(3)规范录用。所有的组织成员都是按照职务的要求,根据正式考试的成绩或者培训中取得的技术资格来进行录用的,职务关系通过契约关系来承担。

(4)实行任命制。除了个别需要经过选举产生的公职以外,其余的职务都是任命的。

(5)管理职业化。职务已经形成一种职业,管理人员必须是专职的,有固定的薪金并且享有养老金,有明文规定的较为完善的合理的人事升迁制度。

(6)公私分明。管理人员在组织中的职务活动应当与私人事务相区别,二者之间有明确的界限。管理人员并不是其管辖企业的所有者,不享有组织财产的所有权,因此不能滥用职权。

(7)遵守纪律。组织的管理人员必须严格遵守组织中的规则、纪律及办事程序。

(8)理性处理组织关系。组织中成员之间的关系以理性准则为指导,不应受个人感情的影响。处理组织与外界的关系也应如此。

3. 韦伯的历史贡献

韦伯的理论反映了当时德国从封建主义向资本主义过渡的要求,在对大型组织的管理实践经验总结的基础上,他为资本主义的发展提供了一种稳定、严密、高效、合理的管理组织体系理论。他认为这种理论所造就的组织形式能够适用于各种大型组织,例如教会、国家机构、军队、政党、经济组织和社会团体等。

三、行为科学理论

行为科学理论最早形成于 20 世纪 20 年代,早期被人们称为人际关系学说,后来发展为行为科学理论,即组织行为理论。

古典管理理论在生产要素管理中强调物的因素,忽视人的因素,强调人的物质需要,忽视人的社会需要;在组织管理方面,强调正式组织,忽视非正式组织。由于存在理论缺陷,古典管理理论无法在企业管理实践中进一步缓解日益加深的劳资矛盾。工人们用罢工、怠工、破坏机器等手段与资本家进行斗争,严重地影响了资本主义社会的发展。这引起了社会各阶层的极大担心和不安,他们要求重新审视企业的管理活动,创立新的管理理论和管理方法来指导实践。正是在这种形势下,一些管理学者开始尝试把人类学、社会学和心理学等运用到企业管理中去。

(一)梅奥及其人际关系学说

1. 梅奥的生平

乔治·埃尔顿·梅奥(1880—1949),原籍澳大利亚,后来移居美国。1926 年,他受聘于哈佛大学,从事心理学和管理学研究。由于亲自参与和指导了霍桑试验以及其他几个重要的研究试验,在总结经验的基础上,他于 1933 年出版了《工业文明的人类问题》一书。该书详细地论述了人际关系理论的主要思想,被人们称为人际关系学说。

2. 霍桑试验

霍桑试验是由美国国家研究委员会从 1924 年开始在美国芝加哥西方电气公司的霍桑工厂进行的,其目的就是解释出现在管理实践中的一系列矛盾和问题,主要研究外界因素与工人劳动生产率之间的关系,研究人员聘请了包括心理学、社会学和管理学等多方面的专家进驻工厂。试验分为四个阶段,分别是:

第一阶段,工作场所照明试验(1924 年—1927 年)。研究人员选择一批工人,并把他们分成两组。一组是实验组,改变工作场所的照明强度,使工人在不同的照明强度下工作;另一组是对照组,工人在保持不变的条件下工作。研究人员希望通过试验得出照明强度对生产效率的影响,但是试验结果却发现照明强度对工人的生产效率几乎没有影响。这表明工作场所的照明只是微不足道的影响因素,并且由于牵涉的因素较多,难以控制,任何一个因素都可能影响试验的结果,所以照明对工人的生产率的影响也就无法准确衡量。

第二阶段:继电器装配室试验(1927年—1928年)。从这一阶段起,梅奥参加了试验。研究人员选择了5名女装配工和1名女画线工,在单独的一间工作室工作,1名观察员被指派加入这个小组,记录发生的一切,以便对影响工作效果的因素进行控制。这些女工在工作时间内可以自由交谈,观察员对她们的态度也很和蔼。在试验中,分期改善工作条件,例如增加工间休息、供应午餐和茶点、缩短工作时间、实行集体计件工资等,有助于产量的增加。但是经过较长时间,在取消工间休息和供应的午餐与茶点,并恢复每周六工作后,她们的产量仍然维持在高水平上。由此看来,其他的因素并无多大影响,而监督和指导方式的改善,倒是能够促进工人增加产量。研究人员决定继续对工人的工作态度和其他影响态度的因素进行深入的研究。

第三阶段:大规模访谈试验(1928年—1931年)。在前阶段试验的基础上,研究人员在工厂范围内进行访问和调查,参与的员工多达两万余人次。结果发现,影响生产效率的最重要的因素竟是在工作中发展起来的人际关系,而不是待遇和工作环境。每个工人的工作效率不仅取决于自身的情况,还与其所在小组的同事有关并受其影响。

第四阶段,接线板接线工作室试验(1931年—1932年)。该工作室有9名接线工、3名焊接工和2名检查员。研究人员发现,首先,大部分的成员都自行限制产量。公司规定的工作定额是每人每天焊接7312个节点,但是工人们只完成6000~6600个节点,其原因是怕公司再提高工作定额,并因此造成一部分人失业,他们这样做是为了保护工作速度慢的同事。其次,工人对不同级别的上级持有不同的态度。他们把小组长看作本组的成员,小组长之上的上级的级别越高,工人对他就越尊重,但是对他的顾忌心理也越强烈。最后,小组成员中存在小派系。工作室中存在派系,并且都有各自的行为规范。若加入某个派系,就必须遵守该派系的行为规范;如果派系成员违反行为规范,就会受到惩罚。

3. 人际关系学说的主要内容

梅奥在《工业文明的人类问题》一书中对霍桑试验进行了总结,提出了与古典管理理论不同的观念——人际关系学说,其主要内容如下。

(1)工人是社会人,不是经济人。梅奥认为工人是社会人,除了物质需求外,还有心理、社会等方面的需求,因此不能忽视社会和心理因素对工人工作积极性的影响。

(2)企业中存在非正式组织。企业成员在共同工作的过程中,相互之间必然产生共同的感情、态度和倾向,形成共同的行为准则和惯例,这样就构成一个体系,称为非正式组织。非正式组织以其独特的感情、态度和倾向左右着成员的行为。它与正式组织相互依存,对生产效率有重大影响。

(3)生产效率取决于工人的工作态度以及他与周围人的关系。梅奥认为提高工作效率的主要途径就是提高工人的满足度,即工人对社会因素,特别是对人际关系的满足度。若满足度高,工人工作的积极性、主动性和协作精神就高,生产效率也就高。

(二) 行为科学理论的发展

1949年,在美国芝加哥大学召开了一次有哲学家、精神病学家、心理学家、生物学家和社会学家等参加的跨学科的科学会议,讨论了应用现代科学知识来研究人类行为的一般理论,会议为这门综合性的学科定名为"行为科学"。此后行为科学蓬勃发展,产生了一大批有影响的行为科学家及理论,主要有亚伯拉罕·马斯洛及其需要层次理论、道格拉斯·麦格雷戈及其X-Y理论、弗雷德里克·赫兹伯格及其双因素理论、维克多·弗鲁姆及其期望理论等。有关这些理论的详细介绍,请参阅模块八中激励的相关内容。

四、管理科学理论

第二次世界大战期间,英国为解决国防需要产生运筹学,发展了新的数学分析和计算技术,包括统计判断、线性规划、排队论、博弈论和系统分析等,这些成果应用于企业管理,就产生了管理科学理论。该理论的代表人物是美国著名管理学者埃尔伍德·斯潘塞·伯法。管理科学理论是以现代自然科学技术的最新成果为手段,运用数学模型对管理领域的人力、物力和财力进行系统的定量分析,以做出最优规划和决策的理论。二战之后,该理论与行为科学理论平行发展。管理科学理论主要包括运筹学、系统分析和决策科学化三个方面的内容。

(一)运筹学

运筹学是管理科学理论的基础。它是二战期间以英国著名物理学家帕特里克·布莱克特为首的部分科学家为了解决雷达的合理布置问题而发展起来的数学分析和计算技术。这是一种分析的、实验的和定量的科学方法,专门研究在既定的物质条件下,为达到一定的目的,主要运用数学的方法进行数量分析,统筹兼顾研究对象的整个活动及各个环节之间的关系,为选择最优方案提供数量上的依据,以便做出综合性的合理安排,以最经济的人力、物力和财力投入,达到最好的效果。运筹学应用到管理领域,形成了许多新的分支,主要有:

1. 规划论

规划论用来研究如何充分利用企业的一切资源,包括人力、物力、设备、资金和时间等,最大限度地完成各项计划任务,以获得最优的经济效益。规划论根据不同情况又可分为线性规划、非线性规划和动态规划。

2. 库存论

库存论用来研究在什么时间、以什么数量、从什么地方供应来补充零部件、器件、设备等的库存,既要保证企业能够有效运转,又要确保保持一定的库存量和使补充采购的总费用最低。

3. 排队论

排队论用来研究在公共服务系统中设置多少服务人员或设备最为合适,既不使顾客或使用者花费较长的时间排队等候,又不使服务人员及设备过久地闲置。

4. 对策论

对策论又称博弈论,主要用来研究在利益相互矛盾的各方竞争性活动中,如何使自己这一方的期望利益最大,或期望损失最小,并得到制胜对方的最优策略。

5. 搜索论

搜索论用来研究在寻找某种对象(如石油、铁矿、煤矿等)的过程中,如何合理地使用搜索手段,包括人、物、资金和时间等,取得最好的搜索效果。

6. 网络分析

网络分析是利用网络图对工程进行计划和控制的一种管理技术,常用的方法有计划评审技术和关键线路法。

（二）系统分析

系统分析的概念是由美国兰德公司在1949年首先提出来的。系统分析是指把系统的观点和思路引入管理的方法中，认为事物是极其复杂的系统，运用科学和数学的方法，对系统中的事件进行分析和研究。其特点是解决管理问题时需要从全局出发进行分析和研究，制定出正确的决策。系统分析的步骤如下。

(1) 弄清并确定这一系统的最终目的，同时明确每个特定阶段的目标和任务。

(2) 把研究对象看作一个整体、一个统一的系统，然后确定每个局部要解决的问题，研究它们之间以及局部与总体目标之间的相互关系和相互影响。

(3) 寻求达到总体目标及完成与之相关的各个局部任务的可供选择的方案。

(4) 对可供选择的方案进行比较分析，选出最优方案。

(5) 组织实施各项工作。

系统分析和运筹学作为逻辑和计量方法，它们的共性很多。一般认为系统分析的研究范围更广泛一些，多用于战略性质的高级决策研究；而运筹学的研究范围相对窄一些，一般用于战术性的分析论证。在实际决策过程中，二者往往共同使用，相互补充。

（三）决策科学化

决策科学化是指以充足的事实为依据，采取严密的逻辑思考方法，对大量的资料和数据按照事物内在的联系进行系统分析和计算，遵循科学程序，做出正确的决策。上文所提到的运筹学和系统分析就为决策科学化提供了分析思路与分析技术，同时电子计算机和管理信息系统等更为先进的工具的应用，也为决策科学化提供了可能和依据。

（四）管理科学理论的特征及局限性

1. 管理科学理论的特征

管理科学理论以系统的观点，运用数学、统计学的方法和电子计算机技术，为现代管理决策提供了科学的依据，通过计划和控制来解决各种生产与经营问题。该理论认为，管理就是运用各种数学模型和特征来表示计划、组织、决策和控制等合乎逻辑的程序，得到最优的解决方案，以达到企业的既定目标。

2. 管理科学理论的局限性

管理科学理论把现代科学方法运用到管理领域中，为现代管理决策提供了科学的方法，它使得管理理论研究从定性研究发展到定量研究，在科学的轨道上前进了一大步，同时它的应用对企业管理水平和效率的提高也起到了很大的作用。但是同其他理论一样，管理科学理论也有其自身的局限性，主要表现在以下三点。

(1) 把管理中与决策有关的各种复杂因素全部数量化，这是非常不现实的，因为有些因素是不能或难以量化的，例如企业的形象，员工的忠诚度、价值观念等。

(2) 忽视了人的因素，这是该理论的一大缺陷。

(3) 管理理论与实践研究不可能完全依靠定量分析而忽视定性分析。

尽管管理科学理论存在一定的局限性，但是它的科学性还是被人们所承认。

管理理论丛林

第二次世界大战之后,科学技术日新月异,生产力迅速发展,生产和组织规模急剧增大。随着生产社会化程度的逐渐提高,管理理论引起了人们的普遍重视。

在西方国家,不仅有从事具体管理工作的管理者和从事理论研究的经济管理学家,还有一些心理学家、社会学家、人类学家、生物学家、哲学家和数学家等,都从不同的学科角度,采用不同的方法对现代管理问题进行研究,这种情况带来了管理理论研究与实践的空前繁荣,在已有的管理理论的基础上又出现了大大小小的许多新学派,美国著名的管理学家哈罗德·孔茨把这种现象称为管理理论的"丛林"。下面主要介绍十个学派。

一、管理过程学派

该学派又被称为管理程序学派或管理职能学派,是在法约尔一般管理理论的基础上发展起来的。该学派推崇法约尔的管理职能理论,认为应对管理的职能进行认真分析,从管理的过程和职能入手,对企业经营经验加以理性的概括和总结,形成管理理论,以指导和改进管理实践。该学派的代表人物是美国著名的管理学家哈罗德·孔茨和西里尔·奥唐纳,代表作是他们合著的《管理学》。

管理过程学派认为管理的本质就是计划、组织、指挥、协调和控制等管理职能和过程,其内涵既广泛又易于理解,并且新的管理概念和管理技术均可容纳在其中,尽管各个企业和组织所面临的许多内部条件和外部环境不一样,但是管理的职能是相同的。

二、社会合作系统学派

该学派认为人与人的相互关系就是一个社会系统,它是人们的意见、力量、愿望及思想等方面的一种合作关系。管理人员的作用就是要围绕着物质的(材料、机器等)、生物的(现实存在的人)和社会的(群体的相互作用、态度和信息)因素去适应总的合作系统。

社会合作系统学派是从社会学的角度来分析各类组织,其特点就是将组织看作一种社会系统、一种人的相互关系的协作体系、社会大系统的一部分,受到社会环境各方面因素的影响。美国的切斯特·巴纳德是该学派的创始人,他的著作《经理人员的职能》对该学派影响很大。该学派管理理论的主要内容如下。

(一)组织是一个社会协作系统

这个系统能否继续生存,取决于:

(1)协作的效果,即能否顺利完成协作目标。

(2)协作的效率,即在达到目标的过程中,是否使协作的成员损失最小而心理满足度较高。

(3)协作目标能否适应新的环境。

(二)指出正式组织存在的三个条件

(1)有一个统一的共同目标。

(2)每一个成员都能够自愿地为实现组织目标做出贡献。

(3)组织内部有一个能够彼此沟通的信息联系系统。

此外,在正式组织中还存在着非正式组织。

(三)对经理人员的职能提出三点要求

(1)建立和维持一个信息联系系统。
(2)善于使组织成员能够为实现组织目标做出不可缺少的贡献。
(3)规定组织目标。

此外,美国的怀特·贝克从社会学角度提出的"组织结合力"的概念,对管理理论也有一定的意义。他指出,企业中的组织结合力包括:职能规范系统,即由于协作而划分和安排工作岗位所产生的合作系统;职位系统,即直线的职权层次;沟通联络系统;奖励制度;组织规程,即使企业具有特征和个性的构想与手段。

社会合作系统学派主要以组织理论为研究重点,虽然组织理论并不能涵盖所有的管理研究领域,但是它对管理理论所做的贡献是非常巨大的,并对其他的学派产生了很大的影响。

三、经验或案例学派

该学派主张通过分析经验或案例来研究管理问题,最早提出这一见解的是美国著名的管理学家彼得·德鲁克、欧内斯特·戴尔、威廉·纽曼、艾尔弗雷德·斯隆等人。他们认为应该从企业管理的实际出发,以大企业的管理经验为主要研究对象,通过研究各种各样成功和失败的管理案例,就可以了解怎样管理。该学派的主要观点如下。

(一)经理的两个主要任务

一方面,形成一个"生产的统一体",有效调动企业的各种资源,尤其注重人力资源作用的发挥。

另一方面,经理做出某一项决策或采取某一种行动时,一定要把眼前利益与长远利益协调起来。

(二)对建立合理的组织结构问题予以普遍重视

例如德鲁克认为,当今世界上的管理组织的新模式可以概括为五种:集权的职能性结构、分权的联邦性结构、矩阵结构、模拟性分散管理结构和系统结构。他还强调,各类组织要根据自己的工作性质、特殊条件及管理人员的特点来确定本组织的管理结构,切忌照搬他人的模式。

(三)对科学管理理论和行为科学理论进行重新评价

该学派的许多代表人物提出,科学管理理论和行为科学理论都不能完全适应企业的实际需要,只有将这二者结合起来,才是真正实用的。

(四)提倡目标管理

德鲁克首先提出目标管理的建议,其后又有许多学者共同参与了研究。

总之,虽然经验或案例学派并未形成完整的理论体系,其内容也比较庞杂,但其中的一些研究反映了当代社会化大生产的客观要求,这点非常值得注意。

四、社会技术系统学派

该学派的创立者是英国著名的管理学家埃里克·特里斯特及其同事。他们根据对煤矿中的"长壁采煤法"的研究结果,认为要解决管理问题,只分析社会协作系统是不够的,还必须分析研究技术系统对社会以及个人心理的影响。他们认为组织管理的绩效不仅取决于人们的行为态度及其相互影响,而且还取决于人们工作所处的技术环境。管理人员的主要任务之一,就是确保社会协作系统与技术系统的相互协调。

该学派的大部分著作都集中研究科学技术对个人、群体行为方式及组织方式和管理的影响。因此,该学派特别注重工业工程、人机工程等方面的研究,主要的代表著作有《长壁采煤法的某些社会学和心理学的意义》《社会技术系统的特性》等。社会技术系统学派虽然没有把管理的全部理论研究透彻,但是首次把组织作为一个社会系统和技术系统综合起来考虑,在这一方面填补了一项空白,对管理实践具有一定的现实指导意义。

五、人际关系行为学派

该学派的理论研究依据是,既然管理可以理解为是让他人或同他人一起把事情办好,那么就必须以人与人之间的关系为中心来研究管理问题。这个学派把社会科学方面已有的和当时最新提出的相关理论、方法和技术,用来研究人与人之间以及个人的各种现象,从个人的个性特点到文化关系,范围广泛,无所不包。

在学科背景方面,该学派的大多数学者都受过心理学方面的训练。因此,学者们注重个人,注重人的行为动因,把行为动因看成是一种社会心理现象。其中,有些人强调处理人的关系是管理者应该而且能够理解和掌握的一种技巧;有些人把"管理者"笼统地看成是"领导者";甚至有些人认为管理就是领导,把所有领导工作都当作管理工作;还有些人认为应着重研究人的行为与动机之间的关系,以及有关激励和领导的问题。以上这些认识,在某些方面对管理人员进行管理实践具有一定的现实指导意义。

六、群体行为学派

该学派同人际关系行为学派密切相关,以致常常被混淆。群体行为学派关注的主要是一定群体中的人的行为,而不是一般的人际关系和个体行为;而且该学派以社会学、人类文化学、社会心理学为基础,而不是以个人心理学为基础。群体行为学派着重研究各种群体的行为方式,从小群体的文化和行为方式到大群体的行为特点,均属于该学派的研究范畴。因此,有人把这个学派的研究内容称为组织行为研究。其中,"组织"一词被用来表示公司、企业、政府机关、医院,以及任何一种事业中一组群体关系的体系和类型。

该学派的代表人物是美国著名的管理学家克里斯·阿吉里斯,他在20世纪50年代提出所谓的"不成熟—成熟交替循环模式"。他认为如果一个组织不为人们提供使他们成熟起来的机会,或不提供把他们作为已经成熟的个人来对待的机会,那么人们就会变得忧虑、沮丧,甚至还可能以违背组织目标的方式行事。

七、决策理论学派

该学派的主要代表人物是曾经获得过诺贝尔经济学奖的赫伯特·西蒙。决策理论学派是在社会系统学派的基础上发展而来的,它把二战以后发展起来的系统理论、运筹学和计算机科学综合运用于解决管理决策问题,形成了一个有关决策过程、准则、类型及方法的较为完整的理论体系。其理论要点如下。

(一)管理就是决策

决策贯穿于管理的全过程,管理就是决策。

(二)决策过程包括四个阶段

第一阶段,收集信息阶段,即收集组织所处环境中有关经济、技术、社会各方面的信息,以及组织内部有关情况。

第二阶段,拟定计划阶段,即在确定目标的基础上,依据所收集到的信息编制可能采取的行动方案。

第三阶段,选定计划阶段,即从可供选用的方案中选定一个行动方案。

第四阶段,评价计划阶段,即在决策执行过程中对过去所做的抉择做出评价。

(三)在决策标准上,用"令人满意"的准则代替"最优化"的原则以往的管理学者把人看作以"绝对理性"为指导,按最优化准则行动的理性人。西蒙认为事实上这是做不到的,应该用"管理人"假设代替"理性人"假设。这种"管理人"不考虑一切可能的复杂情况,只考虑与问题有关的情况,采用"令人满意"的决策准则,从而做出令人满意的决策。

(四)决策类型划分

一个组织的决策根据其活动是否反复出现,可分为程序化决策和非程序化决策。此外,根据决策条件,决策还可以分为确定型决策、非确定型决策和风险型决策,而且每种决策所采用的方法和技术都不一样。

(五)集权、分权与决策

一个组织中的集权和分权问题是和决策过程联系在一起的。有关整个组织的决策必须是集权的,而由于组织内决策过程本身的性质以及个人认识能力有限,分权也是必需的。

八、沟通(信息)学派

该学派与决策理论学派关系密切,主张把管理人员看成一个信息中心,并围绕这一中心来形成管理理论。该学派认为,管理人员的作用就是收集信息、储存信息与发出信息,每一位管理人员的岗位犹如一个电话交换台。

沟通(信息)学派强调计算机技术在管理活动和决策中的应用,强调计算机科学同管理思想和行为的结合。大多数计算机科学家和决策理论家都赞成这个学派的观点。其代表人物有:美国的哈罗德·李维特,其代表著作是《沟通联络类型对群体绩效的影响》;克劳德·申农和沃伦·韦弗,其代表著作是《沟通联络的数理统计理论》。

九、管理科学(管理数学)学派

管理科学学派又叫作数量学派,是泰勒科学管理理论的继续和发展。管理科学学派正式作为一个管理学派,是在第二次世界大战以后形成的。这一学派的特点是利用有关的数学工具,为企业寻得一个有效的数址解,着重于定量研究。埃尔伍德·斯潘赛·伯法是西方管理科学学派的代表人物之一。

管理科学学派认为,管理就是制定和运用数学模型与程序的系统,就是用数学符号和公式来表示计划、组织、控制、决策等合乎逻辑的程序,求出最优的解,以达到企业目标。这个学派还提倡依靠计算机管理,提高管理的经济效率。管理科学学派似乎是有关管理的科学,其实它主要不是探索有关管理问题,而是设法将科学的管理原理、方法和工具应用于管理。

管理科学学派强调数量分析,主张用先进的技术成果和科学研究成果对管理学进行研究,其意义也是十分明显的。但管理活动纷繁复杂,并非所有的管理问题都能定量化,能用模型来分析。因此,过分依赖于模型,会降低决策的可信度,所以在管理活动中,应用一分为二的态度来对待数学模型。

十、经理角色学派

经理角色学派是20世纪70年代出现的,以对经理所担任的角色分析为中心,来考察经理的职务和工作,以求提高工作效率。加拿大管理学家亨利·明茨伯格是该学派的代表人物,于1973年出版的《经理工作的性质》是其代表作。

该学派认为,经理是指正式负责一个机构或其下属单位的人,拥有正式的权力和地位。在综合其他学派理论的基础上,该学派全面阐述了经理角色理论。

经理角色理论是在现代企业组织理论的基础上发展起来的,在经营权与所有权分离以后,经理成为一种职业的产物。该理论不仅对我们理解经理的角色、工作性质、职能、培养具有重要意义,而且对如何提高经理的工作效率也具有重要意义。

案例1:UPS公司最快捷的运送

美国联合包裹运输服务公司(United Parcel Service,简称UPS)雇用了15万名员工,平均每天将900万个包裹发送到美国各地和180个国家。为了实现他们的宗旨——"在邮运业中办理最快捷的运送",UPS公司的管理当局系统地培训他们的员工,使他们以尽可能高的效率从事工作。

UPS公司的工程师们对每一位司机的行驶路线都进行了时间研究,并对每种送货、暂停和取货活动都设立了标准。这些工程师们记录了红灯、通行、按门铃、穿过院子、上楼梯、中间休息喝咖啡的时间,甚至是上厕所的时间,并将这些数据输入计算机中,从而给出每一位司机每天工作的详细时间表。每位员工必须严格遵循工程师设定的程序工作,才能完成每天的定额任务。

这种刻板的时间表是不是有效的呢?毫无疑问是有效的!生产率专家公认,UPS公司是世界上效率最高的公司之一。比如,联邦捷运公司(Federal Express)平均每人每天不过才取送80件包裹,而UPS公司却是130件!

思考题:
1. UPS公司在管理中运用了什么管理理论?
2. 试分析这种管理理论在UPS公司的具体运用。

案例2:回到管理学的第一个原则

纽曼公司的利润在过去的一年里一直在下降,尽管在同一时期,同行们的利润在不断上升。公司总裁杰克先生非常关注这一问题。为了找出利润下降的原因,他花了几周的时间考察公司的各个方面。接着,他决定召开各部门经理人员会议,把他的调查结果和他得出的结论连同一些可能的解决方案告诉他们。

杰克说:"我们的利润一直在下降,我们正在进行的工作大多数看来也都是正确的。比方说,推销策略帮助公司保持住了在同行中应有的份额。我们的产品和竞争对手的一样好,我们的价格也不高,公司的推销工作看来是有效的,我认为没必要改进什么。"他继续评论道,"公司有健全的组织结构、良好的产品研究和发展规划,公司的生产工艺在同行中也占领先地位。可以说,我们的处境良好。然而,我们的公司却面临着这样严重的问题。"

室内的每一个人都有所期待地倾听着。杰克开始讲到劳工关系:"像你们所知道的那样,几年前,在全国劳工关系局选举中工会没有取得谈判的权利。一个重要的原因是,我们支付的工资一直至少和工会提出的工资一样高。从那以后,我们继续给员工提高工资。问题在于,没有维持相应的生产率。车间工人一直没有能够生产足够的产量,来把利润维持在原有的水平上。"杰克喝了点水,继续说道,"我的意见是要回到第一个原则。近几年来,我们对工人的需求注意得太多,而对生产率的需要却注意不够。我们的公司是为股东创造财富的,而不是工人的俱乐部。公司要生存下去,就必须要创造利润。在我上大学时,管理学教授们十分注重科学管理先驱们为获得更高的生产率所使用的方法,那就是为了提高生产率而广泛采用的刺激性工资制度。在我看来,我们可以回到管理学的第一个原则上去,如果我们的工人的工资取决于他们的生产率,那么工人就会生产得更多。管理学先驱们的理论在今天一样地在指导着我们。"

思考题：

案例中的第一个原则指的是什么？你认为对当今管理实践有何现实指导意义？

案例3：赵林德副厂长的奖金困惑

赵林德是某汽车制造厂的副厂长，分管生产。一个月前，他为了搞好生产，掌握第一手资料，就到第一车间甲班去蹲点调查。一个星期后，他发现工人劳动的积极性不高，主要原因是奖金太低。每天产量多的工人生产二十几个零件，少的只生产十几个零件。

赵林德和厂长等负责人商量后，决定搞个定额奖励试点，每人每天以生产二十个零件为标准，超过二十个零件后，每生产一个零件奖励0.5元。这样，全班二十三个人都超额完成了任务，最少的每天生产二十九个零件，最多的每天生产四十二个零件。这样一来，工人的奖金额远远超过了工资，使其他车间的工人十分不满。

现在又改变了奖励标准，每天超过三十个零件后，每生产一个零件奖励0.5元。这样一来，全班平均每天生产的零件维持在三十三个左右，最多不超过三十五个。赵林德观察后发现，工人并没有全力生产，离下班还有一个半小时左右，只要三十个零件的任务完成了，他们就开始休息。赵林德不知道如何进一步来调动工人的积极性了。

（案例来源：赵继新、吴永林主编《管理学》，清华大学出版社、北京交通大学出版社，2006年）

思考题：

1. 本案例中的现象可以用什么理论来解释？
2. 你认为赵林德可以采取什么措施来调动工人的积极性？理论依据是什么？

思考练习

一、单项选择题

1. 科学管理的中心问题是（　　）。
   A. 提高人的积极性　　　　　　B. 提高管理水平
   C. 提高企业盈利率　　　　　　D. 提高劳动生产率
2. 科学管理中能体现权力下放、分权尝试的原理是（　　）。
   A. 差别计件工资制　　　　　　B. 职能原理
   C. 例外原理　　　　　　　　　D. 工时研究
3. 泰勒认为，为提高劳动生产率，必须工作配备（　　）。
   A. 合适的操作流程　　　　　　B. 第一流的人员
   C. 严格的规章制度　　　　　　D. 适当的管理人员
4. 霍桑试验的结论证明企业中存在着（　　）。
   A. 正式组织　　　　　　　　　B. 非正式组织
   C. 自主管理的员工　　　　　　D. 经济人
5. 霍桑试验标志着（　　）的产生。
   A. 人际关系学说　　　　　　　B. 管理科学理论
   C. 科学管理理论　　　　　　　D. 运筹学
6. 法约尔认为任何企业都有六种基本活动或职能，即（　　）。

A. 生产、经营、安全、销售、核算、管理
B. 技术、商业、财务、安全、核算、管理
C. 技术、经济、安全、财务、核算、管理
D. 生产、商业、财务、安全、组织、管理

7. 古典管理理论认为,人是（　　）。
　A. 复杂人　　　　B. 自我实现人　　　C. 经济人　　　　D. 社会人

8. 行为科学理论认为,人是（　　）。
　A. 经济人　　　　B. 自我实现人　　　C. 复杂人　　　　D. 社会人

9. 霍桑试验提出要重视管理中的（　　）的因素。
　A. 管理者　　　　B. 规章制度　　　　C. 人　　　　　　D. 自然禀赋

10. 法约尔提出的组织中平级间的横向沟通被称为（　　）。
　A. 等级原则　　　B. 协商原则　　　　C. 跳板原则　　　D. 秩序原则

11. 马克斯·韦伯在管理学上的主要贡献是提出了（　　）。
　A. 理想的行政组织体系理论　　　　B. 人际关系学说
　C. 管理方格论　　　　　　　　　　D. 成就需要论

12. "以仁为核心,以礼为准则"是我国古代（　　）学派的管理思想。
　A. 法家　　　　　B. 儒家　　　　　　C. 道家　　　　　D. 兵家

二、多项选择题

1. 下列属于中国古代管理思想学派的是（　　）。
　A. 儒家　　　　　B. 道家　　　　　　C. 法家　　　　　D. 纵横家

2. 范蠡是春秋末期楚国宛地三户人,辅佐越王勾践灭吴后,弃官经商,成为中国历史上有名的大商人。他有两条著名的经营之道,即（　　）。
　A. 待乏原则　　　B. 经济原则　　　　C. 积著之理　　　D. 系统原则

3. 下列属于儒家思想的著作有（　　）。
　A.《论语》　　　B.《孟子》　　　　C.《道德经》　　　D.《荀子》

4. 法约尔的管理职能为计划、组织和（　　）。
　A. 指挥　　　　　B. 领导　　　　　　C. 协调　　　　　D. 控制

5. 古典管理理论的代表人物有（　　）。
　A. 泰勒　　　　　B. 法约尔　　　　　C. 德鲁克　　　　D. 韦伯

6. 通过霍桑试验得出的结论有（　　）。
A. 企业中存在非正式组织
B. 职工是经济人
C. 职工是社会人
D. 新型的领导能力在于提高职工的效率

7. 下列属于古典管理理论的是（　　）。
　A. 行政组织理论　B. 一般管理理论　　C. 科学管理理论　D. 人事管理理论

8. 科学管理的内容包括（　　）。
　A. 科学地挑选工人　B. 差别计件工资制　C. 职能管理　　　D. 工时研究与标准化

9. 韦伯认为任何组织都必须有某种形式的权力作为基础。有三种纯粹形式的权力,即（　　）。

A. 法定的权力　　　B. 传统的权力　　　C. 行政权力　　　D. 超凡的权力
10. 下列属于泰勒的管理思想的是(　　)。
A. 管理的标准化、制度化、规范化　　　B. 采取差别计件工资制
C. 主张对工人进行岗前培训　　　D. 主张建立管理的参谋机构

三、简答题

1. 西方古典管理理论包括哪些内容？如何评价西方古典管理理论？
2. 泰勒的科学管理理论包括哪些内容？如何评价科学管理理论？
3. 法约尔提出的管理活动职能有哪些？
4. 韦伯提出的理想的行政组织体系理论的主要内容包括哪些？
5. 人际关系学说的主要内容是什么？如何对它进行评价？

模块四

管理环境信息获取与分析能力

GUANLI JICHU
YU SHIWU

学习情境

环境因素制约着组织的生存和发展,组织内的所有管理活动,包括决策、计划、组织、领导和控制等都必须建立在对现实环境的科学分析和预测的基础之上,这样才能沿着正确的方向使管理达到预期目标。如何获取有效的管理环境信息?如何利用捕获的信息弄清楚管理环境,准确分析组织内部环境的优势与不足,及时掌握外部环境所带来的机会和威胁,从而为管理活动提供依据呢?

学习目标

1. 知识目标

通过本模块的学习训练,学生认识和了解信息和管理环境的基本概念,理解信息的特征,掌握信息获取的途径及组织面临的各种环境因素;掌握波特五竞争力模型;掌握SWOT分析法。

2. 能力目标

通过本模块的学习训练,学生能够知道如何采取有效的途径捕获所需的管理信息,会用SWOT分析法分析管理环境,为下一步的管理活动提供决策依据。

3. 素质目标

通过本模块的学习训练,培养学生具备基本的信息获取及分析处理能力,善于发现机会、规避风险的能力;养成科学分析、客观决策的良好职业素养。

项目七 管理环境信息获取能力

能力训练

训练01:通过案例分析,导入对管理信息重要性的认知。

IBM成功企业竞争情报案例分析

在20世纪80年代,世界500强中有10%建立了竞争情报系统;20世纪90年代,世界500强中已有80%以上建立了竞争情报系统;现阶段,世界500强中已有90%以上建立了竞争情报系统。竞争情报系统在企业中的应用表现出了强劲的生命力和蓬勃发展的势头。我国的企业也正逐渐认识到竞争情报系统的重要性,并开始关注。伴随着信息技术的发展,竞争情报系统无论是在收集手段上还是在分析处理手段上,都有了质的提高。今天,国内企业也认识到了竞争情报系统的重要性,竞争情报系统在国内越来越受到重视。因此,借鉴跨国企业的先进经验,利用竞争情报系统在市场竞争中把握主动权,是中国企业必须掌握的一门功课。

美国作为竞争情报实践和理论的发源地之一,其企业开展竞争情报活动是源于经济全球化的发展和日本企业等外来企业的激烈竞争。20世纪50—60年代期间,随着日本企业在全球范围内的迅速崛起,美国企业在很多传统优势产业中的全球霸主地位受到巨大挑战,通用汽车、IBM等美国王牌企业在强劲的竞争对手面前纷纷败北,有的甚至被竞争对手彻底打垮。后来,美国企业界和经济学家经过认真研究后,惊奇地发现日本企业在激烈的商战竞争中取得成功的关键在于从政府到企业都对竞争情报高度重视，而美国企业则把竞争的失败归结于政府没有采取行政干预措施，对国外企业设置相应的关贸壁垒，以保护美国企业的利益，从根本上违背了市场经济"优胜劣汰"的基本规律。通过认真的反思和总结经验教训，20世纪70年代以来，美国一些公司，如IBM等先后认识到竞争情报在市场竞争中的重要性，纷纷建立了企业自己的竞争情报研究部门，有效地搜集、分析和利用竞争情报，使得企业在与竞争对手进行的市场争夺战中重新占有先机，陆续夺回了竞争的主动权。

在20世纪80年代末期，IBM公司对市场竞争趋势的判断出现重大失误，忽视了当时迅速发展的个人电脑革命，仍然认为大型主机硬件设备的研制开发会给公司带来持续的繁荣。面对瞬息万变的市场，IBM公司集权化的组织结构和官僚化的管理体制，加快了公司经营危机的来临。到20世纪90年代，公司终于陷入严重的困境中。在1991年至1993年间，IBM公司的亏损超过147亿美元，成为美国公司历史上最大的净亏损户，其在全球电脑市场上的销售排名在1994年下降到第三位，股票价格下跌了50%，公司发展和生存面临着严峻的挑战。1993年1月，IBM公司董事会决定辞退公司总裁，曾任职于麦肯锡管理咨询公司的原美国RJR食品烟草公司总裁路易斯·郭士纳先生临危受命，担任IBM公司新的董事长兼首席执行官。

郭士纳先生一上台就发现该公司的竞争地位已受到实质性侵害，决定对公司的最高决策层和管理层进行改组，以完善具备战略性的领导体制，成立了IBM中、长期战略决策组织，即政策委员会和事业运营委员会。同时，郭士纳先生认识到建立一个公司层面统一和正式的竞争情报体制的重要性，提出要立即加强对竞争对手的研究，建立一个协调、统一的竞争情报运行机制，将可操作的竞争情报运用于公司战略、市场计划及销售策略中。在郭士纳先生的大力支持下，IBM公司启动了一个建设和完善竞争情报体系的计划，并建立了一个遍及全公司的竞争情报体系，以此来管理其全部运作的核心站点。IBM公司的决策层希望通过该计划，能够及时、准确地判断其竞争对手拉拢公司客户的企图。为了对付这些竞争对手，IBM公司组织实施了"竞争者导航行动"竞争情报项目，重点针对IBM公司在市场中的十二个竞争对手，派出若干名高级经理作为监视每个竞争对手的常驻"专家"，其职责是确保IBM公司掌握其竞争对手的情报和经营策略，并在市场上采取相应的行动，在此基础上建立公司的竞争情报体系。该竞争情报体系包括完善的管理信息网络、监视竞争对手的常驻"专家"、与之协同工作的IBM公司的竞争情报人员，以及生产、开发、经营和销售等职能部门的代表，由这些人员构成一个个专门的竞争情报工作小组，负责管理整个计划中相关方面的竞争情报工作。分布在整个公司的各个竞争情报工作小组每天对竞争对手进行分析，通过莲花公司的Nores软件，为工作小组提供在线讨论数据库，使IBM公司全球各地的经理们和分析师通过网络进入竞争情报数据库，并做出新的竞争分析。竞争情报工作小组还使用IBM公司的全球互联网技术来获取外界信息，利用IBM公司的内部互联网技术来更新企业内部信息。随着这一体系的不断完善，竞争情报开始融入IBM公司的企业文化中，在经营过程中发挥着越来越重要的作用。

通过调整竞争情报工作重点及建立新的竞争情报体系，IBM公司各部门的竞争情报力量能够有效地集中，来对付主要的竞争对手和主要威胁，并提供了各种办法来提高各竞争情报工作小组的协作水平，优化了原有的情报资源，增强了公司适应市场变化和对抗竞争的能力，最大限度地满足了全球市场中的客户们的需求，公司销售收入持续增长。竞争情报在IBM公司经营改善过程中的作用也逐步显现出来。据调查，在1998—2000年期间，竞争情报对整个公司业绩增长的贡献率分别为6%、8%和9%。此后，IBM公司在信息技术行业中又重新获得了领先地位。到2001年,公司利润总额达80.93亿美元,股东权益为194.33亿美元,IBM公司高速增长的商业利润再次受到公众的关注。

训练问题:
1. 及时获取信息对IBM公司有哪些重要作用?
2. 什么样的信息是有用信息?
3. 管理者获取信息的途径有哪些?

知识导航

及时掌握准确的信息,是管理者进行科学预测和科学决策的依据和基础。因此,良好的信息获取能力是做好管理工作的重要前提,也是管理者必备的能力之一。

一、信息的含义及特点

(一) 信息的含义

所谓信息,就一般定义而言,是指社会共享的人类的一切知识,以及从客观现象中提炼出来的各种消息和情报。

(二) 信息的特点

1. 公开性和共享性

当今社会网络通信、视频传媒业日新月异地蓬勃发展,其视角已覆盖社会的各个领域,每天都有数以千万计的最新信息以最快的速度公开传递。所以,人们获取大量信息的渠道是通畅的、公开的,是大家共享的。

2. 时效性和价值性

时间就是金钱,效率就是生命,这本身就体现了信息的时效性。早获取信息、早运用信息的人,不仅可以在经营及管理中获取巨大的效益,还可以在战略上争得管理的主动权。

3. 可开发性和可利用性

信息是人类科学劳动的产物,是知识的结晶,它通过物质的载体,向人们提供精神与智慧的产品。信息是廉价的、可开发的、可利用的资源。有人把它同新能源、新材料统称为现代化科学技术与经济社会发展的三大支柱。

4. 社会价值

信息的社会价值主要是指对人类精神文化方面的建设,以及对上层建筑领域的变革和人类社会的发展所起的作用和影响。

二、有用信息的识别特征

对管理者有用的信息具备一些特征:首先,必须是质量较高的;其次,必须是及时的,当管理者需要时就能获得;最后,必须是完全的和相关的。

(一) 高质量

质量是信息最重要的特征。我们很难设想质量不高的信息会有多大用处。质量的要求又可细分为几个方面。首先,高质量的信息必须是精确的。如果信息未能精确地反映现状,则利用这种信息进行决策或控制,肯定收不到良好的效果。清楚是高质量信息的另一要求,信息的含义和内容对管理者来说必须是清楚的。另外,高质量的信息是排列有序的,而不是杂乱无章的。最后,信息传递的媒介对质量有重要影响。例如,交给管理者一大摞书面材料而不是几页总结性报告,是一种不恰当的信息传递方式。

(二) 及时

多数管理工作需要及时的信息。许多日常工作是有时间要求的,如有关组织如何应对环境变化的决策必须迅速做出。及时的信息有以下几个方面的要求。

在管理者需要的时候提供信息是对及时的信息的首要要求。例如,管理者可以要求下属呈交例外报告,这种报告是在事情超出常规时产生的。这样,如果生产线上的生产因某种原因(如发生故障)而低于一定水平,例外报告就会产生并通知那些需要了解情况的人,以便让他们能采取恰当的行动,如进行维修和调整,从而排除故障。及时的信息的另一个要求是信息要反映当前情况,提供给管理者的信息应该是当前的,而不是过去某个时候的。及时的信息的最后一个要求是信息要频繁地提供给管理者。例如,应该建立一个定期报告制度,每日、每周、每月或每季产生并提交报告。

(三) 完全

有助于管理工作有效完成的信息必须是完全的。信息的完全性有以下几个方面的具体要求。

首先,信息的范围必须足够广泛,从而可以使管理者较全面地了解现状,并采取切实有效的措施。在条件许可的情况下,管理者不仅要获取当前的信息,还要了解组织过去的历史和未来的计划。

其次,简洁和详细是完全性信息的另外两个要求。这似乎有点矛盾,因为简洁和详细是相互对立的。但仔细分析起来,却不是这样,可以在简洁和详细之间找到一种平衡。信息应该以尽可能简洁的方式呈送给管理者,同时也应该尽可能详细,使管理者对现状有一定深度和广度的了解。但过于详细又会分散管理者的注意力,使其忽略重要信息。

最后,只有那些与手头上的管理工作有关的信息才需要被提供,信息提供过多反而不好。

三、信息的获取

(一) 信息获取的途径

1. 提高对目标的关注度

世上无难事,只怕有心人。管理者对某一类事情或信息只要特别关注、留意,其消息没有不灵通的。球迷对赛事如数家珍、集邮迷对邮票行情了如指掌都说明了这一点。管理者对目标关注的热情程度是影响个人信息获取能力的关键。

2. 提高对信息的敏感性

信息获取、收集不是资料的简单叠加,而是一种研究、思考、筛选、加工活动,没有一定的技能是做不好的。就好像是一位中医,在诊过病人神色、舌苔、脉搏之后,才能对其病情有相当的了解;而一个对中医一窍不通的人,虽说也可以大模大样地观察神色、看舌苔、切脉搏,但多半是什么结果也得不出来,无法对症下药,延误了时机,就会害人不浅。没有见微知著的敏感性,就缺乏信息的提炼能力,也就很难判断每则消息、每份资料的价值所在。因此,要增强信息的敏感性,见微知著,做到见事早、行动快。

3. 建立信息渠道网

建立一个良好的信息渠道网其实并不容易,需要在管理过程中有意识地去做,在组织内建立起高效的信息渠道网。发明避雷针的富兰克林,虽然是在四五十岁时才开始进行科学研究,但仍然能做出许多贡献,一个重要的原因就在于有许多一流的科学家给予了他帮助和支持。

4. 利用各种信息工具

信息载体的多样性和信息渠道的复杂性,使得光凭经验地判断、搜索必然是低效率的,甚至是无效率的信息获取方式。管理者必须熟练运用各种信息检索工具,这样才能快速、准确地获取信息。不论是在浩如烟海的传统文献中,还是在错综复杂的信息网络中,不掌握必要的检索工具、搜索引擎及其运用策略,查找信息无异于大海捞针,难以奏效,甚至一无所获。有效利用信息工具往往成为影响管理者获取信息效率的关键因素。

随着互联网的快速发展,网络资源的多样化、信息的开放性、检索的实时性和多样性,以及信息化技术、大数据技术的发展,使得利用信息资源变得简单、快捷而又经济实惠。

5. 善于利用信息机构提供的服务

图书馆、咨询机构、中介公司等的资源主要是文献信息资源,并辅以相应的环境资源、设备资源和人力资源等。管理者若要对某学科或某专题获得较全面、系统的知识,或对不熟悉的问题获得基本的了解,图书馆、专业的信息机构、高等院校等提供的信息服务应当是首选的信息来源。

6. 深入实际调查研究

深入实际调查研究是获取信息最常用的手段。实践出真知,一切从实际出发,才能获取高质量的信息,从而不断提高决策的科学水平。调查研究也要注重质量,力求认识事物的本质,全面了解真实情况,不能停留在表面。

(二) 管理者捕捉信息的能力对管理活动的影响

当今世界,随着科学技术的飞速发展,人类社会正进入信息时代。可以说,信息已贯穿于经济、政治、科技、文化、军事等社会生活的各个领域,它在人类社会发展中的作用表现得从来没有像今天这样重要。因此,信息的捕捉与驾驭,也必然影响着管理者的管理活动,其影响主要表现在以下几个方面。

1. 管理者决策离不开信息

在管理实践中,管理者不能无目的地收集信息,信息并不是越多越好。事实上,无用的信息的增加,反而会影响正确决策的制定与实施。信息的目的性与它的价值是联系在一起的。信息总是在一个特定的时间、特定的条件下被利用,同样的信息对某项管理活动可能价值千金,而对另一项活动则可能一文不值。同样的信息因为被利用的目的不同,会有不同的价值含义。只有有目的地收集和加工信息,重视信息的目的性,才能充分、有效地利用信息,为管理者决策服务。

2. 信息准确才有生命力

准确、可靠的信息是决策的基础,不准确的信息比没有信息更糟糕,因为它会导致错误的决策行为,更具有盲目性。有人把信息的准确性比作望远镜上的焦距,虽有信息但不准确,就像有了望远镜但焦距不准,看不清目标一样,其结果必然会导致错误的判断。所以要获得准确、可靠的信息,就必须建立收集、传递、处理与使用信息的严密系统,对信息资料进行深入判断、筛选、反复验证,使管理者获取信息的渠道尽量建立在科学的基础上。

3. 信息的利用价值与它的及时性关系紧密

人们所获得的信息越及时、可靠,其利用价值就越大;相反,就会使信息失去其自身应有的价值。信息的时效性还体现在信息传递越快,时效性越强;处理加工速度越快,时效性越强;利用比率越高,时效性也越强。如果时过境迁,信息就失去了时效性,此时若再使用它,势必贻误决策。

(三) 提高管理者捕获信息能力的方法

信息是管理者开展管理活动的重要资源,是管理者决策的基础。作为一个管理者,仅仅获得信息还不够,为了揭示事物的本质和规律,必须提高善于运用各种科学方法与手段的能力,对采集到的信息进行科学的分析和加工,使信息的价值发挥出来。

1. 学会精心筛选信息

由于决策信息的来源多元化、多层次、多方位,信息的密度和数量又很大,管理者要使信息更好地为决策服务,就必须对收集来的那些零星的、散乱的、模糊的、仅仅反映个别问题和表面现象的原始信息进行认真的筛选,而经过筛选后决定使用的信息应该是反映客观事物本质和状况的真实信息,是具有典型意义的高质量信息,这样才不至于使决策失误。

2. 学会认真分析信息

管理者只有对信息进行深入分析,勾勒其反映事物的全貌,掌握其内涵,才能进一步提高信息的质量和使用价值,从而正确地把握信息,使其为决策服务。信息是对客观事物的反映,任何事物都具有质和量这两种规定性。定性分析,就是对信息进行去粗取精、去伪存真、由此及彼、由表及里的加工,揭示事物的特征和本质;定量分析,就是通过运用现代科技手段和方法来确定事物量的规定性,把握事物的范围、规模、程度等。因此,管理者在领导实践中,只有学会不断对信息进行定性与定量分析,做到质与量的统一,才能很好地提高其捕捉与驾驭信息的能力。

3. 学会综合研究信息

对信息进行综合研究是对信息进行深层次加工处理的重要环节。要直接围绕决策意图、决策方向和目标,兼收并蓄来自不同角度的信息,把个别综合为一般,把局部综合为整体,从而反映事物全貌,揭示事物本质。要通过深入剖析、横向比较,进行归纳、分类、概括、判断、推理,从而得出结论。综合研究要求管理者决策时要有科学的思维方式,既能统筹全局,又能积极推导,既要有战略眼光和统筹全局的能力,认真审视信息在整个决策过程中的真实价值,又要有积极开拓的创新意识,善于开发信息,还要善于延伸思维,发挥"外脑"的综合研究作用,这样所得到的信息才会更准确、更系统。

4. 学会贮存加工信息

管理者在决策过程中的每一个环节对信息的需求各不相同,根据需求的前后次序和轻重缓急,有些信息需要进行"热处理",迅速加工,以供决策者使用;有些信息则要进行"冷处理",暂时存储起来。对于缓用而暂时存储的信息,要进行分类、编目、制卡、建档等加工,以便查询,随时为决策者提供服务。

5. 学会使用和转化信息

处理信息的最终目的是搞好决策。信息,根据其为决策服务价值的大小,分为直接有用信息和间接有用信息。前者为决策者提供依据和重要资料,是为表达决策的方针、政策和决定、方案、规划、意见等服务的;后者可以通过浓缩后的精炼文字和照片等形式,在决策组织的内部做交流参考。

实践表明,在科技迅猛发展的现代社会中,捕捉情报信息系统已经成为社会、经济、科技活动的血管,而大量的情报信息则成为社会赖以生存和进步的血液。谁先拥有发达、完备的信息网络,并能对所捕捉的信息进行深入、细致的深层开发与利用,谁就会在经济、政治、科技等方面的活动中占得先机,使自己在综合竞争中处于优势地位。因此,作为现代管理者,必须提高自身的捕捉信息的能力。

四、信息的加工

信息的加工是指对收集来的通常显得杂乱无章的大量信息进行鉴别和筛选,使信息条理化、规范化、准确化的过程。加工过的信息便于存储、传播和利用。只有经过加工,信息的价值才能真正得以体现。

信息的加工一般由以下步骤组成。

(一) 鉴别

鉴别是指确认信息可靠性的活动。可靠性的鉴别标准:信息本身是否真实,信息内容是否正确,信息的表述是否准确,数据是否正确无误,有无遗漏、失真、冗余等情况。

鉴别的方法主要有以下几种。

(1)查证法。查证法是指通过查找、阅读相关文献来验证信息是否可靠的方法。

(2)比较法。比较法是指通过比较来自不同渠道的同类信息来验证信息的可靠程度的方法。

(3)佐证法。佐证法是指通过寻找物证、人证来验证信息的可靠程度的方法。

(4)逻辑法。逻辑法是指通过对信息的内容进行逻辑分析,以判别是否存在前后矛盾、夸大其词、违背情理等现象的方法。

通常,在进行信息鉴别时,需要同时使用这些方法。

(二) 筛选

筛选是指在鉴别的基础上,对收集来的信息进行取舍的活动。筛选与鉴别是两种不同的活动。鉴别旨在解决信息的可靠性问题,依据的是与信息有关的客观事实;而筛选旨在解决信息的适用性问题,依据的是管理者的主观判断。鉴别中被确认可靠的信息,未必都被保留;而鉴别中被确认可疑的信息,未必都被剔除。

筛选的依据是信息的适用性、精约性与先进性。适用性是指信息的内容是否符合信息采集的目的,符合者谓之适用,可留下,不符合者则被剔除。精约性是指信息的表述是否精炼、简约。筛选时将烦琐、复杂的信息剔除,而将精炼、简约的信息保留,以降低信息的冗余程度。先进性是指信息的内容是否先进。筛选时将相对落后的信息剔除。被筛选出的信息将同时满足适用性、精约性和先进性的要求。

筛选通常按以下四步进行。

(1)真实性筛选。根据鉴别的结果,保留真实的信息,剔除虚假的信息,对于可疑的信息,在进一步调查取证的基础上再进行判断、取舍。

(2)适用性筛选。以适用性为依据,将那些与收集目的不相关、过时无用、重复雷同、没有实质性内容或用处不大的信息从真实信息中剔除出去。

(3)精约性筛选。以精约性为依据,将那些虽然真实、有用但表述烦琐、复杂的信息进行提炼或剔除出去。

(4)先进性筛选。以先进性为依据,将那些虽然真实、有用、精约但内容落后的信息剔除出去。

(三)排序

排序是指对筛选后的信息进行归类整理,按照管理者所偏好的某一特征对信息进行等级、层次的划分的活动。

(四)初步激活

初步激活是指对排序后的信息进行开发、分析和转换,实现信息的活化,以便使用的活动。

(五)编写

编写是信息加工过程的产出环节,是指对加工后的信息进行编写,便于人们认识的活动。通常,一条信息应该只有一个主题,结构要简洁、清晰、严谨,标题要突出、鲜明,表述要精炼、准确、深入浅出。

项目八　管理环境分析能力

训练 02:通过模拟实践训练,了解管理环境分析技巧。

为模拟公司寻找市场机会

一、时间:45 分钟(课内时间 45 分钟,课外准备时间自定)。

二、活动目的:激发学生主动思考意识,通过团队协作方式,提升学生对环境的实际分析、判断能力。

三、活动内容:各小组为自己的"模拟公司"做一次经营环境分析并进行经营项目的选择。

四、活动地点:教室及其他地点。

五、参与人数:前期课程设定好的每间"模拟公司"(6~8 人)。

六、活动所需资源:多媒体设备,主持人 1 名,后勤工作人员若干。

训练问题:

1. 企业面临哪些方面的环境因素?
2. 如何分析企业经营环境?

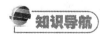

一、管理环境的含义及企业经营环境分析的系统模型

(一)管理环境的含义

管理环境是指影响组织生存和发展的各种内外制约因素的总称。

（二）企业经营环境分析的系统模型

管理者的一项重要工作就是弄清楚管理环境能够为组织提供的机会或造成威胁的因素，并分析组织内部环境所形成的优势与劣势，从而为科学决策提供依据。下面以企业为例研究其经营环境分析问题。

企业经营环境分析，应包括外部环境分析和内部环境分析两大部分。外部环境分析主要是要找出企业经营的机会，一边抓住机会促进发展，一边要发现危险，以便能主动地规避风险。外部环境包括宏观和微观两类。内部环境分析主要是发现劣势，努力加以铲除，找出优势，下大力气加以培育，把已有的优势做强做大，真正建立企业在经营上的竞争优势，包括对运营范畴、企业管理体制、企业文化等进行分析。经营环境分析的系统结构模型如图8-1所示。

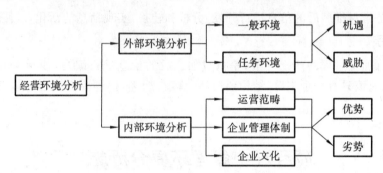

图 8-1　管理环境构成图

二、企业外部环境

（一）宏观环境

宏观环境又称为一般环境或总体环境，是指在一定时空内社会中各类组织均面对的环境。宏观环境大致可分为政治-法律环境、经济环境、社会文化环境、科技环境和自然环境五个方面。

1. 政治-法律环境

政治-法律环境是指一个国家或地区的政局稳定状况、政府政策、政府管制、政治力量和立法等因素，这些因素常对企业经营活动具有现实和潜在的制约和影响。国家每出台一项新政策、颁布一条新法令，都会对企业产生或大或小的影响。有些政策法令可能会给企业提供一些新的经营机会，有些则会限制企业的战略选择，甚至导致企业效益下降，影响企业生存。

1）政治因素分析

政治环境，包括一个国家的社会制度、执政党的性质，以及政府的方针、政策、法令等。不同的国家有着不同的社会性质，不同的社会制度对组织活动有着不同的限制和要求。即使社会制度不变，同一国家在不同时期，由于执政党的不同，其政府的方针特点、政策倾向对组织活动的态度和影响也是不断变化的。

国家政治环境直接影响着企业的经营状况。对于企业来说，很难预测国家政治环境的变化趋势。政治环境一旦影响到企业，会使企业发生非常迅速的变化。企业领导者需要具备较高的政治素质，保持高度的政治敏感性，随时关注并认真理解、执行党和国家的各项方针、政策、法令,从而为企业的发展制定出正确的经营战略。政治环境分析的主要内容如下。

(1)企业所在地区和国家的政局稳定状况。

(2)执政党所要推行的基本政策以及这些政策的连续性和稳定性。政府往往通过各种法律、政策来保护消费者和环境,调整行业结构,引导投资方向。

(3)政府对企业行为的影响。作为供应者,政府拥有无法比拟的自然资源、土地和国家储备等。它的决定与偏好极大地影响着一些企业的战略。作为购买者,政府很容易培育、维持、增强、消除许多市场机会,如政府采购。

(4)各种政治性团体。一方面,这些政治性团体会对国家政治环境施加影响,政府的决策会适应这些力量;另一方面,这些团体也可以对企业施加影响,如诉诸法律、利用传播媒介等。因此,企业有可能花费时间、财力与各种利益集团抗争。

2) 法律因素分析

法律是政府用来管理企业的一种手段。随着市场经济的发展,政府以往所采取的行政管理手段将变为主要通过法律形式来贯彻执行。这些法律法规的作用是双重的:一方面,它们对企业的行为有着种种限制;另一方面,它们也保护着企业的合理竞争与正当权利。因此,法律是企业经营必须考虑的一个重要因素。法律环境分析的主要内容如下。

(1)法律法规,特别是和企业经营密切相关的经济法律法规。

(2)国家司法、执法机关。

(3)企业的法律意识。企业的法律意识是法律观和法律思想的总称,是企业对法律制度的认识和评价。企业的法律意识,最终都会物化为一定性质的法律行为,并造成一定的行为后果,从而构成每个企业不得不面对的法律环境。

(4)国际法所规定的国际法律环境和目标国的国内法律环境,主要包括国际政治局势、国际关系、目标国的国内政治环境等。对于一个开放的国家来说,国际政治形势的影响是显而易见的。

2. 经济环境

企业是一个经济实体。现代的经济环境正在发生着巨大的变化,在制定经营战略之前,企业应对其所处的经济环境有一个非常清楚的了解和认识。企业的经济环境主要由经济体制、经济发展水平、社会经济结构、经济政策、社会购买力、消费者收入水平和支出模式、消费者储蓄和信贷等要素构成。

1) 企业经济环境的构成

(1)经济体制。经济体制是指国家经济的组织形式。经济体制规定了国家与企业、企业与企业、企业与各经济部门之间的关系,并通过一定的管理手段和方法,调控或影响社会经济流动的范围、内容和方式等。

(2)经济发展水平。经济发展水平是指一个国家经济发展的规模、速度和所达到的水平。反映一个国家经济发展水平常用的指标有国民生产总值、国民收入、人均国民收入、经济发展速度、经济增长状况等。

(3)社会经济结构。社会经济结构是指国民经济中不同经济成分、不同行业部门及社会再生产各个方面在组成国民经济整体时相互的适应性、量的比例和排列的关联状况。社会经济结构主要包括五个方面的内容,即产业结构、分配结构、交换结构、消费结构和技术结构,其中最重要的是产业结构。

(4)经济政策。经济政策是指国家、政党制定的一定时期内实现国家经济发展目标的战略和策略,它包括综合性的全国经济发展战略和行业政策、国民收入分配政策、价格政策、物资流通政策、金融货币政策、劳动工资政策、对外贸易政策等。

(5)社会购买力。社会购买力是指一定时期内社会各方面用于购买产品的货币支付能力。国民收入的使用主要由消费和储蓄两部分构成。其中,消费部分又分为个人消费和社会消费,前者形成居民购买力,后者形成社会集团购买力。市场规模归根结底取决于购买力的大小。调查社会购买力水平,要注意国家经济政策和分配政策带来的居民购买力变化,注意不同地区居民货币收入的变动情况。

(6)消费者收入水平和支出模式。消费者支出模式取决于消费者的收入水平。随着消费者人均收入的增长,消费者用于食品方面的支出比重会有所下降,而用于耐用消费品、服装、交通、教育、旅游、娱乐、卫生保健等方面的支出比重会上升。调查消费者支出模式,除要考虑消费者收入水平外,还要考虑不同国家和地区的生活习惯、价值观念,以及所处的家庭生命周期的阶段等因素。

(7)消费者储蓄和信贷。消费者储蓄,可以减少当前消费,增加未来消费。在一定时期内,消费者储蓄水平直接影响到消费者的本期货币支出和潜在购买力水平。所以,消费者储蓄的增减变动会引起市场需求规模和结构的变动,从而对企业的营销活动产生影响。消费者储蓄情况,受政策变动、利率变动、通货膨胀水平等因素的影响。

2)反映宏观经济运行状况的指标

宏观经济运行状况可通过一系列的指标来反映,如经济增长率、就业水平、物价水平、通货膨胀率、汇率、国际收支情况、利息率等。

(1)国民经济运行状况及其趋势。国民经济运行状况及其趋势是宏观经济环境的基础。一般来说,国民生产总值增长速度快,居民用于个人消费的支出会相应增加,从而提供了开辟新市场或开办新企业的机遇。反之,居民个人消费会有所减少,不利于企业的发展。企业主要应该了解国民经济目前处于什么阶段——是行业结构调整期、经济低速增长期,还是高速增长期,并具体分析有关的经济指标,如国民生产总值、国民收入、国家预算收入水平及其分配的状况等。

(2)利率(利息率)。一方面,利率直接影响企业的战略抉择。利率较低,有利于企业实施企业合并或兼并战略;利率较高,则不利于企业采用积极进取的增长战略。另一方面,利率还会直接影响企业的销售市场状况。例如,较低的长期利率对零售业十分有利,因为这意味着鼓励居民的短期消费;从消费角度讲,较高的长期利率对建筑业或汽车制造业有利,因为它鼓励居民购买长期耐用消费品。

(3)通货膨胀率。对大多数企业而言,通货膨胀是一个不利因素,因为它导致了企业经营的各种成本(如购买原料费用、劳务费用、工资等)相应增加。同时,长期的通货膨胀既会抑制企业的发展,又会促使政府采取放慢增长速度的紧缩政策,从而影响整个宏观经济环境。但对某些企业来说,较高的通货膨胀率也可能是一种机遇。

(4)汇率。汇率是一国货币购买力的表现形式。在国际市场上,它直接影响企业成本,并进而影响企业国际战略的制定。一般而言,如果本国货币购买力较高,那么企业倾向于购买外国的产品与原材料,或到国外投资,开办独资企业或合营企业;反之,如果本国货币购买力较低,则会降低企业到海外投资、贸易或开发新市场的热情。

另外,经济环境因素还包括居民收入(它可进一步细分为名义收入、实际收入、可支配收入及可随意支配收入等)、消费支出模式和生活费用、经济体制、金融制度等。

3. 社会文化环境

社会文化环境是指一个国家或地区的人们共同的价值观、生活方式、人口状况、文化传统、教育程度、风俗习惯、宗教信仰等,这些因素是人类在长期的生活和成长过程中逐渐形成的,人们总是自觉不自觉地接受这些准则作为行动的指南。社会文化环境对企业有着多方面的影响,其中有些是直接的,有些是间接的,最主要的是它能够极大地影响社会对产品的需求和消费。特别是外贸出口产品,如果对出口国家的社会文化环境了解得不深、不透,就会影响产品销路。

1) 价值观

价值观是指社会公众评价各种行为的观念标准。不同的国家和地区,其价值观是不同的。

2) 文化传统

文化传统是一个国家或地区在较长历史时期内所形成的一种社会习惯,它是影响企业经营活动的一个重要因素。文化传统对企业的影响是间接的、潜在的和持久的。文化的基本要素包括哲学、宗教、语言与文字、文学艺术等,它们共同构成文化系统,对企业文化有着重大影响。哲学是文化的核心部分,在整个文化中起着主导作用;宗教作为文化的一个侧面,在长期发展过程中与传统文化有着密切联系;语言与文字和文学艺术是文化的具体表现,是社会现实生活的反映,它对企业职工的心理、人生观、价值观、性格、道德及审美观的影响和导向作用不容忽视。

3) 社会发展趋向

近一二十年来,社会环境方面的变化日趋加快,这些变化打破了传统习惯,使人们开始重新审视自己的信仰、追求和生活方式,影响着人们的穿着款式、消费倾向、业余爱好,以及对产品与服务的需求,从而使企业面临着更严峻的挑战。现代社会发展的主要倾向之一,就是人们对物质生活的要求越来越高。一方面,人们已从重义轻利转向注重功利和实惠,有些人甚至走到唯利是图的地步,产品的更新换代日益加速,日益增长的物质需求为企业发展创造了外部条件;另一方面,随着物质水平的提高,人们正在产生更加强烈的社交、自尊、信仰、求知、审美、成就等高层次需求,人们希望从事能够发挥自己才能的工作,使自己的潜力得到充分的发挥。

4) 消费者心理

在当代物质丰富的条件下,人们购买商品不仅是要满足生理需求,更重要的是还要获得心理或精神上的享受。因此,企业在制定战略时,必须注意到消费者的心理因素,树立"创造市场、创造需求"的观念。

5) 社会各阶层对企业的期望

在这里,社会各阶层包括股东、董事会成员、原材料供应者、产品销售人员及其他与企业有关的阶层,这些阶层对企业的期望是不同的。例如:股东评价战略的标准主要是看投资回报率、股东权益增长率等;企业工作人员评价战略的标准主要是看工资收益、福利待遇及其工作环境的舒适程度等;消费者则主要关心企业产品的价格、质量、服务态度等;至于政府机构,它们评价企业的立足点主要是看企业经营活动是否符合国家的政策、法规和有关各项行政规章制度。

6) 人口因素

人口因素对企业战略的制定有重大影响。例如,人口总数直接影响着社会生产总规模;人口的地理分布影响着企业的厂址选择;人口的性别比例和年龄结构在一定程度上决定了社会需求结构,进而影响社会供给结构和企业生产结构;人口的教育文化水平直接影响着企业的人力资源状况;家庭户数及其结构的变化与耐用消费品的需求和变化趋势密切相关,因而也就影响到耐用消费品的生产规模等。

4. 科技环境

科技环境主要是指与本企业产品有关的科学技术的现有水平、发展趋势和发展速度。现代企业的发展在很大程度上也受到科学技术的影响,包括新材料、新设备、新工艺等物质化的硬技术,以及体现新技术、新管理的思想、方式、方法等信息化的软技术。科学技术的发展和应用,对于提高生产效率、降低成本、开发新产品和新技术有着十分重要的作用,它能为企业带来新的发展机会和生存空间。那些捷足先登的企业抓住机会,一跃而上,从此成为行业的领袖;而那些因循守旧、跟不上现代科技发展速度的企业,将在新一轮的竞争中被淘汰。

科学技术正在以前所未有的速度向前发展,企业要想发展而不被淘汰,就必须及时掌握科学技术发展的新动向,不失时机地使企业跟上时代前进的步伐。

5. 自然环境

自然环境主要指地理位置、气候条件和资源状况等自然因素,对组织尤其是对企业带来影响。我们常说的"天时"主要是指相关的国家政策,"地利"主要取决于地理位置、气候条件及资源状况等自然因素。相对于其他一般环境因素而言,自然环境是相对稳定的。

地理位置是制约组织活动,特别是企业经营的一个重要因素,当国家在经济发展的某个时期,对某些地区采取倾斜政策时尤其如此。如我国沿海地区的开放政策吸引了大批外资,促进了投资环境的改善,给这些地区的各类组织提供了充分的发展机会。此外,企业是否靠近原料产地或产品销售市场,也会影响到资源获取的难易和交通运输成本的高低等。对于任何组织来说,不仅要有效地利用、开发自然环境,而且还要很好地保护自然环境。

(二) 微观环境

微观环境主要指行业环境,又称作具体环境。行业环境分析的内容主要是本行业的企业竞争格局以及本行业与其他行业的关系。行业的结构及其竞争性决定了行业的竞争原则和企业可能采取的战略。

不同的组织有不同的微观环境,与宏观环境相比,微观环境对组织的影响更为直接和具体。因此,绝大多数组织也更为重视其微观环境。对于大多数组织而言,其微观环境主要包括资源供应者、服务对象、竞争对手、政府监管部门和社会特殊利益代表组织。

1. 资源供应者

一个组织的资源供应者是指向该组织提供资源的人或单位,这里所说的资源不仅包括设备、人力、原材料、资金等,也包括信息、技术和服务等。

对于大多数组织来说,金融部门、政府部门、股东是其主要的资金供应者,学校、劳动人事部门、各类人员培训机构、人才市场、职业介绍所是其主要的人力资源供应者,各新闻机构、情报信息中心、咨询服务机构、政府部门是其主要的信息供应者,大专院校、科研机构、发明家是其技术的主要源泉。

由于组织在其运转的每一个阶段中,都依赖于供应者的资源供应,一旦主要的资源供应者发生问题,就会导致整个组织运转的减缓或终止。因此,管理者一般都力图避免在不了解规则的情况下进行有关决策。为了避免使自己陷入困境,在战略上一般都努力寻求所需资源的稳定供应,并避免过分依赖于一两个资源供应者。

2. 服务对象

服务对象是指一个组织为其提供产品或劳务的人或单位,如企业的客户、商店的购买者、学校中的学生、医院的病人、图书馆的读者等,都可称其为相应组织的服务对象。

任何组织之所以能够存在,是因为有一部分需要该组织的产出的服务对象的存在。如果一个组织失去了其服务对象,该组织也就失去了其自身存在的基础。一个企业如果生产的产品无人问津,就必然走向破产;一个政党如不能为人民谋利益,公众就会抛弃它,这个政党也就会萎缩乃至消亡。

组织的服务对象是影响组织生存的主要因素,而任何一个组织的服务对象对于组织来说又是一个潜在的不确定的因素。服务对象的需求是多方面的且会经常改变,而要想成功地拥有服务对象,就必须满足服务对象的需求。为此,管理者就必须深入市场,分析服务对象的心理,掌握服务对象需求的变化,及时推出新产品、新服务,确保及时地向其服务对象提供满意的商品和优质的服务,这几乎成为当今各级组织管理者所面临的头等大事。

3. 竞争对手

一个组织的竞争对手是指与其争夺资源、服务对象的人或组织。任何组织都不可避免地会有一个或多个竞争对手。苹果公司的竞争对手有 IBM、华为、联想集团等,铁路运输有公路运输、水路运输、航空运输等与之竞争。

基于资源的竞争一般发生在许多组织都需要同一有限资源的时候,最常见的资源竞争是人才、资金和原材料的竞争。对经济资源的竞争可能来自于不同类型的组织,而当各组织竞争有限资源时,该资源的价格就会上涨。

基于服务对象的竞争一般发生在同一类型的组织之间,或许这些组织提供的产品或服务方式不同,但它们的服务对象是相同的,因此同样会发生竞争。如航空运输部门与铁路运输部门之间、铁路运输部门与公路运输部门之间,就可能为争夺货源和客源而展开竞争。

另外,竞争者之间也不仅仅只有竞争,在某种情况下,竞争者之间也会出现某种程度的联合。

4. 政府监管部门

政府监管部门是指从中央到地方各级政府中制定和实施影响组织经营活动的条规的特定监管机构。

为了保护公众利益不受企业行为的伤害或保护组织不受其他组织的伤害,政府会设置专门机构来监管组织的行为。在我国,最有影响力的监管机构有中华人民共和国生态环境部、中国证券监督管理委员会、中国银行保险监督管理委员会、国家市场监督管理总局、中华人民共和国应急管理部等。通常,这些机构有权审查组织的经营活动、设置标准、征收罚款,或采取其他强制性行动制裁那些违反条例法规的组织。

不仅企业要遵规守法,接受政府监管机构的监管,非营利组织也必须面对监管机构。例如,学校的收费就要接受地方政府教育主管部门和物价部门的监管。

5. 社会特殊利益代表组织

社会特殊利益代表组织是指代表着社会上某一部分人的特殊利益的群众组织。如妇联、工会、消费者协会、环境保护组织等,它们虽然没有政府部门那么大的权力,但同样可以对各类组织产生相当大的影响。它们可以直接向政府主管部门反映情况,通过各种宣传工具制造舆论,引起人们的广泛注意,从而对各类组织的经营管理活动产生影响。事实上,有些政府法规的颁布,部分是对某些社会特殊利益代表组织所提出的要求的回应。

综上可见，任何组织都不是孤立的。组织把环境作为自己收入的来源和输出的接受者，就必须遵守当地的法律，面对竞争做出反应。正因为如此，资源供应者、服务对象、政府监管部门、社会特殊利益代表组织等可以对某一个组织施加压力，而管理者必须对这些环境因素的影响做出适当的反应。

三、企业内部环境

企业内部环境是企业开展经营活动的基础，对企业的战略决策及经营绩效具有重要意义。企业内部环境分析的基本内容如下。

（一）经营的各种营运范畴

企业的经营活动是由一系列具有特定功能的运营活动或领域构成的，通过对这些运营功能的分析，就可以挖掘出本企业的竞争优势，并发现隐患。企业的运营范畴主要包括市场营销、研发管理、生产与作业管理、财务与会计管理、人力资源管理等。

（二）企业制度与组织结构

企业制度、组织结构、领导方式等因素是影响企业经营成果的重要因素，科学、有效的结构与体制本身就是企业的竞争优势，结构与体制的僵化与落后，就是企业的最大隐患。

（三）企业的文化因素

企业的文化是一个企业区别于其他企业的重要特质之一，对经营活动具有很大的影响，构成了企业经营的重要内部环境，主要包括企业精神、士气、人际关系、凝聚力与向心力等。

四、企业经营环境的分析方法

（一）PEST 分析法

PEST 分析法用于对企业外部宏观环境的分析。企业外部宏观环境分析的主要内容是政治法律环境（political）、经济环境（economic）、社会文化环境（social & cultural）和技术环境（technological）等的分析。PEST 分析法如图 8-2 所示。

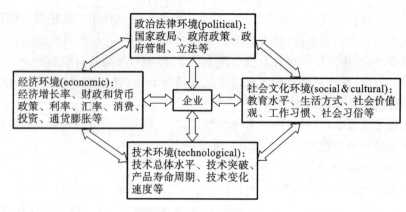

图 8-2　PEST 分析法

（二）波特五力模型

波特五力模型主要用于对行业竞争态势的分析，由美国哈佛大学的著名战略学家迈克尔·

波特教授提出。按照波特教授的观点,一个行业中的竞争远不只限于在原有竞争对手之间进行,而是存在着五种基本的竞争力量,即新加入者的威胁、现有企业的竞争、替代品的威胁、供应商的讨价还价能力和买方的讨价还价能力。这五种竞争力量之间相互影响,相互制约,形成了行业中的竞争结构,如图 8-3 所示。通过对行业竞争结构的分析,可以了解本企业在行业中所处的竞争地位、所具有的竞争优劣势等,以便企业制定出战胜各种竞争力量的基本对策。

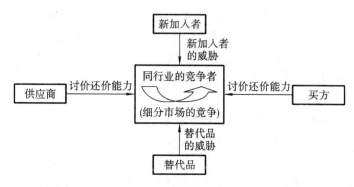

图 8-3　波特五力模型

(三) 价值链分析

价值链分析是分析企业内部经营环境的重要方法。价值链分析是建立在企业的经营是为顾客创造价值的理念基础上的,企业的一切生产经营活动都是为顾客创造价值,同时也为企业创造利润。要提高经营效率与效益,就要在每个经营环节上千方百计地增加价值。

价值链也称增值链,是指企业创造价值的一系列经营活动所组成的链条。波特将价值活动分为两大类:一是基本活动,主要有采购、生产、储运、营销、服务等功能或活动,是对创造价值直接做出贡献的活动;二是支援活动,主要有技术开发、人力资源管理、财务等功能或活动,是为创造价值做出间接贡献的活动。

价值链分析就是对上述企业各种经营活动(含基本活动与支援活动)领域与环节进行深入的分析。一方面可以对每一项价值活动进行分析,另一方面是对各项价值活动之间的联系进行分析,通过分析找出优势与劣势,提高创造价值的能力。

(四) SWOT 分析法

1. 含义

SWOT 分析法,又称 TOWS 分析法、道斯矩阵,就是系统地确认企业面临的优势(strength)和劣势(weakness)、机会(opportunity)和威胁(threat),并据此提出企业战略的一种有效方法,是最常用的内外部环境综合分析方法。

2. 内容

利用 SWOT 分析法可以进行自我诊断,从而识别机会、规避风险,并明确以后的发展方向。从整体上看,SWOT 分析法可以分为两部分:第一部分为 SW,主要用来分析内部条件;第二部分为 OT,主要用来分析外部条件。

SWOT 分析法分为组合分析和综合分析两类。

1) 组合分析

(1)优势与机会组合(SO)。这种组合是指组织利用自身的资源条件优势去赢得外部环境中的多种发展机会。

(2)优势与威胁组合(ST)。这种组合是指组织利用自身的资源条件优势去应对和化解外部环境中的威胁和不利变化,这是必须面对的决策,应发挥优势去减少威胁。

(3)劣势与机会组合(WO)。外部环境有某种发展机会,但组织内部条件不足,这样就难以把握机会。这种组合是用数学方法排列出来的。面对这种组合,必须努力创造条件去抓住机会,使劣势趋于最小,使机会趋于最大。但是如果经济负担过重,应放弃相应的机会。

(4)劣势与威胁组合(WT)。这是最不利的组合,可谓是雪上加霜,任何组织都应尽可能避免这种状态。如果一旦面对这种情形,应尽可能降低损失。

2) 综合分析

SWOT 的组合分析(见表 8-1)是依据数学元素的可分原则进行的,但实际情况是十分复杂的,机会、威胁、优势、劣势是交织在一起的,而解决问题的方法也是综合平衡的、利弊分摊的、双赢的,即以 S+W 对 O、以 S+W 对 T、以 S+W 对 O+T 的方法。SWOT 分析矩阵只不过是为我们明确列举机会、威胁、优势、劣势提供了一种图表式方法,重点不应该只停留在图表上,而应该在内外部环境变化信息的收集、分析判断的准确性和实施行动上。

表 8-1　SWOT 分析矩阵

外部环境 \ 内部环境	优势 (strength)	劣势 (weakness)
机会 (opportunity)	SO 战略 利用优势,抓住机会	WO 战略 利用机会,克服劣势
威胁 (threat)	ST 战略 利用优势,减少威胁	WT 战略 将劣势、威胁最小化

"菁菁校园"的未来

"菁菁校园"是一所新型的私立学校,专门为大学生、高中生提供暑期另类课程,如登山、探险、航海等集体项目的专业培训,以及为在职人员提供团队合作课程培训。该学校的创办人刘岩是一个成功的企业家,他酷爱登山,并坚信这是一项锻炼个人品质,同时学习集体协作精神的完美运动。

在刘岩看来,这个学校是一个非营利性的企业,但是无论如何得自己维持自己的运转。因为如果没有充裕的资金,学校就不可能发展。学校开办以来,学生的数量逐年增多。学校的课程主要分为两类:一类是普通课程,一类是特殊课程。普通课程是学校的起家项目,针对大中学生的集体训练开设。每年暑假,总是有大批学生报名参加登山、探险等充满新鲜感的这类项目。虽然这部分的收入占了整个学校全部营业收入的 70%,但是这类项目并不赢利。特殊课程是应一些大公司的要求,专门为此公司开办的短期团队合作培训。这类课程是最近才设立的,深受各大公司经理们的欢迎,在非正式的反馈中,他们都认为在这些课程里获益很多,他们所属的公司也愿意继续扩大与菁菁校园的合作。同时,这类课程为学校带来了丰厚的利润。但是,在开设特殊课程的时候,刘岩和他的好友们也有疑虑:这种课程的商业化倾向非常重,如果过分扩张,可能会破坏"菁菁校园"的形象。另外,特殊课程的学员多是中高级经理,他们的时间非常少,所以,如果课程一旦设立下来,就不能改动,因此总是会遇到与普通课程冲突的问题。

在学校成立初期,刘岩并没有特别关注管理问题,他觉得管理学校很简单:每年暑假开始,学校就招生开课,到暑假结束就关门。但是随着学校知名度的提高和注册学生的不断增多,学校变得日益庞大复杂,管理问题和财政状况开始受到关注。最明显的是学校暑期过于繁忙,设施不足,而淡季则设备、人员闲置。他还发现无法找到足够的技术熟练、经验丰富的从事短期工作的指导老师,但是要常年聘请他们花销实在太大。与此同时,在社会上出现了相似的竞争者,学校面临内外两方面的评估和战略方向的重新确定。

在这种情况下,你认为"菁菁校园"的未来在哪里?

思考题:
1. 用 SWOT 分析法分析"菁菁校园"的经营环境。
2. 你认为"菁菁校园"的运营管理应如何改进?

思考练习

一、单项选择题

1. 下列哪项不是信息完全性的要求( )。
   A. 尽可能详细   B. 尽可能简洁
   C. 在详细和简洁间找到一种平衡   D. 信息提供得越多越好
2. 通过寻找物证、人证来验证信息的可靠程度的方法是( )。
   A. 查证法   B. 比较法   C. 佐证法   D. 逻辑法
3. ( )是对及时信息的首要要求。
   A. 例外报告   B. 时间敏感性
   C. 频繁性   D. 系统性
4. ( )是信息管理工作的第一步,是做好信息管理工作的基础与前提。
   A. 信息的采集   B. 信息的传播
   C. 信息的利用   D. 信息的储存
5. 旨在解决信息的可靠性问题的信息加工过程是( )。
   A. 鉴别   B. 筛选   C. 激活   D. 传播
6. 旨在解决信息的适用性问题的信息加工过程是( )。
   A. 鉴别   B. 筛选   C. 激活   D. 传播
7. 下列属于经济环境的是( )。
   A. 科技发展水平   B. 社会经济结构   C. 法律   D. 科技体制
8. 下列属于一般环境的是( )。
   A. 供应商   B. 替代品威胁   C. 组织管理状况   D. 政治环境
9. 下列属于组织内部环境的是( )。
   A. 供应商   B. 替代品威胁   C. 组织管理状况   D. 政治环境
10. 下列不属于宏观环境的是( )。

A. 政治环境　　　　　　　　　　B. 经济环境
C. 科技环境　　　　　　　　　　D. 供应商

11. 对于外部有众多机会，内部有强大优势的组织，宜采用（　　）。
A. 发展型战略
B. 采取措施扭转内部劣势
C. 采用多角化战略寻找新的机会
D. 设法避开威胁，消除内部劣势

12. 对于外部有威胁，但内部有优势的组织，宜采用（　　）。
A. 发展型战略
B. 采取措施扭转内部劣势
C. 采用多角化战略寻找新的机会
D. 设法避开威胁，消除内部劣势

13. 对于外部有机会，但内部条件不佳的组织，应采用（　　）。
A. 发展型战略
B. 采取措施扭转内部劣势
C. 采用多角化战略寻找新的机会
D. 设法避开威胁，消除内部劣势

14. 下列属于自然环境的是（　　）。
A. 人口规模　　B. 人口结构　　C. 地理位置状况　　D. 社会风气

15. 外部环境主要由一般环境与（　　）构成。
A. 宏观环境　　B. 特殊环境　　C. 组织文化　　D. 组织结构

16. 下列属于社会环境的是（　　）。
A. 科技体制　　B. 人口结构　　C. 社会经济结构　　D. 生态环境

二、多项选择题

1. 宏观环境包括（　　）。
A. 政治环境　　B. 管制机构　　C. 法律环境　　D. 科技环境

2. 微观环境包括（　　）。
A. 政治环境　　B. 管制机构　　C. 战略联盟伙伴　　D. 供应商

3. 组织内部环境包括（　　）。
A. 战略联盟伙伴　　B. 组织管理状况　　C. 顾客　　D. 组织资源

4. 下列关于环境分析的说法正确的是（　　）。
A. PEST分析法一般用于分析宏观环境
B. 波特五力模型一般用于分析产业环境或者任务环境
C. SWOT分析法一般用于分析企业内外部战略环境、制定企业战略
D. 企业经营环境分析的目的是发现经营机会、规避经营风险

5. 下列哪些属于组织所面临的任务环境？（　　）
A. 竞争对手　　B. 顾客　　C. 技术因素　　D. 经济因素

三、简答题
1. 信息管理工作包括哪些方面？
2. 信息获取的途径有哪些？
3. 管理的一般环境与具体环境包括哪些因素？
4. 环境对管理实践有何影响？
5. 简述 SWOT 分析法。

模块五
决策能力

GUANLI JICHU
YU SHIWU

囚徒困境

假设有两个小偷 A 和 B 联合犯事,私闯民宅行窃被警察抓住。警方将两人分别置于不同的两个房间内进行审讯,对每一个犯罪嫌疑人,警方给出的政策是:如果一个犯罪嫌疑人坦白了罪行,交出了赃物,于是证据确凿,两人都被判有罪;如果另一个犯罪嫌疑人也做了坦白,则两人各被判刑八年;如果另一个犯罪嫌疑人没有坦白而是抵赖,则以妨害公务罪(因已有证据表明其有罪)再加刑两年,而坦白者有功被减刑八年,立即释放;如果两人都抵赖,则警方因证据不足不能判两人的偷窃罪,将以私闯民宅的罪名将两人各判入狱一年。你认为两人最终的选择会是什么?

1. 知识目标

通过本模块的学习,学生能够了解决策的含义与类型,理解科学决策的原则和基本方法,掌握决策的实施步骤、头脑风暴法和决策树法。

2. 能力目标

通过本模块的学习训练,学生会初步应用各种决策方法解决实际的决策问题。

3. 素质目标

通过本模块的学习训练,重点培养学生的分析判断能力,养成科学决策的习惯。

项目九 决策过程认知能力

训练 01:通过情境模拟,对企业进行决策。

企业经营方向决策

一、时间:35 分钟(课内时间 35 分钟,课外准备时间自定)。

二、活动目的:在模拟公司创建的基础上,通过个体创新思维和团队决策,让学生确定好各自企业经营的方向,使学生掌握实施企业决策前需要具备的条件、决策的基本步骤;培养学生的创新思维能力、综合分析能力、团队协作能力和语言表达能力等。

三、活动地点:教室。

四、参与人数:按照模拟公司创建分组,1 个教学班分成 12 组,每间公司 6~8 人。

五、活动所需资源:多媒体设备,主持人 1 名,后勤工作人员若干。

六、操作程序:

(一)课前准备

1. 教师在授课之前提前通知学生做好准备,提高学生学习兴趣与积极性;教师选定本次模拟活动的主持人和后勤工作人员,主持人和后勤工作人员也需要参与公司组建。

2. 确定经营对象为学校师生。
3. 开展市场调查并进行市场分析。
4. 拟订备选方案并决策。
5. 制作相应PPT课件辅助企业经营决策发言。

(二) 课堂现场展现决策过程

1. 活动开始前,后勤工作人员负责活动现场的布置,主持人准备好主持词。
2. 各组代表上台发言介绍所创建的模拟公司的经营方向,后勤工作人员组织各组抽签确定活动上场顺序。(约30分钟,每个模拟公司必须确保用时为3~5分钟,不得过于简单,也不能花费太多时间。)
3. 各小组自评分、互评分。
4. 教师评分及总结点评。

(三) 课后总结

各组将开展的市场调查及市场分析、确定的决策目标、拟订的备选方案、选择的最终方案、制订的实施计划等形成文字性材料,上交至教师,留作后续深入学习所用。

训练问题:

1. 哪些企业经营活动是决策?
2. 实施决策应具备哪些条件?
3. 企业决策的基本步骤?

训练02: 通过案例分析,认识决策过程。

时间:10分钟。

肖强在上海一家大型医药公司担任信息员,工资为15 000元/月。该医药公司的信息主管将在一年后退休,信息主管的工资为30 000元/月。肖强很想担任信息主管这一职务,他自信也有能力做好此工作。

肖强的父亲肖明自己经营一家药店,因为年龄大了不得不退休,肖明雇用了一名刚毕业的药剂师临时经营药店,店里的其他工作继续由肖强的母亲负责。肖强的父亲想让肖强回来经营药店。并且因为附近的城市开发,药店所在地的人口增加,药店发展和扩大的可能性很大。

肖强和父母亲讨论后,得知药店的毛利润为50 000元/月,肖明退休前,他们夫妇需提支的工资合计为25 000元/月,药店经营费用为15 000元/月,税前利润为10 000元/月。自肖明退休以来,从药店得到的利润和以前基本一样,他付给药剂师的工资为13 000元/月,肖强母亲工资为12 000元/月,肖明不再提支工资。

如果肖强决定继承药店,则肖强的母亲也决定退休。肖明决定按肖强现在的工资付给他15 000元/月。他还打算,开始时,把药店经营所得利润的25%作为肖强的分红,一年后增加到50%。因为肖强母亲的退休,必须雇用一个非全日制工作的办事员帮助肖强经营药店,他估计得支付5000元/月。肖明已知有人要出2 500 000元买他的店,这笔款项的大部分,肖强将来是要继承的。对肖明夫妇来说,他们的经济状况并不需要过多地使用这笔资产来养老送终。

训练问题:

1. 肖强的决策目标是什么?
2. 对肖强来说,有哪些行动方案可供选择?

3. 你认为肖强应该采用哪种方案？

一、决策的含义及作用

（一）含义

决策是为了达到一定的目标，从两个或两个以上的可行方案中选择一个合理方案的分析判断过程。

（二）作用

决策的正确与否，决定着组织行为的成败。正确的决策，能指导组织沿着正确的方向、合理的路线前进；错误的决策，就会使组织走上错误的道路，可能导致组织的失败、消亡。

二、决策的类型

（一）按决策的重要程度分类

1. 战略决策

战略决策是指有关企业的发展方向的重大全局决策，由高层管理人员做出。它是组织中最重要的决策，涉及组织的发展方向和前景规划。它对组织的影响较为深远，实施时间相对较长，需要解决的问题复杂，对决策者的洞察力和判断力有很高的要求。

2. 管理决策

管理决策是指在战略决策的前提下，在组织内部有关战略决策的贯彻和执行的决策，由中层管理人员做出，旨在实现组织内部各环节、各活动的高度协调和资源的合理配置，以提高经济效益和管理效能。虽然管理决策不直接决定组织的命运，但其正确与否会影响组织战略目标的实现与否和工作效率的高低。

3. 业务决策

业务决策是指基层管理人员为解决日常工作和作业任务中的问题所做的决策，大部分属于影响范围较小的局部性、常规性、技术性的决策。管理决策和业务决策又统称为战术决策。

（二）按决策的重复程度分类

1. 程序化决策

程序化决策是指那些经常重复出现，有一定结构，可以通过一定的程序，运用一定的规则和标准进行的决策。

2. 非程序化决策

非程序化决策是指那些尚未发生过，不容易重复出现，结构不清晰的决策。这类决策具有很大的偶然性和随机性，缺乏现成的解决办法，主要依据决策者的经验和创造性。

（三）按决策的可靠程度分类

1. 确定型决策

确定型决策是决策者在对未来可能发生的情况十分清楚和完全确定的条件下所做出的

决策。

确定型决策具备以下四个条件。

(1) 存在着决策者希望达到的一个明确目标。
(2) 只存在一个确定的自然状态。
(3) 存在着可供选择的两个或两个以上的行动方案。
(4) 不同的行动方案在确定状态下的损失或利益值可以计算出来。

2. 风险型决策

风险型决策是指决策者对决策对象的自然状态和客观条件比较清楚,也有比较明确的决策目标,但是实现决策目标必须冒一定的风险。

风险型决策具备如下五个条件。

(1) 具有一个决策者希望达到的明确目标(收益较大或损失较小)。
(2) 存在着两个以上的行动方案可供决策者选择。
(3) 存在着两个或两个以上的不以决策者主观意志为转移的自然状态。
(4) 不同的行动方案在不同自然状态下的益损值可以计算出来。
(5) 在几种不同的自然状态中,未来究竟会出现哪种自然状态,决策者不能肯定,但是各种自然状态出现的可能性,决策者可以估计或计算出来。

3. 不确定型决策

不确定型决策是指决策人无法确定未来各种自然状态发生的概率的决策。

(四) 按决策目标与所用方法分类

1. 定性决策

定性决策是指在决策中主要依靠决策者或有关专家的智慧来进行的决策。这种定性决策方法适用于受社会、经济、政治等非计量因素影响较大,所含因素错综复杂,涉及社会心理因素较多及难以用准确数量表示的综合性问题。

2. 定量决策

定量决策方法常用于数量化决策,应用数学模型和公式来解决一些决策问题,即运用数学工具,建立反映各种因素及其关系的数学模型,并通过对这种数学模型的计算和求解,选择出最佳的决策方案。对决策问题进行定量分析,可以提高常规决策的时效性和决策的准确性。运用定量决策方法进行决策是决策方法科学化的重要标志。

(五) 按决策是一次性拟定还是随时间推移多次拟定分类

1. 初始决策

初始决策是指组织对未从事的活动或新的活动所进行的决策。

2. 跟踪决策

跟踪决策是指随着初始决策的实施,在组织环境发生变化的情况下所进行的决策。

三、决策的原则

决策遵循的是满意原则,而不是最优原则。对决策者来说,要想使决策达到最优,必须具备以下条件,缺一不可:容易获得与决策有关的全部信息;真实了解全部信息的价值所在,并据此拟订出所有可能的方案;准确预测每个方案在未来的执行结果。

但现实中,上述这些条件往往得不到满足。具体来说原因有:组织内外的很多因素都会对组织的运行产生不同程度的影响,但决策者很难收集到反映这些因素的一切信息;对于收集到的有限信息,决策者的利用能力也是有限的,从而决策者只能拟订数量有限的方案;任何方案都要在未来实施,而未来是不确定的,人们对未来的认识和影响十分有限,从而决策时所预测的未来状况可能与实际的未来状况不一致。

现实中的上述状况决定了决策者难以做出最优决策,只能做出相对满意的决策。

农夫和驴

一位农夫和他的孙子到离村十二里地的城镇去赶集。开始时老农骑着驴,孙子跟在驴后面走。没走多远,就碰到一位年轻的母亲,她指责农夫虐待他的孙子。农夫不好意思地下了驴,让给孙子骑。走了一公里,他们遇到一位老和尚,老和尚见年轻人骑着驴,而让老者走路,就骂年轻人不孝顺。孙子马上跳下驴,看着他爷爷。两人决定谁也不骑。两人又走了四里地,碰到一位学者,学者见两人放着驴不骑,走得气喘吁吁的,就笑话他们放着驴不骑,自找苦吃。农夫听学者这么说,就把孙子托上驴,自己也翻身上驴。两人一起骑着驴又走了三里地,碰到了一位外国人,这位外国人见他们两人合骑一头驴,就指责他们虐待牲口!

问题:你若是那位农夫,你会怎么做?

四、决策步骤

决策者要做出正确的决策,必须遵循正确的决策程序。决策程序应包括以下六个步骤。

(一)确定决策目标

只有明确了决策目标,才能避免决策的失误。所以,确定决策目标是决策的首要环节。根据决策目标在决策中的地位和重要程序,一般将决策目标分为三类,即必须达到的目标、希望完成的目标和不予重视的目标。

(二)拟订备选方案

(1)分析和研究目标实现的外部环境和内部环境、积极因素和消极因素,以及决策对象未来的运动趋势和发展状况。

(2)在此基础上,将外部环境和内部环境的各种有利或不利条件,同决策对象未来趋势和发展状况的各种估计进行排列组合,拟订出适量的实现目标的方案。

(3)将这些方案同目标要求进行粗略的分析对比,从中选择出若干个利多弊少的可行方案,供进一步评估和抉择。由于所拟订的方案是为了实现相同的目标,相互之间必然存在一定程度的互补性,存在着利于或不利于目标实现的因素,因此,在决策过程中,往往是对众多方案进行取长补短的重新组合,形成两个以上新的备选方案。

(三)评价备选方案

备选方案拟订以后,随之便是对备选方案进行评价,评价标准是看哪一个方案最有利于达到决策目标。评价的步骤一般分为三步:

(1)看备选方案是否满足必须达到的目标要求;
(2)按期望完成的目标要求,对保留下来的方案进行评估;
(3)按方案在必须完成的目标和希望完成的方案的评估中的满意程序,对各方案进行全面权衡,从中选择出最满意的方案。

(四)选择方案

选择方案就是对各种备选方案进行总体权衡后,由组织决策者挑选一个最好的方案。方案的选择方式,依决策事务重要程度的不同而有所不同。重要的决策方案,首先要将方案印发给有关人员,准备意见;其次是召开会议,由专家小组报告方案评估过程和结论;最后是决策者集体进行充分的讨论,选择出满意的方案。

(五)实施方案,形成计划

选定方案后,就要将其予以实施。在实施方案的过程中,还需要做出许多后续的相关决策,拟定行动计划。尽管很多决策者做出了方案,但是他们通常没有切实地去实施这些决策,这和不做决策没有什么区别。因此,为了保证一项决策能够得到贯彻实施,相关管理者必须做出必要措施来保证方案的实施。

(六)从反馈中吸取经验与教训

决策过程的最后一个步骤就是从反馈中学习。有效的管理者总是善于对过去的成功或者失败进行反思,并从中吸取经验与教训。管理者必须建立起一种从过去决策的结果中进行学习的正式程序。这种程序一般包括以下几个步骤:
(1)将实施一项决策后的实际结果与期望结果进行比较;
(2)分析为什么有些决策期望落空了;
(3)从中总结出有助于未来决策的指导方针。

项目十 决策方法运用能力

训练03:通过案例分析,对决策方法进行认知。

阿斯旺水坝的灾难

规模在世界上数得着的埃及阿斯旺水坝,在20世纪70年代初竣工了。从表面上看,这座水坝给埃及人带来了廉价的电力,控制了水旱灾害,灌溉了农田。然而,实际上它却破坏了尼罗河流域的生态平衡,造成了一系列灾难:由于尼罗河的泥沙和有机质沉积到水库底部,尼罗河两岸的绿洲失去了肥源——几亿吨淤泥,土壤日益盐碱化;由于尼罗河河口供沙不足,河口三角洲平原内陆收缩,使工厂、港口、国防工事有跌入地中海的危险;由于缺乏来自陆地的盐分和有机物,沙丁鱼的年收获量减少1.8万吨;由于大坝阻隔,尼罗河下游的活水变成相对静止的"湖泊",使血吸虫病流行。埃及造此大坝所带来的灾难性后果,使人们深深地感叹:一失足成千古恨!

训练问题:
1. 阿斯旺水坝的决策为什么会产生这样严重的后果?
2. 在做决策的过程中,有什么方法可以避免阿斯旺水坝灾害?
3. 进行决策有哪些可以利用的方法?

为了保证影响组织未来生存和发展的管理决策尽可能正确,必须采用科学的方法。决策方法可以分为两类:一类是关于组织活动方向和内容的决策方法,另一类是在既定的方向下从事一定活动的不同方案选择的方法。由于管理决策方法主要是在研究企业经营决策的过程中不断发展起来的,因此,下面主要介绍企业经营决策中常见的几种方法。

一、定性决策法

定性决策法是指凭决策者的知识、经验、智慧和能力,根据客观条件和掌握的信息做出决策的方法。这种决策方法简便、灵活、省时、省力,最适用于受社会因素影响大、所含因素错综复杂的战略决策。这种方法的不足是严格论证较差,易受主观因素的影响。本书重点介绍德尔菲法和头脑风暴法两种定性决策法。

(一)德尔菲法(专家预测法)

德尔菲是古希腊城名,相传城中阿波罗圣殿能预卜未来,因此命名。德尔菲法是20世纪40年代美国兰德公司的专家为避免集体讨论存在的屈从于权威或盲目服从多数的缺陷而提出的一种定性预测方法。为消除成员间的相互影响,参加的专家们可以互不了解,采用匿名方式反复多次征询意见和进行背靠背的交流,以充分发挥专家们的智慧、知识和经验,最后汇总得出一个能比较反映群体意见的预测结果。

德尔菲法的一般工作程序如下。

(1)确定调查目的,拟订调查提纲。首先必须确定目标,拟订出要求专家回答问题的详细提纲,并同时向专家提供有关背景材料,包括预测目的、期限、调查表填写方法及其他希望要求等说明。

(2)选择专家。选择一批熟悉本问题的专家,一般至少为20人,包括理论和实践等各方面的专家。

(3)发出专家调查表。以通信方式向各位选定的专家发出调查表,征询意见。

(4)回收调查表,反复循环。对返回的意见进行归纳综合、定量统计分析后再寄给有关专家,如此反复,经过三四轮意见比较集中后进行数据处理并综合得出结果。每一轮时间为七至十天,总共约一个月即可得到大致结果。时间过短,因专家很忙,难以反馈;时间过长,则外界干扰因素增多,影响结果的客观性。

这种方法的优点主要是简便易行,具有一定的科学性和实用性,可以避免会议讨论时产生的因害怕权威而随声附和,或固执己见,或因顾虑情面不愿与他人意见冲突等弊病;同时也可使大家发表的意见较快集中,参加者也易接受结论,具有一定程度综合意见的客观性。但其缺点是专家们一般时间很紧,回答往往比较草率,而预测主要依靠专家,因此归根到底仍属专家们的集体主观判断。此外,选择合适的专家也较困难,征询意见的时间较长,对于需要快速判断的预测难以使用等。尽管如此,本方法因简便可靠,仍是一种常用的定性预测方法。

(二) 头脑风暴法

在群体决策中,群体成员心理相互影响,易屈于权威或大多数人的意见,形成所谓的群体思维。群体思维削弱了群体的批判精神和创造力,损害了决策的质量。为了保证群体决策的创造性、提高决策质量,管理上发展了一系列改善群体决策的方法,头脑风暴法是较为典型的一种方法。

头脑风暴法(brain storming),又称智力激励法、BS 法。它是由美国创造学家 A. F. 奥斯本于 1939 年首次提出、1953 年正式发布的一种激发创造性思维的方法。它是一种通过小型会议的组织形式,让所有参加者在自由愉快、畅所欲言的气氛中,自由交换想法或点子,并以此激发与会者创意及灵感,使各种设想在相互碰撞中激起脑海的创造性"风暴"的方法。它适合解决那些比较简单、严格确定的问题,比如产品名称、广告口号、销售方法、产品的多样化研究等,以及需要大量的构思、创意的行业,如广告业。

头脑风暴法的操作程序如下。

1. 准备阶段

策划与设计的负责人应事先对所议问题进行一定的研究,弄清问题的实质,找到问题的关键,设定解决问题所要达到的目标;同时选定参加会议人员,一般以 5~10 人为宜,不宜太多;然后将会议的时间、地点、所要解决的问题、可供参考的资料和设想、需要达到的目标等事宜一并提前通知与会人员,让大家做好充分的准备。

2. 热身阶段

这个阶段的目的是创造一种自由、宽松、祥和的氛围,使大家得以放松,进入一种无拘无束的状态。主持人宣布开会后,先说明会议的规则,然后随便谈点有趣的话题或问题,让大家的思维处于轻松、活跃的状态。

3. 明确问题

主持人扼要地介绍有待解决的问题。介绍时须简洁、明确,不可过分周全,否则,过多的信息会限制人的思维,干扰思维的创新力和想象力。

4. 重新表述问题

经过一段时间的讨论后,大家对问题已经有了较深程度的理解。这时,为了使大家对问题的表述能够具有新角度、新思维,主持人或记录员要记录大家的发言,并对发言记录进行整理。通过记录的整理和归纳,找出富有创意的见解,以及具有启发性的表述,供下一步畅谈时参考。

5. 畅谈阶段

畅谈阶段是头脑风暴法的创意阶段。为了使大家能够畅所欲言,需要制订的规则是:第一,不要私下交谈,以免分散注意力;第二,不妨碍及评论他人发言,每人只谈自己的想法;第三,发表见解时要简单明了,一次发言只谈一种见解。主持人首先要向大家宣布这些规则,随后引导大家自由发言、自由想象、自由发挥,使彼此相互启发、相互补充,真正做到知无不言、言无不尽、畅所欲言,然后对会议发言记录进行整理。

6. 筛选阶段

会议结束后的一两天内,主持人应向与会者了解大家在会后的新想法和新思路,以此补充会议记录;然后将大家的想法整理成若干方案,再根据 CI 设计的一般标准,诸如可识别性、创新性、可实施性等进行筛选;经过多次反复比较和优中择优,最后确定1~3个最佳方案。这些最佳方案往往是多种创意的优势组合,是大家集体智慧综合作用的结果。

实践经验表明,头脑风暴法可以排除折中方案,对所讨论问题通过客观、连续的分析,找到一组切实可行的方案,因而头脑风暴法在军事决策和民用决策中得到了较广泛的应用。例如,在美国国防部制定长远科技规划时,曾邀请五十名专家采取头脑风暴法开了两周会议,参加者的任务是对事先提出的长远规划提出异议。通过讨论,得到了一个使原规划文件协调一致的报告。在原规划文件中,只有25%~30%的意见得到保留。由此可以看到头脑风暴法的价值。

坐飞机扫雪

有一年,美国北方格外寒冷,大雪纷飞,电线上积满冰雪,大跨度的电线经常被积雪压断,严重影响通信。过去,许多人试图解决这一问题,但都未能如愿。后来,电信公司经理应用奥斯本发明的头脑风暴法,尝试解决这一难题。他召开了一种能让头脑卷起风暴的座谈会,参加会议的是不同专业的技术人员,要求他们必须遵守以下原则:第一,自由思考,即要求与会者尽可能解放思想,无拘无束地思考问题并畅所欲言,不必顾忌自己的想法或说法是否"离经叛道"或"荒唐可笑";第二,延迟判断,即要求与会者在会上不要对他人的设想品头论足,不要发表"这个主意好极了""这种想法太离谱了"之类的"棒杀句"或"扼杀句",至于对设想的评判,留在会后组织专人考虑;第三,以量求质,即鼓励与会者尽可能多而广地提出设想,以大量的设想来保证质量较高的设想存在;第四,结合改善,即鼓励与会者积极进行智力互补,在增加自己提出设想的同时,主要思考如何把两个或更多的设想结合成一个更完善的设想。按照这种会议规则,大家七嘴八舌议论开来。有人提出设计一种专用的电线清雪机,有人想到用电热来融化冰雪,也有人建议用震荡技术来清除积雪,还有人提出能否带上几把大扫把,乘直升机去扫电线上的积雪。对于这种"坐飞机扫雪"的设想,大家尽管觉得滑稽可笑,但在会上也无人提出批评。有一名工程师在百思不得其解时,听到用飞机扫雪的想法后,脑中突发灵感,一种简单可行且高效率的清雪方法冒了出来。他想,每当大雪过后,出动直升机沿积雪严重的电线飞行,依靠高速旋转的螺旋桨即可将电线上的积雪迅速扇落。他马上提出"用直升机扇雪"的新设想,顿时又引起其他与会者的联想,有关用飞机除雪的主意一下子又多了七八条。不到一个小时,与会的十名技术人员共提出九十多条新设想。会后,公司组织专家对设想进行分类论证。专家们认为设计专用清雪机、采用电热或电磁振荡等方法清除电线上的积雪,在技术上虽然可行,但研制费用高,周期长,一时难以见效。那种因"坐飞机扫雪"激发出来的几种设想,倒是一种大胆的新方案,如果可行,将是一种既简单又高效的好办法。经过现场试验,发现用直升机扇雪真能奏效,一个久悬未决的难题终于在头脑风暴会中得到了巧妙解决。

(三) 对演法

对演法也称"逆头脑风暴法"。头脑风暴法提倡高度自由联想,禁止批评。对演法靠相互批评来激发创造性。对演法是一种进行理性决策的快速方法,在竞争型决策中尤为重要。企业管理者可以通过设置指定人员使用该功能,实现集中公司管理人员、专业技术人员、一线市场人员,以及公司外部专家、学者的智慧,以对公司重要项目进行批判性的决策讨论;可以通过此功能加强管理人员之间的项目决策信息沟通,甚至可以通过这种决策交流机会的授权,实现管理人员的权利控制。这个方法的意义就在于利用集体智慧,对企业的重要决策进行批判,批不倒的决策方案才能为企业所执行。

对演法的操作程序如下。

(1)分组制定目的方案。

(2)辩论。通过唱对台戏的方法进行辩论,攻其所短,充分揭露矛盾。也可拿出一个方案,人为设置对立面去批评、挑剔、反驳,以使一些潜在的危险性问题得到较充分、彻底的揭露,使新见解更加成熟、完善。

二、定量决策法

确定了活动方向和目标以后,还应对可以朝着同一方向迈进的不同活动方案进行选择。选择是以比较为前提的,比较不同方案的一个重要标准是它们能够带来的经济效果。由于任何方案都需在未来实施,而人们对未来的认识程度不尽相同,因此方案在未来实施的经济效果的确定程度、人们评价这些经济效果的方法也不相同。根据这个标准,可以把定量决策法分为确定型、风险型、非确定型三类。

(一)确定型决策法

运用这种方法评价不同方案的经济效果时,人们对未来的认识比较充分,了解未来市场可能呈现的某种状况,能够比较准确地估计未来的市场需求情况,从而比较有把握地计算各方案在未来的经济效果,并据此做出选择。未来确定条件下的评价方法也有很多,如量本利分析法、内部投资回收率法、价值分析法等,下面主要介绍量本利分析法。

量本利分析法又称盈亏平衡分析法,它是根据产量(销量)、成本、利润的相互关系,分析决策方案对企业盈亏带来的影响,并据此评价、选择方案的。

1. 盈亏平衡分析的基本模型

盈亏平衡分析的基本模型主要用于研究生产、经营一种产品达到不盈不亏时的产量或收入决策问题。这个不盈也不亏的平衡点即为盈亏平衡点。显然,生产量低于这个产量时发生亏损,超过这个产量时获得盈利。如图 10-1 所示,随着产量的增加,总成本与销售额随之增加,当到达平衡点 A 时,总成本等于销售额(即总收入),此时不盈利也不亏损,正对应此点的产量即为平衡点产量,销售额即为平衡点销售额。同时,以 A 点为分界,形成亏损与盈利两个区域。此模型中的总成本是由固定成本和变动成本构成的。按照是以平衡点产量 Q 还是以平衡点销售额 R 作为分析依据,可将盈亏平衡分析法分为盈亏平衡点产量(销量)法和盈亏平衡点销售额法。

2. 盈亏平衡点产量(销量)法

盈亏平衡点产量(销量)法是以盈亏平衡点产量或销量作为依据进行分析的方法,其基本公式为

$$Q=\frac{C}{P-V}$$

式中,Q 为盈亏平衡点产量(销量),C 为总固定成本,P 为产品价格,V 为单位变动成本。

当要获得一定的目标利润时,其公式为

$$Q=\frac{C+B}{P-V}$$

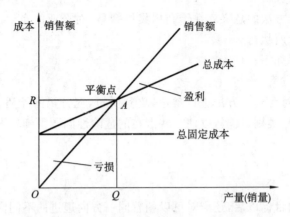

图 10-1　盈亏平衡分析的基本模型

式中，B 为预期的目标利润额，Q 为实现目标利润额 B 时的产量或销量。

例 1：某企业每年的固定成本为 100 万元，生产一种产品，单价为 120 元/件，单位变动成本为 80 元/件，则该企业的保本销售量和保本销售额分别为多少？若企业每年的目标利润是 20 万元，该企业的保利销售量是多少？

答：

保本销售量 = 1 000 000/(120 - 80) 件 = 25 000 件

保本销售额 = 25 000 × 120 元 = 3 000 000 元

保利销售量 = (1 000 000 + 200 000)/(120 - 80) 件 = 30 000 件

（二）风险型决策法

风险型决策法主要用于人们对未来有一定程度认识但又不能肯定的情况。这时，实施方案在未来可能会遇到好几种不同的情况（自然状态）。每种自然状态均有出现的可能，人们目前无法确知，但是可以根据以前的资料来推断各种自然状态出现的概率。在这些条件下，人们计算的各方案在未来的经济效果只能是考虑各自然状态出现的概率的期望收益，与未来的实际收益不会完全相等。因此，据此制定的经营决策具有一定风险。

风险型决策的评价方法也有很多，下面主要介绍决策树法。

决策树法是一种用树形图来描述各方案在未来收益的计算、比较及选择的方法。决策树的基本形状如图 10-2 所示。其中，"□" 表示决策点，由此引出的直线为方案分枝，表示决策时可采取的不同方案；"○" 表示自然状态点，由此引出的直线为概率分枝或状态分枝，表示方案在未来执行时可能遇到的几种不同的自然状态。

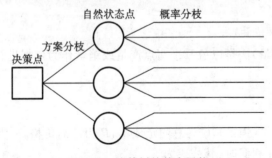

图 10-2　决策树的基本形状

用决策树法比较和评价不同方案的经济效果，需要进行以下几个步骤的工作。

(1)根据可替换方案的数目和对未来市场状况的了解,绘出决策树形状。
(2)计算各方案的期望值,包括:
①计算各概率分枝的期望收益值,用方案在各自然状态下的收益值分别乘以各自然状态出现的概率;
②将各概率分枝的期望收益值相加,并将结果记在相应的自然状态点上。
(3)考虑各方案所需的投资,比较不同方案的期望收益值。
(4)剪去期望收益值较小的方案分枝,将保留下来的方案作为备选方案。如果是多阶段或多级决策,则需重复上述(2)、(3)、(4)项工作。

例2:某企业为了扩大某产品的生产,拟建设新厂。据市场预测,产品销路好、差的概率依次为 0.7 和 0.3。有 3 种方案可供选择。方案 1:新建大厂,需投资 300 万元。销路好时,每年获利 100 万元;销路差时,每年亏损 20 万元。服务期 10 年。方案 2:新建小厂,需投资 140 万元。销路好时,每年获利 40 万元;销路差时,每年仍可获利 30 万元。服务期 10 年。方案 3:先建小厂,3 年后销路好时再扩建,需追加投资 200 万元,服务期为 7 年,估计每年获利 95 万元。

问哪种方案最好?

答:

(1)绘制决策树,如图 10-3 所示。

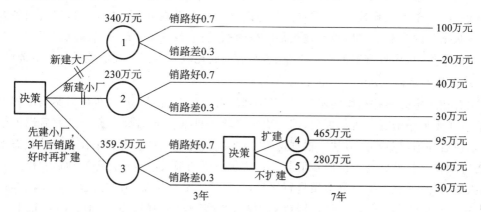

图 10-3 例 2 图

(2)计算各种方案的期望收益值。

方案1:{[100×0.7+(−20)×0.3]×10−300}万元=340 万元

方案2:[(40×0.7+30×0.3)×10−140]万元=230 万元

方案3:首先决策销路好时是否扩建。

扩建:(95×7−200)万元=465 万元

不扩建:40×7 万元=280 万元

因此销路好时,扩建比不扩建要好。

[(40×3+465)×0.7+30×0.3×10−140]万元=359.5 万元

(3)剪枝,确定方案。

计算结果表明方案 3 的期望收益值最大,因此选择方案 3。

(三)非确定型决策法

非确定型决策法适用于人们对未来的认知程度低于上述两种的情况。如果人们只知道未来可能呈现多种自然状态,但对其出现的概率全然不知,那么在比较不同方案的经济效果时,就只能根据主观选择的一些原则来进行。

1. 乐观决策法

如果决策者比较乐观,认为未来会出现最好的自然状态,所以不论采用何种方案均可能取得该方案的最好效果,那么决策时就可以首先找出各方案在各种自然状态下的最大收益值,即在最好自然状态下的收益值,然后进行比较,找出在最好自然状态下能够带来最大收益的方案作为决策实施方案。这种决策原则也称最大收益值规则。

2. 悲观决策法

与乐观决策法相反,决策者对未来比较悲观,认为未来会出现最差的自然状态,因此企业不论采取何种方案,均只能取得该方案的最小收益值。所以在决策时首先计算和找出各方案在各自然状态下的最小收益值,即在最差自然状态下的收益值,然后进行比较,选择在最差自然状态下仍能带来最大收益(或最小损失)的方案作为实施方案。这种决策原则也称小中取大规则或最小最大收益值规则。

3. 折中法

这种方法认为应在两种极端中求得平衡。决策时,既不能把未来想象得如何光明,也不能描绘得如何黑暗,最好和最差的自然状态均有出现的可能。因此,可以根据决策者的判断,给最好自然状态以一个乐观系数,给最差自然状态以一个悲观系数,两者之和为 1,然后用各方案在最好自然状态下的收益值与乐观系数相乘所得的积,加上各方案在最差自然状态下的收益值与悲观系数的乘积,得出各方案的期望收益值,然后据此比较各方案的经济效果并做出选择。

4. 最小最大后悔值法

决策者在选定方案并组织实施后,如果遇到的自然状态表明采用另外的方案会取得更好的收益,企业在无形中遭受了机会损失,那么决策者将为此而感到后悔。最小最大后悔值法就是一种力求使后悔值尽量小的方法。根据这个方法,决策时应先算出各方案在各自然状态下的后悔值(各方案在某自然状态下的收益值与该自然状态下的最大收益值之差),然后找出每一种方案的最大后悔值,并据此对不同方案进行比较,选择最大后悔值最小的方案作为实施方案。

例 3:某企业打算生产某产品。据市场预测,产品需求量有较高、一般、较低、很低 4 种情况,对每种情况出现的概率均无法预测。现有 3 种方案:方案 1 自己动手,改造原设备;方案 2 全部更新,购进新设备;方案 3 购进关键设备,其余自己制造。该产品计划生产 5 年。据估计,各方案在各自然状态下 5 年内的预测损益如表 10-1 所示。

表 10-1　各方案在各自然状态下 5 年内的预测损益

损益值　　自然状态　　方案	需求量较高	需求量一般	需求量较低	需求量很低
方案 1	70	50	30	20
方案 2	100	80	20	−20
方案 3	85	60	25	5

(1)小中取大法(悲观决策法)。

采用此方法的决策者对未来持悲观态度,认为未来会出现最差的自然状态,不论采取哪种方案,都只能获取该方案的最小收益。决策时选择最小收益中的最大者。各方案在最差自然状态下的收益如下:

方案 1 最小收益:20 万元
方案 2 最小收益:－20 万元　　所以选择方案 1
方案 3 最小收益:5 万元

(2)大中取大法(乐观决策法)。

采用此方法的决策者对未来持乐观态度,认为未来会出现最好的自然状态,不论采取哪种方案,都能获取该方案的最大收益。决策时选择最大收益中的最大者。各方案在最好自然状态下的收益如下:

方案 1 最大收益:70 万元
方案 2 最大收益:100 万元　　所以选择方案 2
方案 3 最大收益:85 万元

(3)折中法(等概率决策法)。

采用此方法的决策者对未来既不完全乐观,也不完全悲观,主张做折中的考虑。给最好自然状态一个乐观系数 α,$1-\alpha$ 则为悲观系数。计算出各方案的期望收益值,决策时选择期望收益值最大的方案。

首先计算各方案在最好自然状态下的损益值与乐观系数的乘积,再计算各方案在最差自然状态下的损益值与悲观系数的乘积,然后将两者相加,计算出各方案的期望收益值。选择期望收益值最大的方案作为实施方案。

例:如果乐观系数 $\alpha=0.3$,则有

方案 1 期望收益:$(70\times0.3+20\times0.7)$万元$=35$ 万元

方案 2 期望收益:$(100\times0.3-20\times0.7)$万元$=16$ 万元

方案 3 期望收益:$(85\times0.3+5\times0.7)$万元$=29$ 万元

所以选择方案 1。

(4)最小最大后悔值法(后悔值法)。

管理者在选择了某方案后,如果将来发生的自然状态表明其他方案的收益更大,那么他会为自己的选择而后悔。该决策方法就是使后悔值最小的方法。

首先计算各方案在各自然状态下的后悔值,并找出各方案的最大后悔值,然后进行比较,选择最大后悔值最小的方案作为实施方案。

某方案在某自然状态下的后悔值＝该自然状态下的最大收益－该方案在该自然状态下的收益

表 10-2　各方案在各自然状态下的后悔值

后悔值 \ 自然状态 \ 方案	需求量较高	需求量一般	需求量较低	需求量很低	最大后悔值
方案 1	30 (100−70)	30 (80−50)	0 (30−30)	0 (20−20)	30
方案 2	0 (100−100)	0 (80−80)	10 (30−20)	40 (20+20)	40
方案 3	15 (100−85)	20 (80−60)	5 (30−25)	15 (20−5)	20

所以选择方案 3。

西贝餐饮的经营决策

　　西贝餐饮早期的成功,恰逢改革开放后餐饮行业的创业春天——20世纪90年代。西贝餐饮对产品品质的执着追求和对全国市场的持续扩张,使其将最初的夫妻小店开到了大江南北,从最初年营业额1万元开到了几个亿。

　　西贝餐饮的主业,是以西北地方原料和烹饪方法为特色的直营连锁餐厅业态,即西贝莜面村。西贝餐饮的快速发展使其对遇到的各种商业机会,不自觉地进行了业务延伸,并在一时"延伸红利"的陶醉下,逐渐分散了对主业——西贝莜面村——西贝餐饮的成功所在的注意力。

　　品牌延伸有红利。西贝餐饮在西贝莜面村体系之外,衍生出海鲜餐厅(西贝阳光海岸)、文化餐厅(腾格里塔拉)、其他地方菜餐厅(西贝美食汇、九十九顶毡房)和地方性高档商务接待餐厅(西贝海鲜),同时,个别城市的分店甚至出现了在西贝莜面村体系内的海鲜产品菜谱。这种种不同业态的组合,虽然驳杂,但因当时中国餐饮行业整体的经营水平尚处初级阶段、餐饮市场竞争程度尚不激烈,以及西贝餐饮团队自身的勤奋经营,却也让西贝餐饮获利良多。

　　西贝餐饮的发展途径是:先做多,再做少,后做精。"先做多"是无奈的选择,因为西贝餐饮一直没有找到自己的定位,所以一直在寻找;"再做少"是在做到了发展定位后的一种自我约束,当西贝餐饮逐渐聚焦于西贝莜面村的时候,西贝餐饮的发展潜力才得以不断释放,品牌内涵才得以不断强化;"后做精"是确定了西北菜以后有规划的战略配置,包括原材料的选择标准、加工制作程序、菜单结构等。

思考题:

1. 从本案例中可以看出,西贝餐饮的发展决策是什么?

2. 分析本案例中西贝餐饮的经验决策,你认为企业在项目实施之前应该做好哪些方面的准备?

3. 经营决策的程序与原则是什么？
4. 从本案例中可以得到什么样的启示？

思考练习

一、单项选择题

1. 现代管理理论学派林立，其中决策理论学派的主要代表人物是（　　）。
   A. 彼得·德鲁克　　B. 菲德勒　　C. 巴纳德　　D. 赫伯特·西蒙

2. 管理决策按照组织中要解决问题性质的不同，可以分为（　　）。
   A. 经营决策、管理决策和业务决策
   B. 程序化决策和非程序化决策
   C. 确定型决策、风险型决策、不确定型决策
   D. 群体决策与个体决策

3. 科学决策的过程不包括（　　）。
   A. 拟订备选方案
   B. 对备选方案进行评估
   C. 将近期利益与远期利益相结合
   D. 实施所选定的方案

4. 决策是企业管理的核心内容，企业中的各层管理者都要承担决策的职责。关于决策的解释，哪个更正确？（　　）
   A. 越是企业的基层管理者，所做出的决策越倾向于非常规的、肯定型决策
   B. 越是企业的高层管理者，所做出的决策越倾向于常规的、科学的决策
   C. 越是企业的高层管理者，所做出的决策越倾向于战略型、风险型的决策
   D. 越是企业的基层管理者，所做出的决策越倾向于战术型、风险型的决策

5. 量本利分析法是用于哪一类决策的方案选择法？（　　）
   A. 程序化决策
   B. 非确定型决策
   C. 风险型决策
   D. 确定型决策

6. 某企业产品的价格为15元，固定成本为110 000元，生产该产品的单位可变成本为4元，则该产品的盈亏平衡点为（　　）。
   A. 10 000件　　B. 12 100件　　C. 5000件　　D. 15 400件

7. 小王有4万元，投资A、B两个项目。投资A项目有60%的机会得到12万元的回报，同时也有40%的可能性亏损4万元，投资B项目可无风险地获得7.5万元的收益。小王在决策投资A、B两个项目时，他选择了A项目。下列说法正确的是（　　）。
   A. 小王是一个风险规避者
   B. 小王为了获得12万元而愿意冒大的风险
   C. 小王对未来的收益状况做出了明确的估计，但做出了错误的决策
   D. 小王对每种方案的未来期望收益值做出错误的估计，因此做出了错误的决策

8. 如果你是公司的总经理，当企业出现以下几件事需要做出决策时，你将主要精力放在哪件事上？（　　）
   A. 引进生产设备
   B. 编制预算

C. 筹措资金　　　　　　　　　　D. 调整组织结构

9. 某公司为了寻找改进管理的途径而召开头脑风暴法的会议。在会议上大家各抒己见,但是少数人提出的方法荒诞不经,甚至有的方法让人感觉离题太远。对于这种情况,你应该如何处理?（　　）

A. 禁止发言

B. 会议应该让大家畅所欲言,不应该干预

C. 及时断然地打断他,这样才可以防止其他人也犯同样的错误

D. 委婉地打断他,让别人发言

10. "一件预计可能会出错的事情,往往一定会出错。""一件事情出错,其他事情也跟着出错。"类似的话在揭示人们什么?（　　）

A. 要注意认真分析事物之间的关联性,以期得到正确的结论

B. 应变计划的制订是计划的一部分内容,应在计划过程中及早予以考虑,不能等到出现问题时再仓促应对

C. 决策的制定与实施一定要果断且富有信心,否则就很难实现

D. 制订计划应树立权变的意识,问题出现时应立即制订出相应的应变计划

11. 绿岛牛奶公司在激烈的竞争市场中,为鼓励消费者购买,实行凡一次性购买三盒1000 mL容量的绿岛牛奶,可获得该公司该期发行的奖券一张,共发行20 000张奖券,分一、二、三等奖,奖金金额分别为500元、200元、100元。在这种情况下,张女士决定是否通过更多地购买牛奶来获得奖券的决策属于哪种决策类型?加入何种信息以后该决策将变成一个风险型决策?（　　）

A. 不确定型决策;各类奖项的数量

B. 确定型决策;各类奖项的数量

C. 不确定型决策;可能获得该奖券的人数

D. 风险型决策;不需要加其他信息

12. 下表是A家电生产企业在竞争对手B企业三种不同反击行为下的收益状态。如果企业的决策者采用最大后悔值最小化原则,他将会选择哪一个方案?（　　）

A企业的策略	B企业的反应		
	B1	B2	B3
A1	13	14	11
A2	9	15	18
A3	24	21	15
A4	18	14	28

A. 第三方案　　　B. 第二方案　　　C. 第四方案　　　D. 第一方案

13. 盈亏平衡点的核心是（　　）。

A. 保本点　　　　B. 边际贡献　　　C. 销售额　　　　D. 销售量

14. 对行动方案进行判断的标准不包括（　　）。
A. 合法性　　　　　B. 经济可行性　　　C. 长期性　　　　D. 实用性
15. 定性决策法不包括（　　）。
A. 决策树法　　　　B. 头脑风暴法　　　C. 德尔菲法　　　D. 名义群体法

二、简答题

1. 决策在管理中有什么作用？
2. 决策的程序包括哪些？
3. 头脑风暴法的操作步骤及原则有哪些？
4. 非确定型决策法有哪几种准则？同一事件采用的决策准则不同会有不同的结果吗？

模块六
计划制订与执行能力

GUANLI JICHU
YU SHIWU

学习情境

《礼记·中庸》:"凡事豫则立,不豫则废。言前定则不跲,事前定则不困,行前定则不疚,道前定则不穷。"小张是一名大学一年级的学生,开学才一个学期,他就广泛咨询并多方考证,然后为自己的未来树立了明确的职业目标,并认真制订了一份职业规划书,在学习、生活中认真执行,为未来的职业生涯逐步积累必备的素养。

学习目标

1. 知识目标

通过本模块的学习训练,学生认识和了解计划的含义、作用、性质及类型,以及计划与决策的关系,理解计划工作的原理,掌握计划工作的程序;了解目标管理的由来、特点,理解目标管理的优点和局限性,掌握目标管理的概念、程序;掌握滚动计划的含义、编制方法及优缺点;理解网络计划技术。

2. 能力目标

通过本模块的学习训练,学生知道如何拟订一份科学、完整的计划,会制定有效的目标并能初步使用目标管理法进行管理,会用滚动计划法编制计划。

3. 素质目标

通过本模块的学习,培养学生养成事前科学制订计划、事中认真执行计划、事后总结计划效果的良好职业习惯。

项目十一　计划制订能力

训练01:通过实践训练,对制订计划进行认知。

"仓促"编制大学生涯计划书

一、时间:30分钟。

二、活动内容:以小组为单位,每个小组共同制订一份大学生涯计划书,然后针对这份"仓促"的计划书,学习计划编制的方法。

三、活动地点:教室。

四、活动所需资源:多媒体设备,主持人1名,后勤工作人员若干。

训练问题:

1. 完整的计划书应包括哪些内容?

2. 制订计划应遵循哪些科学的操作程序?

知识导航

计划工作是任何一个组织成功的核心工作,它存在于组织各个层次的管理活动中。为了有效地完成组织目标,主管人员一定要努力使大家明白期望他们完成的是什么,也就是要让每个人理解组织的总目标和一定时期的分目标,以及完成目标的方法和途径,这是计划工作的职能。这项职能在所有管理职能中是最基本和首要的。

一、计划的含义

计划,一般的理解,是指人们为了实现一定的目的而对未来的行动事先做出安排。在管理学中,计划具有两重含义:一是动词含义,指计划管理工作,它代表一种特定的行为,是对组织未来目标的分析、制订和调整,以及对实现目标的各种方案的设计等一系列活动的统筹安排,是动态的计划;二是名词含义,指规划、预算等具体的计划形式,是实施计划管理职能的书面文件。本书将计划职能的含义理解为:是指关于组织未来的蓝图,是对组织在未来一段时间内的目标和实现目标的途径的策划与安排。

计划工作是组织决策的落实过程。在实际工作中计划与决策往往相互渗透、紧密联系。计划与决策是两个既相互区别又相互联系的概念,其区别主要体现在两项工作要解决的问题不同。决策是关于组织的活动方向、内容及方式的选择;计划则是对组织内部不同成员在一定时期内行动任务的具体安排,它详细规定了不同部门和成员在该时期内从事活动的具体内容和要求。计划与决策的联系表现在:第一,决策是计划的前提,计划是决策的逻辑延续,决策为计划的任务安排提供了依据,计划则为决策所选择的目标活动的实施提供了组织保证;第二,在实际工作中,决策与计划相互渗透,有时甚至是不可分割地交织在一起。

二、计划的内容

要实现既定的目标,就要对组织拥有的有限资源在时间和空间上进行统筹安排。计划首先是策划,即对未来要发生的事情预先进行考虑。可以通俗扼要地将计划的内容分为六个方面,简称为"5W1H"。这六个方面的具体内容如下。

What(做什么):要明确计划工作的具体任务和要求,明确每一时期的中心任务和工作重点。例如,企业生产计划的任务主要是确定生产哪些产品、生产多少等。

Why(为什么做):要明确计划工作的宗旨、目标和战略,并论证其可行性。实践表明,计划工作人员对组织的宗旨、目标和战略了解得越清楚,认识得越深刻,就越有助于他们在计划工作中发挥主动性和创造性。正如通常所说的"要我做"和"我要做"的结果是大不一样的,其道理就在于此。

When(何时做):规定计划中各项工作开始和完成的进度,以便进行有效的控制和对能力及资源进行平衡。

Where(何地做):规定计划的实施地点或场所,了解计划实施的环境条件和限制,以便合理安排计划实施的空间组织和布局。

Who(谁去做):规定计划由哪个主管部门负责,哪些部门协助,各阶段交接时由哪些部门和哪些人员参加鉴定和审核等。

How(怎么做):制订实现计划的措施以及相应的政策和规则,对资源进行合理分配和集中使用,对人力生产能力进行平衡,对各种派生计划进行综合平衡等。

实际上,一个完整的计划还应包括计划实施的前提条件、控制标准、考核指标的制订、费用预算及最坏情况应变措施等,也就是告诉实施计划的部门或人员做成什么样、达到什么标准、花费多少等,才算是完成了计划。

三、计划工作的性质

(一)目的性

每一个计划及其派生计划都是旨在促使企业或各类组织的总目标和一定时期目标的实现。没有计划和目标的行动是盲目的行动。

(二)主导性与基础性

相对于其他管理职能而言,计划工作处于首位。把计划工作摆在首位的原因,不仅是从管理过程的角度来看,计划工作先于其他管理职能,而且在某些场合,计划工作是付诸实施的唯一管理职能,计划工作的结果可能得出一个决策,即无须进行随后的组织、领导及控制工作等。

计划工作具有首位性的原因,还在于计划工作影响和贯穿于组织工作、人员配备、指导工作、领导工作及控制工作中。

计划工作对组织工作的影响可能是:需要在局部或整体上改变一个组织的结构,设立新的职能部门或改变原有的职权关系。

计划工作对人员配备的影响可能是:需要委任新的部门主管,调整和充实关键部门的人员以及培训员工等。而组织结构和员工构成的变化,必然会影响到领导方式和激励方式。

计划工作和控制工作尤其是分不开的,因为控制就是纠正脱离计划的偏差,以保持活动的既定方向。没有计划指导的控制是毫无意义的,计划是为控制提供标准。此外,控制职能的有效行使,往往需要根据情况的变化,拟订新的计划或修改原订计划,而新的计划或修改过的计划又被作为连续进行的控制工作的依据。计划工作与控制工作的这种持续不断的关系,通常被称为"计划—控制—计划"循环。

(三)普遍性与秩序性

虽然计划工作的特点和范围随各级主管人员职权的不同而不同,但它却是各级主管人员的一个共同职能。所有的主管人员,无论是总经理还是班组长,都要从事计划工作。人们常说,主管人员的主要任务是做决策,而决策本身就是计划工作的核心。如果过严地限制主管人员的决策权,那样就会束缚他们的手脚,使他们无法自由地处理那些本应由他们处理的问题。久而久之,他们就会失去计划工作的职能与职责,养成依赖上级的习惯。这样,他们也就丧失了主管人员的基本特征。计划工作的普遍性蕴含着一定的秩序,这种秩序随组织性质的不同而有所不同。最主要的秩序表现为计划工作的纵向层次性和横向协作性。

(四)效率性

我们衡量一个计划的效率,就是要看这个计划对我们的目的和目标的贡献。这里所讲的贡献,是指扣除制订和实施这个计划所需要的费用和其他因素后能得到的收益。如果计划能按合理的代价实现目标,那么这样的计划是有效率的。效率这个概念的一般含义是指投入和产出之间的比率,但在这个概念中,在衡量代价时,不仅要衡量时间、金钱或者生产,还要衡量个人和集体的满意程度。也就是说,它不仅包括人们通常理解的按资金、工时或成本表示的投入产出比率,如资金利润率、劳动生产率和成本利润核算,还包括组织成员个人和群体的满意程度这一类主观的评价标准。所以,只有能够实现收入大于支出,并且顾及国家、集体和个人三者利益的计划,才是一个完美的计划,才能真正体现出计划的效率。

四、计划的分类

(一)根据计划表现形式的不同,计划可分为宗旨、目标、战略、政策、程序、规则、规划、预算等

1. 宗旨

宗旨反映的是组织的价值观念、经营理念和管理哲学等根本性的问题,即回答组织是干什么的。例如 SONY 的宗旨是:索尼是开拓者,把信任人才、鼓励人才不断前进视为自己的唯一生命。

2. 目标

目标是宗旨的具体化,表现为组织在计划期内要追求的结果。例如一年内将利润增长 10% 等。

3. 战略

战略是为了实现组织长远目标所选择的发展方向、所确定的行动方针及资源分配方针的一个纲领。如企业为了实现年内 10% 的利润增长,是以大批量、单一品种、低成本为生产原则,还是以小批量、多品种、供应齐备为生产原则。战略并不是孤立的,而是为实现组织的宗旨和目标而服务的,同时又为重大政策和各种规划提供原则。

4. 政策

政策是预先确定的用来指导和沟通决策过程中思想和行为的明文规定。"政策好比指路牌"。制定政策应以有效完成目标为前提,以组织的战略为指导思想。例如企业实行大批量、单一品种、低成本的战略时,要制定相应的员工招聘政策、提级增薪政策、价格竞争政策等。

5. 程序

程序是为完成某一特定计划而规定的一系列步骤。组织中许多管理活动是重复发生的,处理这类问题应该有标准方法,这就是程序。如果说政策是人们思考问题的指南,那么程序则是行动的指南,如决策程序、招聘程序、制造企业的工艺程序等。

6. 规则

规则也是一种计划,它是对具体场合和具体情况下,允许或不允许采取某种特定行动的规定。例如,在某个特定场所要求戴安全帽就是一种规则。制定政策、程序和规则都是为了指导实现组织目标的行动,容易相互混淆,应注意区分。规则与政策的区别在于规则在应用中不具有自由处置权,规则与程序的区别在于规则不规定时间顺序。

7. 规划

规划是为了实施既定方针所必需的目标、政策、程序、规则、任务分配、执行步骤、使用的资源等而制订的综合性计划,例如国家五年发展规划、国家科学技术发展规划、职工培训规划等。

8. 预算

预算是用数字表示预期结果的一份报表,如某企业的财务收支预算。

(二)根据计划对组织影响范围和影响程度的不同,计划可分为战略计划和战术计划

战略计划是指应用于整体组织,为组织设立总体目标和寻求组织在所对应的环境中的单位

的计划。战术计划是指用来规定总体目标如何实现的具体实施方案和细节。战略计划和战术计划的不同点如表11-1所示。

表11-1 战略计划和战术计划的比较

比较类别	战略计划	战术计划
包含时间跨度	长	短
涉及范围	宽广	较窄
内容操作性	抽象、概括,不要求直接的操作性	具体、明确,通常要求具有可操作性
任务	设立组织总体目标	在既定目标框架下提出具体行动目标
风险程度	高	低
目的	确保"做正确的事"	追求"正确地做事"
要回答的问题	做什么、为什么要做	何人在何时、何地通过何种办法,以及使用多少资源做

(三)根据计划内容详细程度的不同,计划可分为指导性计划和具体性计划

指导性计划是指只规定一些一般方针,指出重点或者努力方向的计划;具体性计划则是指具有明确的目标、实施步骤、执行方案的计划。例如:一个企业提出在未来的六个月中计划使利润增加5%,这是指导性计划;而为了增加5%的利润,明确规定在未来六个月内,成本降低4%,销售额要增加6%,这就是具体性计划。指导性计划是具体性计划的方向,具体性计划是指导性计划的落实。在大型组织中,战略计划、长期计划大多是指导性计划,战术计划、基层的短期计划一般是具体性计划。

(四)根据计划期所涉及时间的不同,计划可分为长期计划、中期计划和短期计划

长期计划、中期计划、短期计划的区分是相对的。对于不同规模的组织,其标准是不一样的。如企业通常以一个自然年度作为财务决策的时限,在这个时限内,还必须进行分月、分季的核算。因此,月、季计划可以看作企业短期计划,年度计划就是企业的中期计划,一年以上的计划就是企业的长期计划了。政府大多是五年一届,年度计划一般就是短期计划,一至五年的计划就是中期计划,五年以上的才称为长期计划。长期计划起主导作用,中期计划、短期计划以长期计划为基础,是对长期计划的逐步落实。长期计划多是组织粗线条的发展构想,短期计划则是具体的实施性方案。

五、计划工作的程序

(一)确定计划前提(前提)

确定计划的前提,首先要对组织过去、现在和将来的内外部环境进行分析和预测,从中评估机会(这在模块四中已详细介绍)。计划是为组织决策的落实而制订的,了解决策者的选择,理解有关决策付诸行动所面临的外部环境特点以及组织内部所需具备的资源和能力条件,是编制计划的前提。关于计划前提条件的类型和性质,可以从不同角度分为:外部和内部的前提条件、定量和定性的前提条件、可控和不可控的前提条件。

确定计划的前提条件时,需要注意以下几点:一是要合理选择关键性的前提条件,二是要提供多套备选的计划前提条件,三是保证计划前提条件的协调一致。

(二)确定计划目标(决策)

这一阶段计划工作的实质就是决策,前面模块五有专门论述,在此不再赘述。

(三)分解计划目标(分解)

组织目标的分解可以沿空间和时间两个方向进行,即把决策确定的组织总体目标分解落实到各个部门、各个活动环节乃至各个人,同时将长期目标分解为各个阶段的分目标。目标分解的结果是在组织中形成两种目标结构:一是目标的空间结构,二是目标的时间结构。在目标的空间结构中,总体目标应该对部门目标的制定起指导作用,而部门目标则反过来对整体目标的实现起保证作用;在目标的时间结构中,长期目标应该对短期目标的制定起指导作用,而短期目标则应成为长期目标实现的保证。目标分解的结果,要使组织上下、左右及前后时期的目标相互衔接、彼此协调,形成一个完整的目标体系。

(四)综合平衡目标(平衡)

1. 任务的平衡

综合平衡首先是任务的平衡。为此,要分析由目标结构决定或与目标结构对应的组织各部分在各时期的任务是否能相互衔接和协调,因此包括任务的时间平衡和空间平衡。时间平衡要分析组织在各时段的任务是否有机地衔接起来,能否确保组织的长远目标随着各个时期任务的逐步完成自然而然得到实现;空间平衡则要研究组织的各个部分的任务是否保持相应的比例关系,能否保证组织的整体活动协调地进行。

2. 任务与资源的平衡

综合平衡还要研究组织活动的进行与资源供应之间的平衡,分析组织能否在适当的时间筹集到适当品种、数量和质量的资源,能否保证组织活动的连续性、稳定性。

3. 任务与能力的平衡

综合平衡要分析不同环节在不同时期的任务与能力之间是否平衡,即研究组织的各个部分是否能够保证在任何时候都有足够的能力去完成规定的任务。由于组织的内外环境和活动条件经常发生变化,从而可能导致任务的调整,因此在任务与能力平衡的同时,还要留有一定的余地,以保证这种将会产生的任务调整在必要时有可能进行。

综合平衡要求积极的平衡,而不是消极的平衡。管理者应该不断挖掘潜力,调动员工的积极性,采取措施、对策克服自身的薄弱环节。

(五)编制下达执行(执行)

在综合平衡的基础上,组织即可为各个部门编制各个时段的行动计划,并下达执行。由各部门乃至个人负责执行的行动计划,应该是围绕总体行动方案而制订的派生计划。计划执行的基本要求是:全面、均衡地完成计划。一方面要求全面地执行,各项指标都要按计划规定完成,不能有所偏废;另一方面要求根据时段的具体要求,做好各项工作,按年、月、日,甚至旬、周、日完成计划,以建立正常的活动秩序,保证组织稳步地发展。

六、计划工作的原理

（一）限制因素原理

限制因素是指妨碍组织目标实现的因素，即如果它们发生变化，即使其他因素不变，也会影响组织目标实现的程度。限制因素原理可以表述为：主管人员越是了解对达到目标起主要限制作用的因素，就越能够有针对性、有效地制订各种行动方案。限制因素原理有时被形象地称作"木桶原理"，其含义是木桶容量取决于桶壁上最短的那块木板条。也就是说，主管人员在制订计划时，必须全力找出影响计划目标实现的主要限制因素或战略因素，有针对性地采取得力措施，以使制订的各种方案趋于最优。

（二）许诺原理

计划期限的合理选择应该遵循许诺原理。许诺原理可以表述为：任何一项计划都是对完成各项工作所做出的许诺，许诺越大，实现许诺的时间就越长，实现许诺的可能性就越小。根据许诺原理，计划必须有期限要求。事实上，对于大多数情况，完成期限往往是对计划最严厉的要求。必须合理地确定计划期限，并且不应随意缩短计划期限；每项计划的许诺不能太多，因为许诺（任务）越多，则计划时间越长。如果主管人员实现许诺所需的时间比他可能正确预见的未来期限还要长，他不能获得足够的资源使计划具有足够的灵活性，那么，他就应当断然地减少许诺，或将所许诺的期限缩短。例如，他所许诺的是一项投资，就应当采取加速折旧提存等措施使投资的回收期限缩短，以减小风险。

（三）投入原理

投入原理是指合理的计划应当包括未来的一段时间，这段时间是为通过一系列的行动尽可能准确地预测在现在所做出的决策中投入的实现程度所必需的。换句话说，决策是一种投入，在通常情况下这种投入是指资金、行动方向或者声誉方面所承担的义务。对企业而言，有成本性投入，也有非成本性投入。比如，一家企业决定开发一种新产品，预计产品销售会在一定时间内带来投资回报，假设这段时间为十年，那么合理的计划就应当按照十年进行制订，这种投入即为成本性投入。而非成本性投入可能会有种种时间上的限制。例如，某公司致力于一项公司内部培养提拔人员的规划，规划会因为个人各类不同的情况而制定长短不一的培养完成时间，而这些所给予的政策上的倾斜和精力上的投入带来的回报，并不总是能用金钱来衡量。

（四）灵活性原理

计划必须具有灵活性，即当出现意外情况时，有能力改变方向而不付出太大的代价。灵活性原理可以表述为：计划体现的灵活性越大，由未来意外事件引起损失的危险性越小。必须指出，在制定计划时要具有灵活性，留有余地，至于执行计划，一般不具有灵活性。例如，执行一个生产作业计划时必须严格准确，否则就会发生组装车间停工待料或再制品大量积压现象。

计划只有保持一定的灵活性，才能真正成为现代管理的手段。计划工作的灵活性表现在以下几个方面。

1. 计划目标的制定需要灵活，目标不宜太高或太低

计划目标太高，会因组织的各种条件和因素达不到目标的要求，使目标难以实现；目标太低，则不能发挥人、财、物等资源的最大效用，也不利于调动全体员工的积极性。

2. 计划目标的分解需要灵活

企业的计划目标可以层层分解成部门及个人目标。对于各部门分派的计划任务,既要坚持原则性,又要给他们一定的自由度和自主权,让他们在允许的范围内调整计划任务,以调动各部门的积极性。

3. 计划目标的执行需要灵活

计划目标在一定时期、一定条件下具有稳定性,但是在具体执行过程中,往往会因一些因素受到环境影响而发生一些难以预料的变化,从而使计划目标实现的条件发生改变。这时候如果继续坚持原计划目标,可能会使计划出现较大的偏差。这样就必须及时调整计划目标,使计划适应客观实际情况的发展变化。

对主管人员来说,灵活性原理是计划工作中最重要的原理,在承担任务重、目标计划期限长的情况下,灵活性便显现出它的作用。当然,灵活性是有一定限度的,它主要受三个条件的限制:一是由于未来有很多难以预料的不确定因素,因此我们不能总是以推迟决策的时间来确保计划的灵活性;二是确保计划有灵活性必须是以花费代价为前提的,而代价过大的灵活性计划又缺乏效率性;三是有时现有的客观条件和现实情况会影响甚至完全扼制计划的灵活性。例如,企业销售计划在执行过程中遇到困难,可能实现不了既定的目标,如果允许灵活处理,则可能危及全年的利润计划,从而影响到新产品开发计划、技术改造计划、供应计划、工资增长计划、财务收支计划等许多方面,致使企业的主管人员经过反复权衡之后,不得不动用一切力量来确保销售计划的完成。

(五)改变航道原理

计划制订出来以后,计划工作者就要管理计划,促使计划实施,而不能被计划管理,不能被计划框住,必要时可以根据当时的实际情况做必要的检查和修订,这就是改变航道原理。

未来的情况随时都可能发生变化,制订出来的计划就不可能一成不变。尽管我们在制订计划时预计了未来可能发生的情况,并制定了相应的应变措施。但是,一是不可能面面俱到,二是情况在不断发生变化,三是计划往往赶不上变化,总有一些问题是不可能预见的,所以要定期检查计划。如果情况已经发生变化,就需要调整计划或重新制订计划。就像航海家一样,必须经常核对航线,一旦遇到障碍就可绕道而行。故改变航道原理可以表述为:计划的总目标不变,但实现目标的进程(航道)可以因情况的变化随时改变。

改变航道原理与灵活性原理不同:灵活性原理是使计划本身具有适应性,而改变航道原理却是使计划执行过程具有应变能力。

项目十二 计划执行能力

训练02:通过品赏小故事,了解目标对管理的重要性。

土拨鼠哪去了

三只猎狗追一只土拨鼠,土拨鼠逃跑,钻进了一个树洞,这个树洞只有一个出口。突然,从树洞里跑出一只兔子,兔子飞快地向前跑,并爬上另一棵大树,在慌乱中没站稳从树上掉了下来,砸晕了正仰头看的三只猎狗,于是,兔子终于逃脱了……

训练问题:
1. 这个故事有什么问题吗?
2. 目标与行为有什么关系?

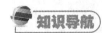

一、目标管理的由来

目标管理(management by objectives)创始于20世纪50年代的美国,它是以泰勒的科学管理理论和后期的行为科学理论为基础而形成的一套计划执行实施的管理制度。美国著名的管理学家彼得·德鲁克对目标管理的发展和使之成为一个体系做出了重大贡献。1954年,德鲁克在《管理的实践》一书中指出:凡是业绩影响企业健康成长的地方都应设立目标,通过设立目标使下级进行自我管理和控制。通用电气公司率先在实践中实施了目标管理,取得了较好的效果。我国从1978年开始推行的全面质量管理、企业中实行的指标层层分解的经济责任制、归口管理等,也有些类似于目标管理。由于目标管理在产生的初期主要用于对主管人员的管理,所以目标管理也被称为"管理中的管理"。实践证明,目标管理是一种行之有效的科学管理方法。

二、目标管理的概念与特点

(一)目标管理的概念

目标管理是组织的最高领导层根据社会需要和组织所面临的形势,制定出一定时期内组织活动所要达到的目标,然后层层落实,要求下属各部门主管人员以至每个员工根据上级制定的目标,制定出自己的工作目标和相应的保证措施,形成一个目标体系,并把目标完成的情况作为工作绩效评定的依据的一种管理制度或方法。

(二)目标管理的特点

目标管理就是让组织的主管人员和员工亲自参加目标的制定,通过自我管理和自我控制,完成工作目标的一种管理制度或方法。目标管理在指导思想上吸收了Y理论(关于Y理论的介绍见项目十八)的思想精华,在具体方法上继承了泰勒的科学管理理论,实现了科学管理和行为科学的完美统一,具体特点如下。

1. 参与性

目标管理是参与管理的一种形式。实行目标管理时,要根据组织的宗旨,首先确定出一定时期特定的总目标,然后对总目标进行分解。某一层次的目标需要一定的手段来实现,将这些手段作为下一层次的目标,实现下一层次目标的手段又可以作为再下一层次的目标,这样逐级展开,并通过上下级共同协商,就可以制定出组织各部门直至每个员工的目标,用总目标指导分目标,用分目标保证总目标,这样就形成了一个目标-手段链。

2. 自我控制性

目标管理理论认为,员工是愿意负责的,愿意在工作中发挥自己的聪明才智和创造性。如果我们控制的对象是一个社会组织中的"人",则必须通过对动机的控制来实现对行为的控制。

用"自我控制的管理"代替"压制性的管理",正是目标管理的主旨,这种"自我控制"可以激励员工尽自己最大的努力把工作做好,而不是敷衍了事、勉强过关。

3. 分权性、责任性

目标即责任,履行责任需要有相应的权力。在目标管理中,任务下达到各个部门的同时,应下放完成任务所需要的权力,下放权力也就是分权。权力、目标分解到部门、个人,并且把目标完成的情况作为各部门或个人考核的依据,因此,每个部门、员工都要承担相应的责任。

4. 客观性

由于目标管理法中的目标都是由上至下、由下而上讨论制定的,因此,目标管理法能够克服凭印象、主观判断等传统管理方法的不足,决策目标也就能够保持客观性、科学性。

三、目标管理的程序

(一)目标管理的过程

目标管理的过程大致可以分为以下三个阶段。

1. 建立目标体系

实行目标管理,首先要建立一套完整的目标体系。这项工作总是要从企业的最高主管部门开始,然后由上而下地逐级确定目标。以企业为例,图12-1所示为目标展开图。

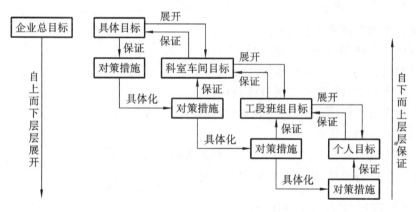

图 12-1 目标展开图

最高层目标的建立首先应分析和研究组织的外部环境和内部条件,根据组织可利用的机会和面临的威胁,以及组织自身的优势和弱点,通过上级主管人员的意图与员工意图的上下沟通,对目标项和目标值进行反复商讨、评价、修改,取得统一意见,最终形成组织的总目标。组织的总目标制定以后,就要把它分解落实到下属各部门、各单位直至员工个人,即目标展开。目标展开的方法是自上而下层层展开,自下而上层层保证。上下级的目标之间通常是一种目的-手段链的关系:某一级的目标需要用一定的手段来实现,这些手段就成为下一级的次目标,按级顺推下去,直到作业层的作业目标,从而构成一种锁链式的目标体系。

目标体系应与组织结构相吻合,从而使每个部门都有明确的目标,每个目标都有人明确负责。但是,组织结构往往不是按组织在一定时期的目标建立的。因此,有时会发现一个重要的分目标找不到对此负全面责任的主管部门,而组织中的有些部门又很难为其确定重要的目标,这种情况反复出现,说明组织结构已不适应组织的发展,可能最终导致对组织结构的调整。

在制定目标时,管理人员也要建立衡量目标完成的标准,并把衡量标准与目标结合起来。

2. 组织实施目标

目标既定,主管人员就应放手把权力交给下级人员,而自己去抓重点的综合性管理。这样,下级人员也会产生强烈的责任感,在工作中发挥自己的聪明才智和创造性,针对自己的不足,积极寻求自我提高,进而力争达到自己的目标。斯蒂芬·P·罗宾斯的研究结果显示,当高层管理者对MBO高度负责,并且亲自参与MBO的实施过程时,生产率的平均改进幅度达到56%,而对应高层管理者低水平的承诺与参与,生产率的平均改进幅度仅为6%。完成目标主要靠执行者的自我控制,如果在明确了目标之后,作为上级主管人员,还像从前那样事必躬亲,便违背了目标管理的宗旨,不能达到目标管理的效果。当然,这并不是说,上级主管人员确定了目标之后就撒手不管了,上级主管人员主要表现在指导、协助、提出问题、提供情报及创造良好的工作环境方面。

3. 检查、评价目标

对各级目标的完成情况,要事先规定期限,定期进行检查。检查的方法可以灵活地采用自检、互检和责成专门的部门进行检查。检查的依据就是事先确定的目标。对于最终结果,应当根据目标进行评价,并根据评价结果进行奖惩。经过评价,使目标管理进入下一轮循环过程。

(二)目标管理的八个典型步骤

目标管理的八个典型步骤如下:
(1)制定组织的整体目标和战略;
(2)对下级单位和部门分配主要的目标;
(3)下级部门管理人员与上级管理人员一起制定本部门的具体目标;
(4)部门的所有成员设定自己的具体目标;
(5)上级与下级共同协商实现目标的行动方案;
(6)组织实施行动方案;
(7)定期检查实现目标的进展情况,并向有关部门反馈;
(8)基于绩效进行奖励,促进目标的成功实现。

四、目标管理的优点及其局限性

(一)优点

(1)有助于提高工作绩效。目标管理对组织内易于度量和分解的目标会带来良好的绩效。对于那些在技术上具有可分性的工作,由于责任、任务明确,目标管理常常会收到立竿见影的效果,使各项工作都有明确的目标和方向。

(2)有助于改进组织结构和职责分工。在目标管理过程中,容易发现组织结构内部存在的问题,有助于及时进行组织变革,明确部门职责分工。

(3)有助于实现有效控制。由于目标管理强调自我控制、自我调节,并且定期进行考核,因此,能够及时发现问题、解决问题。

(4)可提高组织整体工作的协调一致性,增强全体员工的团结合作精神和凝聚力。

(5)目标管理强调参与,进一步调动了员工的主动性、积极性和创造性,促进了意见交流和相互了解,改善了人际关系。

(二)局限性

尽管目标管理有很多的优点,但其本身和运用过程中,也存在一定的局限性。

1. 对目标管理的原理和方法宣传不够

目标管理常常使人误认为简单易行,从而忽略了对它的深入了解和认识。如果把目标管理付诸实施的管理人员及下级人员对有关原理,如目标管理是什么、它怎样发挥作用、为什么要实行目标管理、在评价业绩时它起什么作用,以及参与目标管理的人能够得到什么好处等,缺乏重视和理解,则会影响目标管理的实施效果。

2. 制定目标缺乏统一指导

实施目标管理必须给目标制定者提供必要的指导准则,使他们了解计划工作的前提条件和组织的基本战略和政策,否则就无法制定出正确的目标,计划工作必然会脱离实际,目标管理也就无法发挥作用。

3. 制定有利于考核的目标难度很大

一方面,要建立始终具有挑战性又有限度的可考核目标难度很大,它需要做很多的研究工作;另一方面,制定目标过于注重经济效果或远离实际,除会对个人产生过大的压力外,还可能会出现下级人员为追求过高目标而不择手段地采取违法或不道德做法的情况。

4. 过多强调短期目标

很多单位在目标管理计划中所确定的目标往往是一个季度或更短的短期目标。过分强调短期目标所导致的短期行为对长远目标的安排可能会带来不利影响,这就要求高层管理者对各级目标制定者予以指导,以确保短期目标为长期目标服务。

5. 目标管理的哲学假设不一定存在

Y理论对人类的动机所做的假设过于乐观,实际上,人是有机会主义本性的,尤其在监督不力的情况下更是如此。因此,在许多情况下,目标管理所要求的承诺、自觉、自治气氛难以形成。

6. 缺乏灵活性

明确的目标和责任是目标管理的主要特点,也是目标管理取得成效的关键。但是,计划是面向未来的,而未来存在许多不确定因素,这就需要根据已经变化了的计划工作前提进行修正。管理人员对修改目标往往表现出迟疑和犹豫不决。一是因为如果目标经常修改,就说明它不是经过深思熟虑和周密计划的结果,目标本身便无价值可言;二是若修订一个目标体系,那么所花费的精力可能与制定一个目标体系相差无几,牵涉面和付出代价较大。因此,实行目标管理,存在这种不能随时按组织目标、计划前提条件、组织政策等变化而迅速变化的危险。

五、滚动计划法

计划在执行过程中,有时需要根据情况进行调整。这不仅是因为计划活动所处的客观环境可能发生了变化,而且可能因为人们对客观环境的主观认识有了改变。为了使组织活动更加符合环境特点的要求,必须对计划进行适时的调整。滚动计划法是编制具有灵活性、能够适应环境变化的一种长期计划的方法。

(一)滚动计划法的含义

滚动计划法是一种动态编制计划的方法。它不像静态分析那样,等计划全部执行完了之后再重新编制下一个时期的计划,而是根据计划的执行情况和环境的变化情况,在编制或调整计划时,将计划按时间顺序向前推进一个计划期,即向前滚动一次,使之在计划管理过程中始终保持一定时期的完整的一种编制计划的方法。这种方法适用于任何类型的计划。

(二) 滚动计划法的编制方法

(1) 先编制出第一个一定时期的完整计划,例如企业编制出2014—2018年的五年经营战略计划。

(2) 当第一个计划期(如一年)结束后,结合计划实际完成情况,分析实际完成情况与计划的差异,找出差异产生的原因。

(3) 分析本计划期内外部环境条件的变化以及企业经营方针的调整,确定计划的修正因素。

(4) 本期计划向前推进一年到2019年,编制出第二个完整的五年经营战略计划(即2015—2019年)。

(5) 如此不断地向前滚动,不断延伸,使企业始终保持一个完整的五年经营战略计划。

(6) 考虑到计划的适用性,编制滚动计划时可采用"近细远粗"的办法,即在整个长期计划内,近期的计划可编制得详细、具体些,第一个计划期的计划可以详细到作为年度计划使用;离编制期较远的计划期的计划,可编制得概括、抽象些。

(三) 滚动计划法示意图

滚动计划法示意图如图12-2所示。

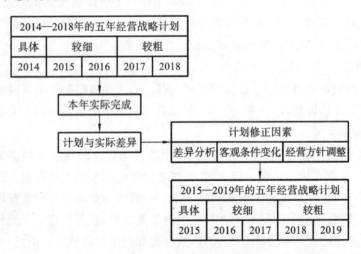

图12-2 滚动计划法示意图

(四) 滚动计划法的优缺点

1. 优点

滚动计划法主要应用于长期计划的制定和调整。长期计划面对的环境较为复杂,有许多因素组织是难以控制的,采用滚动计划法,便可适时根据环境变化和组织活动的实际进展情况进行调整,使组织始终有一个为各部门、各阶段活动导向的长期计划,体现了计划的动态适应性。这种"近细远粗"计划的连续滚动,既切合实际,又有利于长远目标的实现,同时使计划具有弹性、与时俱进,便于根据新时期、新情况,把握时机、避免风险。

滚动计划法还有广泛的适应性,既可用于编制长期计划,也可用于编制短期年度计划或者月度作业计划等。

2. 缺点

采用滚动计划法时,计划编制的工作量较大,计划成本较高。

六、网络计划技术

(一)网络计划技术概述

网络计划技术,就是指把一项任务分解成若干项活动(作业),再依据各项活动的性质和规律统筹规划,然后用网络图表示出来的一种计划方法。网络计划技术又称计划评审技术和关键路线法,它是 20 世纪 50 年代后期发展起来的一种科学的计划管理方法。

网络计划技术的基本原理是,以网络图的形式反映工程项目的各项活动的先后顺序及相互关系,并通过网络分析、计算网络时间,找出影响全局的关键活动和关键路线,以便对工程项目进行统筹安排,在工期、成本、资源利用等方面达到预期目的。

(二)箭线式网络图的构成要素

网络图有多种类型,按表示方法划分,主要有箭线式网络图和结点式网络图。我们使用的网络图大多是箭线式网络图。箭线式网络图的构成要素如下。

1. 任务

任务是网络图的首要构成要素。一张网络图就是一项任务,不可能有两项任务。

2. 作业(或称工序、活动)

作业是指一项需要消耗时间、资源和人力才能完成的工作,通常用一条箭线"→"表示。网络图中每一条箭线代表一项活动(作业或工序)。箭线的箭尾表示活动的开始,箭头表示活动的结束。箭线所代表的活动要消耗一定的时间和资源,在不附设时间坐标的网络图中,箭线的长短与活动所需的作业时间无关。在网络图中,通常把活动的名称或代号记在箭线的上方,作业时间记在箭线的下方。

有时,在网络图中还需要引用虚箭线。虚箭线代表虚活动,它不消耗时间和资源,主要表示活动之间的衔接关系。

3. 结点

结点是指某项活动的开始或结束,一般以圆圈"○"表示。结点是两条或两条以上箭线的交点,它可以根据在结点前后完成或开始的活动的性质而定名为某一事项。事项不消耗时间和资源,表示一项或几项活动的完成时刻或后续活动的开始时刻。在网络图中,第一个事项(结点)称为始点事项或始结点,最后一个事项称为终点事项或终结点,其余事项叫作中间事项(结点)。

4. 作业时间

作业时间是指某项作业必须耗费的时间。它是网络计算的基础,是编制网络图的主要依据,网络图的作用在很大程度上取决于所采用的作业时间估计得是否可靠。由于网络计划主要用于一次性的工程项目,所以一般无定额资料可供参考,往往只能用经验估计方法确定其作业时间。估计作业时间的方法有:

(1)单一时间估计法。在估计各项活动的作业时间时,只确定一个估计值。这种方法用于不可知因素较少,或有类似经验可循的情况。

(2)三种时间估计法。三种时间估计法又称三点估计法,就是对每一项活动所需时间估计三个时间值,然后求出可能完成的平均值。

三种时间估计法的经验公式为

$$T=(a+4m+b)/6$$

式中,T 代表某项活动平均作业时间,a 代表最乐观时间,m 代表最可能时间,b 代表最悲观时间。

5. 路线

路线是指沿着箭线方向由始结点直至终结点所形成的通道。一条通道就是一条路线。路线中各项活动的作业时间之和就是该路线所需要的时间。关键路线是在网络图中完成各个工序所需时间最长的路线,又称主要矛盾路线。编制网络计划的基本思想就是在一个庞大的网络图中找出关键路线。如果能够缩短关键工序(作业)的时间,就可以缩短工程的完工时间;而缩短非关键路线上的各个工序(作业)所需要的时间,却不能使工程完工时间提前。因此,对于各关键路线上的各个工序,应优先安排资源,挖掘潜力,采取相应措施,尽量压缩需要的时间;而对于非关键路线上的各个工序,只要不影响工程完工时间,可从中抽出适当的人力、物力等资源,用在关键工序(作业)上,以达到缩短工期、合理利用资源的目的。在执行过程中,可以明确工作重点,对各个关键工序加以有效控制和调度。

(三)网络图的绘制规则

(1)网络图中不能出现循环。网络图中的箭线必须从左向右排列,不能出现回路,否则将使组成回路的工序永远不能结束,工程永远不能完工。例如,图12-3(a)所示的网络图就是错误的。

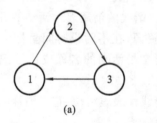

图 12-3　网络图 1

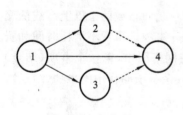

图 12-4　网络图 2

(2)两个结点之间只允许画一条箭线。例如,图12-3(b)所示的网络图就是错误的,进入一个结点的箭线可以有多条,但相邻两个结点之间只能画一条箭线。需要表示多项活动之间的关系时,可增加节点和虚作业来表示,如图12-4所示。

(3)只能有一个始结点和一个终结点。为表示工程的开始和结束,在网络图中只能有一个始结点和一个终结点。当工程开始时有几个工序平行作业,或在几个工序结束后工程完工,用一个始结点、一个终结点表示。例如,图12-5所示的网络图都是错误的。

(4)箭线的首尾必须有结点,不允许从一条箭线的中间引出另一条箭线。

(5)结点要统一编号,且不能重复,箭头结点编号要大于箭尾结点编号。

(四)箭线式网络图的绘制步骤

绘制箭线式网络图前,必须调查三件事:一个工程的全部活动、各项活动间的衔接关系、完

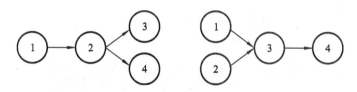

图 12-5　网络图 3

成各项活动所需时间。按以下步骤绘图。

(1)划分作业项目,也就是进行任务的分解,要恰当地确定工作包含的内容,使网络图的结构复杂程度适中。

(2)确定活动间的相互关系。相互关系包括工艺和组织的制约和先后顺序。为了使绘图简单,所有工作用英文字母代替,所以活动表中要给出英文字母和工作内容的对照。另外,活动表中要给出各项工作的前项工作。

(3)列出活动表。按衔接顺序由小到大编排结点号码,确定作业代号。

给工作的起点、终点编号有两种方法。但总的规则是:按从左到右、从上到下、由小到大进行编号。

方法一:表格法(见表 12-1)。

表 12-1　某新产品推销表

活动代号	活动说明	前项活动
A	广告计划	—
B	推销员培训	—
C	商店管理人员训练计划	—
D	电视、报纸广告发布	A
E	广告拷贝	A
F	准备推销资料	B
G	准备商店管理人员训练用的资料	B
H	广告后继续在新闻机构宣传	D,E
I	挑选和审查接受训练的商店管理人员	C
J	实施训练计划	G,I
K	正式销售产品	F,H,K

方法二:利用活动表对各项活动的起点、终点编号,然后根据结点编号绘图,这种方法适合计算机编号绘图。

(4)绘制初步的网络图(见图 12-6)。

(五)网络图的计算

网络图的计算一般包括结点最早可能开始时间、结点最迟必须开始时间和时差的计算。

1. 结点最早可能开始时间(为便于记忆,简称最早)

结点最早可能开始时间是指从该结点开始的各项活动最早可能开工的时间。将计算结果记在结点旁的小方框"□"内。其计算口诀如下:

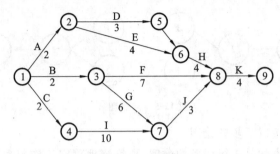

图 12-6 网络图 4

(1)从始结点算起,自左向右,沿着箭头方向计算;
(2)始结点最早记为零;
(3)箭头结点最早为箭尾结点最早加作业(时间);
(4)所得数值非一致,最大数值应选择。

2. 结点最迟必须开始时间(简称最迟)

结点最迟必须开始时间是指从该结点开始的各项活动最迟必须开工,否则将无法按期完工的时间。将计算结果记在结点旁的小三角形"△"内。其计算口诀如下:

(1)从终结点算起,自右向左,逆着箭头方向计算;
(2)终结点最迟即最早(因为结点所代表的事项本身不消耗时间);
(3)箭尾结点最迟为箭头结点最迟减去作业(时间);
(4)所得数值非一致,最小数值应选择。

3. 时差

时差是指在不影响整个工程项目按期完工的条件下,某些活动在开工时间安排上可以机动使用的一段时间,它等于结点最迟必须开始时间减去结点最早可能开始时间。计算时差的目的是更方便地确定关键路线。把时差等于零的结点、路线连接起来,其中有一条持续时间最长的路线就是关键路线。关键路线上各项活动的作业时间之和,即为整个工程的工程周期。

(六)网络图的优化

利用网络图制定计划仅仅是任务的开始,更重要的在于优化。网络图的优化主要是利用时差,不断改善网络图的最初方案,缩短周期,有效利用各种资源。网络图的优化有时间优化、时间－费用优化和时间－资源优化。

1. 时间优化

时间优化是指在人力、设备、资金等有保证的条件下,寻求最短的工程周期,争取时间,迅速发挥投资效果。在现有资源允许的条件下,尽量缩短工程周期的主要途径有:

(1)采取技术措施,压缩关键路线上的作业时间。例如,采取改进工艺方案、合理地划分工序组成、改进工艺装备等压缩作业时间的技术措施。

(2)利用时差,从非关键路线上抽调部分人力、物力集中于关键路线上的某些活动,缩短其作业时间。

(3)对关键路线上的各关键活动进行分解、组合,平行或交叉作业。

2. 时间－费用优化

时间－费用优化是指综合考虑工期与费用两者之间的关系,寻求以最低的工程总费用获得最佳工期的一种方法。工程项目的总费用就是直接费用与间接费用的总和。

(1)直接费用:与各项活动直接有关的费用,如人工、材料、燃料等的费用。

(2)间接费用:与工程周期长短有关,不能或不宜直接分摊给某一活动的费用,如管理费、银行贷款利息等。缩短工期会引起直接费用的增加、间接费用的减少;相反,延长工期通常可节省直接费用而增加间接费用。假设缩短工程周期的天数与直接费用成线性关系,每缩短单位时间所增加的直接费用(直接费用变化率)可用如下公式表示

直接费用变化率＝(赶工费用－正常费用)/(正常时间－赶工时间)

式中,赶工时间是指某活动的作业时间从正常状态慢慢加以缩短,直到无法再缩短为止的时间,该时间所需的费用为赶工费用。

3. 时间—资源优化

时间—资源优化是指在一定的资源条件下,使工程周期最短,或在一定的周期条件下,使投入的资源量最小。所谓资源,是指人力、物力、财力等。由于资源的情况比较复杂,不可能在编制网络计划时,一次性把时间费用及资源利用情况都做出统筹、合理的安排,往往需要进行几次综合安排之后,才能得到比较合理的优化方案。合理安排有限资源的要求是:

(1)保证关键路线上各项活动的资源需要量;

(2)充分利用时差,调整非关键活动的开工时间与完工时间,达到资源平衡的目的;

(3)为了达到资源合理使用,必要时可适当延长非关键路线的作业时间,以减少每日需要的资源量。

A公司的目标管理

A公司是一个地方中型企业,在实行目标管理之前,公司领导总感到职工的积极性没有最大限度地发挥出来,上下级之间的关系也比较紧张,管理很不顺畅,所以公司效益从2013年以来连续下滑。为从根本上扭转这种被动的管理局面,从管理中要效益,公司领导班子达成共识,从2016年开始在公司实行目标管理。

一、确定目标

A公司根据企业计划的总体要求来确定公司的总目标。总目标包含以下四个方面,并尽量用定量指标表达。目标又分为期望目标和必达目标两种。A公司的总目标如下(以2016年为准):

1. 对社会贡献目标

A公司作为一个地方化工企业,不仅要满足地区经济发展的物质要求,而且要满足人们对化工产品的不断增长需求。具体指标为:总产值必达目标为7914万元,期望目标为8644万元;净产值必达目标为1336万元,期望目标为1468万元;上缴税款必达目标为517万元,期望目标为648万元。

2. 市场目标

随着市场经济的发展与深入,化工产品市场竞争越来越激烈。A公司在本省是具有竞争力的企业,所以在力图巩固现有市场份额的基础上,强化市场营销策略,不断扩大销售量,并开拓外省(市)市场,从而提高市场占有率。销售指标:期望目标为年增长8%~10%,必达目标为年

增长6%~7%。市场占有率指标：期望目标为38%，必达目标为34%。

3. 公司发展目标

A公司根据计划发展规划，确定其发展目标为：销售收入必达目标为6287万元，期望目标为7100万元，且年增长6%~8%；资产总额为650万元，且年增长10%~12%；必须开发5个新系列的化工产品，期望开发6个新系列的化工产品；职工人数年增长3%，且实行全员培训，职工培训合格率必达目标为85%，期望目标为98%。

4. 公司利益和效益目标

确定的具体表达指标如下：利润总额为480万元，期望实现540万元；销售利润率为7.6%，期望达到8.5%；劳动生产率年增长85%，期望年增长105%；成本降低率递减5%；合格品率达到92%，期望达到95%；物质消耗率年下降7%；一级品占全部合格品比重达50%，期望达到60%。

二、目标分解

A公司对总目标的每一个表达指标，都按纵横两个系统，从上至下层层分解。从横向系统看，公司每一个职能部门都细分到各自的目标，并且一直到科室人员；从纵向系统看，从公司总部到下属车间、工段、班组直至每个岗位的工人都要落实细分的目标。由此形成层层关联的目标连锁体系。现以公司实现利润总额480万元为例，对其目标进行分解。为确保2015年实现利润总额480万元，经过分析，利润总额目标的实现取决于成本的降低；而成本的降低又分解为原材料成本、工时成本、废品损失和管理费用四个第三层次的目标；然后继续分解下去，共细分成九十六项具体目标，涉及降低物耗、提高劳动生产率、保证和提高产品质量及管理部门节约高效的具体要求；最后按归口分级原则落实到责任单位和责任人。

三、执行目标

A公司按照目标管理的要求，让各目标执行者自主管理，使其能在自我控制下充分发挥积极性和潜能。为职工实现自己的细分目标创造一个宽松的管理环境，不再强调上级对下级严密监督和下级任何事情都必须请示上级才行动的陈旧管理模式。

在此阶段，A公司领导应注意做到以下几点：

(1) 对大多数公司下级部门和岗位，都进行充分的委权和放权，提高自主管理和自我控制的水平。对于极少数下级部门和岗位，上级领导对下级部门和成员仍应实施一定的监督，以确保这些关键部门和岗位的目标得以实现。

(2) 公司建立和健全自身的管理信息系统，创造执行目标所需的信息交流条件，使上下级和平级之间的不同单位、部门、人员都能在执行各自目标时得到信息的支持。

(3) 公司各级领导人员对下属人员，并不是完全地放任不管，他们的职责主要表现在以下方面：一是为下属创造良好的工作环境；二是对下级部门和下属人员做好必要的指导和协调工作；三是遇到例外事项时，上级要主动到下属人员中去协商、研究、解决，而不是简单地下指令。

如上述A公司降低成本的96项具体目标，落实到公司有关部门和个人后，他们就按各自目标制定具体实施方案。实施方案包括执行目标所需的权限、工作环境、信息交流渠道、工作任务、计划进度、例外事项处理原则等。在每天的工作中，每个目标执行者都要自己问自己：我今天要做到些什么才能对自己目标的完成做出贡献？然后对每天的工作和时间进行最佳的组合安排，尽可能取得最高的工作效率。

四、评定成果

A公司在进行目标管理时,很重视成果评定。当预定目标实施期限结束时(一般为一年),就大规模地开展评定成果活动,借以总结成绩,鼓励先进,同时发现差距和问题,为更好地开展下一轮的目标管理打好基础。

A公司强调评定成果要贯彻三项原则:一是以自我评定为主,上级评定与自我评定相结合;二是要考虑目标达到程度、目标的复杂程度和执行目标的努力程度,并对这三个主要因素进行综合评定;三是按综合评定成果进行奖励,体现公平、公正的激励原则。

例如,三车间聚丙乙烯产品成本目标是6500元/吨,公司考核部门的标价标准是:达到6500元/吨,得100分;降至6400元/吨及以下,得120分;超过6600元/吨,得10分;在6500元/吨至6600元/吨之间时,得50分。三车间全体职工经过一年奋斗,最终自评成绩是120分,成功使成本降至6400元/吨以下,在达到目标程度这一因素上取得了最优级,并得到公司考核部门认可。

成本是一个综合项目,涉及企业管理的许多方面。三车间的成本目标定为6500元/吨,属于比较复杂、困难、繁重的目标。公司考核部门在制订评价标准时,把6500元/吨定为难度比较大的目标,记100分;把6400元/吨以下定为难度极大的目标,记120分;把6600元/吨以上定为较为容易目标,记10分。在评定时,影响成本的环境和条件没有大的改变,所以,三车间和公司考核部门一致确认,6500元/吨的成本目标应记为100分。

在评定执行目标的努力程度时,公司考核部门也制定了很努力、比较努力、一般努力三个等级,分值分别是120分、100分和80分。三车间自评结果是全车间同心协力,努力奋斗一年,应该记120分。

当然,在确定目标的复杂程度和执行目标的努力程度时,公司考核部门用一些更细分的指标和因素来保证。比如执行目标的努力程度要看出勤率、工时利用率、合理化建议等。

对于不同层级的部门和岗位,三个因素在评定成果中所占的比例有所不同。一般越是上级职位和部门,第一要素所占比重越大。三车间属于基层部门,可按5∶3∶2的比例,对其评定成果分值予以确定。

三车间综合评价分=120×50%+100×30%+120×20%分=114分

由于三车间目标管理成绩很好,A公司对其进行了表彰和奖励。三车间每个职工也通过评定成果,做了一次认真、全面、系统的总结。每个职工也有自己细分目标的评定结果,成绩并非完全相同。所以后进职工应认真总结教训和学习先进职工的经验,以便把下一轮目标管理搞好。

A公司执行目标管理的第一年就取得了丰硕的成果。公司总目标超额实现,总产值达到8953万元,净产值达到1534万元,上缴税款680万元。总目标中对社会贡献目标全部超过期望目标。在市场目标方面:销售量2016年比2015年增长9%,市场占有率达到35%,都超过了必达目标。在公司发展目标方面:销售额达到7130万元,比上一年增长85%;资产总额达到730万元,比上一年增长15%;已开发出6个新系列的化工产品;职工培训上岗合格率已达93%。在公司利益和效益目标上,已实现利润总额630万元,其他各项经济效益指标也全部达到甚至超过预定目标。同时,公司内部的上下级关系和人际关系开始变得融洽、和睦,职工的积极性、主动性、创造性得以真正地发挥出来,全公司呈现一种同心协力、努力奋斗、力争实现公司目标的新景象。

思考题：

1. A公司为什么要推行目标管理？推行目标管理有哪些作用？
2. 从管理角度分析，目标管理有何特色？
3. A公司是如何按照目标管理的程序来操作的？你认为实际应用目标管理时还要注意什么问题？
4. 你认为目标管理除在企业适用外，是否还适用于其他组织，如学校、机关、研究所等？请你尝试设计一个实例进行程序操作。

思考练习

一、单项选择题

1. 在管理的基本职能中，位于首位的是（　　）。
   A. 计划　　　　　B. 组织　　　　　C. 领导　　　　　D. 控制
2. 管理的计划职能的主要任务是要确定（　　）。
   A. 组织结构的蓝图　　　　　B. 组织的领导方式
   C. 组织目标以及实现目标的途径　　　　　D. 组织中的工作设计
3. 可以依据（　　）把计划分为战略计划、管理计划、业务计划。
   A. 决策层次　　　　　B. 对象　　　　　C. 时间　　　　　D. 范围
4. 企业计划从上到下可分成多个层次，通常层次越低，目标就越具有（　　）的特点。
   A. 定性和定量结合　B. 趋向与定性　　C. 模糊而不可控　D. 具体而可控
5. 企业计划从上到下可分成多个等级层次，并且（　　）。
   A. 各层次的目标都是具体而可控的
   B. 上层的目标与下层的目标相比，比较模糊和不可控
   C. 各层次的目标都是模糊而不可控的
   D. 上层的目标与下层的目标相比，比较具体而可控
6. 实行参与式管理的计划的形成方法是（　　）。
   A. 从上往下形成的方法　　　　　B. 从下往上形成的方法
   C. 由专门的计划人员制定计划　　　　　D. 由各层领导共同制定计划
7. 要明确企业计划的外部条件，关键是（　　）。
   A. 定量预测　　　　　B. 定性预测　　　　　C. 环境预测　　　　　D. 销售预测
8. 下列关于计划工作的认识，哪种观点是不正确的？（　　）
   A. 计划是预测与构想，即预先进行的行动安排
   B. 计划的实质是对要达到的目标及途径进行预先规定
   C. 计划职能是参谋部门的特有使命
   D. 计划职能是各级、各部门管理人员的一个共同职能
9. 组织在未来特定时限内完成任务程度的标志是（　　）。
   A. 目标　　　　　B. 可行　　　　　C. 选择　　　　　D. 满意
10. 实施目标管理的主要环节是：①逐级授权 ②目标的制定与展开 ③实施中的自我控制 ④成果评价。这些环节的逻辑顺序是（　　）。
    A. ①→②→③→④　　　　　B. ②→③→①→④

C. ③→②→①→④   D. ②→①→③→④

11. 实施目标管理的主要难点是(　　)。
   A. 不利于有效地实施管理　　B. 不利于调动积极性
   C. 难以有效地控制　　D. 设置目标及量化存在困难

12. 根据Y理论,你认为持此理论观点的管理者在为下属制定计划时,会倾向于哪一类计划?(　　)
   A. 战略计划　　B. 具体计划　　C. 综合性计划　　D. 指导性计划

13. 滚动计划法的计划内容依据(　　)的原则。
   A. 近细远粗　　B. 远细近粗　　C. 统一　　D. 逐期滚动

14. 网络图中的关键路线是指(　　)。
   A. 占用时间最短,宽裕时间最少的活动序列
   B. 占用时间最长,宽裕时间最多的活动序列
   C. 占用时间最短,宽裕时间最多的活动序列
   D. 占用时间最长,宽裕时间最少的活动序列

二、多项选择题

1. 滚动计划法的作用是(　　)。
   A. 计划更加切合实际,并且使战略计划的实施也更加切合实际
   B. 使长期计划、中期计划与短期计划相互衔接
   C. 使短期计划内部各阶段相互衔接
   D. 大大加强了计划的弹性

2. 某企业在推行目标管理时,提出了"质量上台阶,管理上水平,效益创一流,人人争上游"的目标,你认为该目标存在哪些方面的欠缺?(　　)
   A. 目标缺乏激励性　　B. 目标表述不够简要
   C. 目标无法考核　　D. 目标设定太高

3. 你是一家连锁饭店集团下的一个分店经理,集团公司为你确定了今年上半年的经营目标:从今年1月1日到6月30日之间,将销售额相对于去年同期提高8%。你认为(　　)。
   A. 该目标已经给分店经理一个明确无误的指令,是一个可考核的执行性目标
   B. 该目标没有提出一个度量目标是否完成的客观标准,所以需要进一步改进
   C. 该目标没有平衡利润与销售增长之间的关系,可能给分店经理以误导,需要进一步改进
   D. 该目标没有规定清楚如何达成目标的步骤、措施和资源配置,需要进一步改进

4. 计划制订中的滚动计划法是动态的和灵活的,它的主要特点是(　　)。
   A. 按前期计划执行情况和内外环境变化,定期修订已有计划
   B. 不断逐期向前推移,使短、中、长期计划有机结合
   C. 按近细远粗的原则来制订,避免对不确定性远期计划过早、过死安排
   D. 计划编制的工作量较大,成本较高。

5. 目标管理的特点不包括(　　)。
   A. 自我控制性　　B. 责任性　　C. 主观性　　D. 参与性

6. 下列关于目标管理的说法正确的有(　　)。
   A. 目标管理提供了一种将组织目标体系转换为组织部门和各成员目标的有效方式

B. 目标管理强调的是上下级共同商议、确定目标

C. 目标管理主张目标的设定必须是参与式的

D. 目标管理强调目标必须是可量化的

三、简答题

1. 制订计划需要遵循哪些流程？
2. 完整的计划应该包括哪些内容？
3. 目标管理中的目标制定的原则是什么？
4. 什么是目标管理？实施步骤有哪些？

四、计算题

1. 学校准备举办校运动会，作业衔接关系与作业时间表如表12-2所示，试画出网络图，并确定关键路线和工期。

表12-2 校运动会作业衔接关系与作业时间表

作业名称	作业代号	后续作业	作业时间/天
研究方案	A	B,I	5
制定比赛程序表	B	C,E,G	10
印刷比赛程序表	C	D	10
分发比赛程序表	D	K	2
预定奖品	E	F	4
验收奖品	F	K	2
制作比赛用具	G	H	7
搬运比赛用具	H	J	1
联系运动场	I	J	1
布置运动场	J	K	2
彩排	K	L	1
正式运动会	L	M	3
运动会组织工作总结	M	—	3

2. 根据给出的任务、工序、时间、前后工序关系等条件，进行网络图的绘制和网络时间的计算。某项工程的各项活动之间的相互关系和作业时间如表12-3所示。试根据表中资料，完成下列要求：(1)绘制网络图；(2)计算各结点的最早可能开始时间和最迟必须开始时间；(3)找出关键路线和计算该工程的工期。

表12-3 某项工程的各项活动之间的相互关系和作业时间表

活动代号	后续活动	作业时间/天	活动代号	后续活动	作业时间/天
A	C,D	10	E	G	5
B	E,F	10	F	H	8
C	E,F	12	G	—	7
D	G	5	H	—	2

模块七

组织设计与管理能力

GUANLI JICHU
YU SHIWU

学习情境

最近A公司的总裁感叹:我们对地方分权长期、坚定和近乎狂热的承诺,会对我们的组织造成影响,造成与产品相关的不同部门为争取客户彼此竞争,结果造成一股有悖整体的力量,形成一种人人为我,却无我为人人的精神。那么什么是组织呢?地方分权是组织结构吗?如果你是A公司的总裁,你怎么进行组织设计、招募人才、构建组织文化?

学习目标

1. 知识目标

通过本模块的学习,学生能够了解组织结构的含义与作用,理解常见的组织结构类型,掌握不同组织结构的优缺点,掌握组织结构设计、部门设置、职位分析和人员选聘的基本脉络,理解组织文化在管理中的应用。

2. 能力目标

通过本模块的学习训练,学生知道如何根据实际情况设计合适的组织结构并进行有效管理。

3. 素质目标

通过本模块的学习训练,重点培养学生的分析判断能力、组织能力和沟通能力。

项目十三 组织认知及常见组织结构

训练01:通过情境模拟,对组织和组织结构进行设计。

公司组织结构设计大会

一、时间:45分钟(课内时间45分钟,课外准备时间自定)。

二、活动目的:通过发散思维,各显其能,让学生进行公司组织设计,拓展学生的视野,培养学生的策划能力、团队协作能力和组织设计能力等。

三、活动地点:教室。

四、参与人数:教学班的12个公司。

五、活动所需资源:多媒体设备,主持人1名,后勤工作人员若干。

六、操作程序:

(一)课前准备

1. 教师在授课之前提前通知学生做好准备,提高学生的学习兴趣与积极性;教师选定本次模拟活动的主持人和后勤工作人员,主持人和后勤工作人员同时扮演其他角色。

2. 在全班12个公司中,每一个公司结合自己公司的产品特点、公司发展生命周期及公司未来的发展战略规划,选择适合自己公司的组织结构类型,并阐述选择该组织结构类型的理由。

3. 制作相应的PPT课件,介绍模拟公司的组织结构设计。

(二)课堂现场验收成果

1. 活动开始前,后勤工作人员负责活动现场的布置,主持人准备好主持词。

2. 召开模拟公司组织结构设计大会,各公司代表发言,介绍所创建公司的组织结构,各组抽签确定上场顺序。(约30分钟,每个模拟公司必须确保用时为3~5分钟,不得过于简单,也不能花费太多时间。)

3. 各小组自评分、互评分。

4. 教师评分及总结点评。

(三)课后总结

将各个模拟公司的组织结构用图表画出来,将公司的组织结构设计方案形成文字性材料,上交至教师,留作后续深入学习所用。

训练问题:

1. 什么是组织?

2. 组织结构包括哪些内容?

3. 常见的组织结构有哪些?

一、组织的含义

(一)组织的一般含义

一般意义上的组织,泛指各种各样的集合,如企业、学校、机关、医院等,它们是为了一定的目标,通过分工与合作所构成的人的集合。巴纳德认为,由于生理、心理、物质、社会等方面的限制,人为了达到个人的目标或共同的目标,就必须合作,这样就形成了群体、组织。他说:组织是两人以上有意识的协调和活动的合作系统。根据巴纳德的观点,所有正式组织不论其级别和规模差别有多大,均包含共同目标、人为系统、分工协作的愿望和不同层次的权利与责任制度。

1. 共同目标

这是针对每个组织成员而言的,是协作愿望的必要前提。没有目标就没有协作,同时也无法了解和预测组织对个人的要求和它的决策内容。企业组织的目标一般包括收益目标、稳定发展目标等。组织成员个人的行动与决策要与这些目标统一起来。

2. 人为系统

组织是一个系统,其作为人的结合,不是简单的毫无关系的个人的加总,而是人们为了实现一定的目的,进行有意识的协同劳动而产生的群体。这一系统由人建立,以人为主体,组成具有特定功能的整体。

3. 分工协作的愿望

分工是提高效率的必要条件,而组织的本质在于协作。个人有为组织目标贡献力量的愿望,这种愿望能使每一个人的力量凝聚为一个整体力量,这对组织而言是不可缺少的一项要素。组织功能的产生是人类协作的结果。

4. 权利与责任制度

权责关系的统一,使组织内部形成反映组织内部有机联系的不同管理层次。这种联系是在分工协作的基础上形成的,是实现合理分工协作的保障,也是实现组织目标的保障。

(二)组织的管理学含义

组织的管理学含义有静态与动态之分:其静态含义是指一个组织体系、一种组织结构,其动态含义是指一种组织活动。我们把组织作为管理的一项重要职能是从其动态含义上去理解的,其主要内容是:

(1)根据组织目标,在任务分工的基础上设置组织部门;

(2)根据各部门的任务性质和管理要求,确定各部门的工作标准、职权、职责;

(3)制定各部门之间的关系、联系方式和规范等。

二、组织结构的含义和内容

组织结构是组织内的全体成员为实现组织目标,在管理工作中进行分工协作,通过职务、职责、职权及相互关系构成的结构体系。组织结构的本质是组织成员间的分工协作关系,组织结构的核心内容是人们的职、责、权的划分,组织结构设计的出发点与依据是组织目标。组织结构又被称为权责结构。具体来说,组织结构的内容如下。

(一)职能结构

职能结构即完成组织目标所需的各项业务及其比例和关系,如一个企业有经营、生产、技术、后勤、管理等不同的业务职能。企业各项工作任务都为实现企业的总目标服务,但各部分的权责关系又不相同。职能结构设计是组织结构设计的首要任务。

(二)层次结构

层次结构即管理层次的构成,又称组织的纵向结构。如公司机构的纵向层次从上到下可以分为股东会、董事会、总经理、各职能部门、基层部门、班组等,这样就形成了一个组织完整的纵向结构。企业可以根据自身的规模、类型等来确定组织的层次结构。

(三)部门结构

部门结构即各管理部门和业务部门的构成,也称组织的横向结构。如企业可以根据自身的规模和类型有选择地设置财务部、人事部、营销部、研发部、生产部等。

(四)职权结构

职权结构即各职能层次、各部门在权利和责任方面的分工,各职能层次、各部门之间的协作关系、监督与被监督关系。例如,公司中的股东会是全体股东组成的公司最高权力机构,董事会是股东会选举产生的、行使公司经营管理权的执行机构,经理是公司的辅助业务执行者和日常管理工作的负责人,监事会是对公司生产经营业务活动进行监督和检查的常设机构。

三、常见的组织结构类型

组织结构是组织的"框架",而"框架"是否合理、完善在很大程度上决定了组织的目标能否顺利实现。但客观地说,设计一种适合各种组织的理想组织结构形式是非常困难的,因为每个组织所依托的环境、经营战略、技术要求和管理体制等都有各自的特点。即使是针对某一特定企业,也难以设计出能满足各种要求的组织结构形式,因为有许多要求实际上是相互矛盾的。比如,希望组织结构能适应迅速做出决策的要求,同时又要保证决策的高质量;既希望组织具有较强的创新和应变能力,又要保证组织相对稳定等。

实际上,组织结构也不是包治百病的灵丹妙药,也不能解决所有的组织问题。一个组织能否正常运转,除了要选择合理的组织形式以外,还取决于很多其他因素,如人员配备、工作激励、行为控制、组织文化等。组织结构的形式多种多样,以下主要介绍几种基本的形式。

(一)直线制组织结构

这是最简单的组织结构,是一种集权式的组织结构形式,又称为军队式组织结构。它的特点是组织中的职位按垂直系统直线排列,各级主管负责人行使统一指挥和管理职能,一般不设职能人员或只在上层组织配备少数职能人员协助主管人员工作。

由图 13-1 可见,这种组织结构设计简单、权责分明、信息沟通方便,便于统一指挥、集中管理。它的主要缺点是缺乏横向之间的协调关系,没有职能机构当领导的助手,容易产生忙乱现象。所以,一旦企业规模扩大、管理工作复杂化,领导者势必因经验、精力不够而顾此失彼,难以进行有效的管理。这种组织结构只有在企业规模不大、职工人数不多、生产和管理工作都比较简单的情况下才能适用。

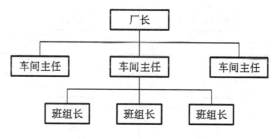

图 13-1 直线制组织结构

(二)职能制组织结构

职能制组织亦称 U 形组织。职能制组织结构是指只设立若干职能机构或人员,各职能机构或人员在自己的业务范围内都有权向下级下达命令和指示,即各级负责人除了要服从上级直接领导的指挥以外,还要接受上级各职能机构或人员的领导,如图 13-2 所示。

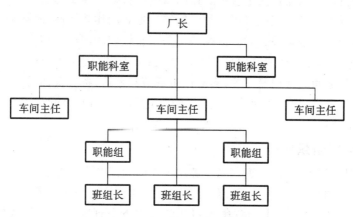

图 13-2 职能制组织结构

职能制组织结构的优点是:职能部门任务专门化,有利于发挥职能专长,这点对许多职能人员颇具激发力;可以降低费用,主要来自于各项职能的规模经济效益。职能制组织结构的主要不足是：多头管理妨碍了组织的统一指挥，不利于明确划分职责与职权；各职能机构往往不能很好地配合，横向联系差；在科技发展迅速、经济联系日益复杂的情况下，对环境发展变化的适应性差；过于强调专业化，使主管人员忽视了本专业以外的知识，不利于培养上层管理者。这种组织结构是一种理想的模型，在现实的企业中应用得很少。

（三）直线职能制组织结构

直线职能制组织结构是把直线制组织结构和职能制组织结构结合起来而形成的。在直线职能制组织结构中，管理人员被分为两类：一类是对下级直接下达命令的直线指挥人员，另一类是为直线指挥人员提供建议和咨询、对下级进行业务指导的职能人员。直线职能制组织结构是一种以直线为基础，在各级行政负责人之下设置相应的职能部门，分别从事专业管理，作为该级领导者的参谋，实行主管统一指挥与职能部门参谋、指导相结合的组织结构形式，如图13-3所示。

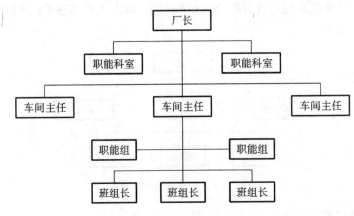

图 13-3　直线职能制组织结构

直线职能制组织结构是在综合了直线制组织结构和职能制组织结构的优点和缺点的基础上形成的。因此，它既保持了直线制组织结构的集中统一指挥的优点，又吸取了职能制组织结构发挥专业管理的长处，从而提高了管理工作的效率。直线职能制组织结构的产生使组织管理大大前进了一步，所以各国组织中采用这种组织结构形式的比较普遍，而且采用的时间比较长。目前我国大多数企业，甚至机关、学校、医院等都采用直线职能制组织结构。

但是这种组织结构在管理实践中也有不足之处：权力集中于高层管理者，下级缺乏必要的自主权；各职能部门之间的横向联系差，容易产生脱节和矛盾；各参谋部门与指挥部门之间的目标不统一，容易产生矛盾；信息传递路线较长，反馈较慢，适应环境变化较难。实际上，这是典型的集权式管理组织结构。

（四）事业部制组织结构

事业部制组织又称为 M 形组织。事业部制组织结构以产生目标和结果为基准来进行部门划分和组合。事业部制组织结构是西方经济从自由资本主义过渡到垄断资本主义以后，在企业规模大型化、企业经营多样化、市场竞争激烈化的条件下出现的一种分权式的组织结构形式。所谓事业部制组织结构，就是一个企业按产品、地区或市场（顾客）分别成立若干事业部，事业部在总公司集中领导下进行分权管理的一种组织结构形式。例如：湖南的三一集团按产品类别来划分事业部；麦当劳公司则按地区来划分事业部；还有一些企业，如银行，通常以顾客类型为依据来进行部门划分。事业部制组织结构如图13-4所示。

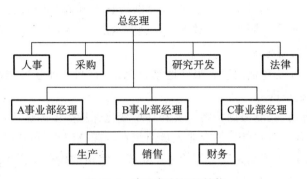

图 13-4　事业部制组织结构

1．事业部制组织结构的主要优点

（1）提高了管理的灵活性和适应性。由于各事业部单独核算、自成体系，因此在生产经营上具有较大的自主权，这样既有利于调动各事业部的积极性和主动性，有利于培养和训练高级管理人才，又便于各事业部之间展开竞争，从而有利于增强企业对环境条件变化的适应能力。

（2）有利于高层管理者摆脱日常行政事务，集中精力做好有关企业大政方针的决策。

（3）便于组织专业化生产，便于采用流水作业和自动化等先进的生产组织形式，有利于提高生产效率、保证产品质量、降低产品成本。

2．事业部制组织结构的主要缺点

（1）增加了管理层次，造成机构重叠、管理人员和管理费用增加。

（2）由于各事业部独立经营，因此各事业部之间人员互换困难，互相支援较差。

（3）各事业部经常从本部门出发，容易滋长不顾公司整体利益的本位主义和分散主义倾向。

（4）在事业部制组织结构中，重要决策可以在较低的组织层次中做出。与职能制组织结构相比，事业部制组织结构是以一种分权的方式来开展管理工作的，它一般适用于具有较复杂的产品类别或较广泛的地区分布的企业。

（五）矩阵制组织结构

矩阵制组织结构是将按职能划分的部门和按产品、服务或工程项目划分的项目小组组织起来而形成的，如图13-5所示。

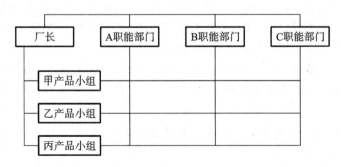

图 13-5　矩阵制组织结构

有的企业同时有几个项目需要完成，每个项目要求配备不同专长的技术人员或其他资源。

为了加强对项目的管理,每个项目在总经理或厂长的领导下由专人负责。其中,工作小组或项目小组一般由不同背景、不同技能、不同知识、分别选自不同部门的人员组成。组成工作小组后,大家为某个特定的项目共同工作。对于有这种需求的企业组织,建议采用矩阵制组织结构。

1. 矩阵制组织结构的优点

(1)将组织的纵向联系和横向联系很好地结合起来,有利于加强各职能部门之间的协调和合作,及时沟通情况、解决问题。

(2)具有较强的机动性,能根据特定需要和环境变化保持高度的适应性。

(3)把不同部门、具有不同专长的专业人员组织在一起,有利于相互启发、集思广益,有利于攻克各种技术难题、更加圆满地完成工作任务。矩阵制组织结构在发挥人的才能方面具有很大的灵活性。

2. 矩阵制组织结构存在的问题

(1)在资源管理方面存在复杂性。

(2)稳定性差。由于各个小组成员是由各职能部门临时抽调的,任务完成以后还是要回到原职部门工作,因此容易使小组成员产生临时观点,不安心工作,从而对工作产生一定的影响。

以上是常见的传统组织结构类型,随着时代的发展,新型的组织结构不断涌现,最为典型的有虚拟组织结构、四叶草组织结构、无边界组织结构、多维立体化组织结构等。

项目十四　组织的设计与变革能力

训练 02:通过寓言故事,对组织设计进行认知。

两头鸟

从前在雪山下,有一只两头鸟,为了安全起见,它们轮流睡觉,假如一头睡着,另一头便醒着。这只两头鸟虽共用一个身体,却有完全不同的思想:一头叫迦喽嗏,常做好想;另一头叫优波喽嗏,常做恶想。

有一天,在树林里,轮到优波喽嗏睡觉,突然从树上飘来一朵香花。醒着的迦喽嗏就想:"看它睡得那么熟,还是不要叫醒它,反正即使我单独吃了,我们一样都能够除掉饥渴,得到这朵香花的益处。"于是,迦喽嗏就默默地把那朵香花吃了。

过了一会儿,优波喽嗏醒来了,觉得腹中满满的,吐出的气充满香味,就问迦喽嗏说:"在我睡觉时,你是不是吃了什么香美奇妙的食物?我怎么觉得身体安稳、腹中饱满、声音美好,觉得那么地舒适呢。"

"你睡觉的时候,有一朵摩头迦花落在我的头旁边,我看你睡得很熟,又想我吃和你吃并没有什么区别,就单独把它吃了。"

优波喽嗏听了,心里很不高兴,从内心深处生起嫌恨的心,心想:"你有好东西吃,也不叫我,你等着瞧吧!下次我吃些坏东西害死你!"

过了不久,两头鸟经过一个树林,优波喽嗏看到林间有一朵毒花,起了一个心念:"好,害死你的时机来了。"就对迦喽嗏说："现在你能够睡觉了,我醒着,帮你看守。"

等迦喽嗏睡着以后,优波喽嗏就一口把毒花吃了下去。由于优波喽嗏的恨意,两头鸟就一同被毒死了。

训练问题：

1. 从这个故事中可以看出组织设计时应该遵循什么样的原则？
2. 组织中的权、责、利应该怎么分配？
3. 组织是否需要变革？为什么？

一、组织设计

（一）组织设计的概念

设计是把一种设想通过合理的规划、周密的计划、各种感觉形式传达出来的过程。组织设计是指管理者将组织内各要素进行合理组合,建立和实施一种特定组织结构的过程,这是有效管理的必备手段之一。组织设计的实质是对管理人员的管理劳动进行横向和纵向的分工。

（二）组织设计的原则

现代管理者通过对组织所处环境、采用的技术、制定的战略、发展的规模等方面进行大量的理论研究和实践探索,总结出了组织设计的五条基本原则。

1. 目标至上、职能领先原则

组织结构只是实现组织目标的手段,组织机构只是落实组织机能或职能的工具。因此,管理者在进行组织设计工作时,无论是决定选取何种形式的组织结构,还是决定配置哪些职位、部门和层次,都必须以服从并服务于组织目标实现为出发点。组织在一定时期内所要实现和开展的战略目标、核心职能,往往对组织结构的形式与构成起着决定性作用。对组织特定目标和职能的关注应该贯穿组织设计和变革工作的全过程。

2. 管理幅度合理原则

所谓管理幅度,又称管理跨度或管理宽度,就是一个主管人员有效领导的直接下属的数量。一般来讲,任何主管人员能够直接、有效地指挥和监督的下属数量总是有限的。管理幅度过大,会造成指导监督不力,使组织陷入失控的状态；管理幅度过小,又会造成管理人员配备过多,管理效率降低。所以,保持合理的管理幅度是组织设计工作的一项重要原则。

3. 统一指挥原则

统一指挥指的是组织中的每个下属应当而且只能向一个上级主管直接汇报工作,也就是俗话说的"一个人只能有一个婆婆",以避免多头指挥。可以说,组织内部的分工越细致、深入,统一指挥原则对保证组织目标实现的作用就越重要。政出多门、命令不统一,一方面会使真正想做事的下属无所适从,另一方面也给了一些不想做事的下属以利用矛盾、逃避责任的机会。但是,这条重要的原则在组织实践中常遇到来自多方面的破坏,最常见的两种情况是多头指挥和越级指挥。

4. 权责对等原则

在进行组织设计时,既要明确每个部门或职务的职责范围,又要赋予其完成职责所必需的权力。使职权和职责保持一致是组织有效运行的前提,也是组织设计中必须遵循的基本原则。只有责任,没有职权或职权太小,会使工作者的积极性和主动性受到严重束缚;相反,只有职权而无责任,或者责任程度小于职权,则会导致组织中出现权力滥用和无人负责现象并存的局面。

5. 因事设职与因职设人相结合原则

组织中每个部门、每个职务都必须由一定的人员来完成规定的工作任务。组织设计必须确保实现组织目标的每项内容都能落实到具体的职位和部门,做到"事事有人做",而不是"人人有事做"。这样,组织设计自然就要求从工作的特点和需要出发,因事设职,因职用人。但这并不意味着组织设计可以忽视人的因素,忽视人的特点和人的能力,我们在设计组织结构时也要尽量兼顾组织内部现有人员的情况。组织设计必须保证有能力的人有机会去做他们真正胜任的工作的同时,使工作人员的能力在组织中获得不断的提高和发展。总而言之,要做到"人"与"事"的有机结合。

(三) 组织设计的程序

设计组织的结构是执行组织职能的基础工作,组织设计的任务是提供组织结构系统图和编制职务说明书。组织设计主要针对三种情况:一是新建组织需要进行组织结构设计,二是原有组织结构出现较大问题或组织目标发生变化,三是组织结构需要完善和调整。在三种不同的情况下,组织结构设计的基本程序都是一致的,一般包括以下三个步骤。

1. 职务设计与分析

组织结构系统图是自上而下绘制的,我们在研究现有组织的改进时,也往往自上而下重新划分各个部门的职责。但是,如果我们要设计一个全新的组织结构,却需要从最基层开始,是自下而上的。职务设计与分析是组织结构设计最基础的工作。职务设计是指在目标活动逐步分解的基础上,设计和确定组织内从事具体管理工作所需的职务类别与数量,分析担任每个职务的人员应负的责任、应具有的素质要求。

2. 部门划分

根据各个职务所从事的工作的性质以及职务间的相互关系,依照一定的原则,可以将各个职务组合成被称为"部门"的管理单位。组织活动的特点、环境和条件不同,划分部门所依据的标准也可能会不断调整。

3. 结构形成

职务设计与分析和部门划分是根据工作要求来进行的。在此基础上,还要根据组织内外能够获得的现有人力资源,对初步设计的部门和职务进行调整,并平衡各部门、各职务的工作,以使组织结构合理。如果再次分析的结果证明初步设计是合理的,那么剩下的任务便是根据各自工作的性质和内容,规定各管理机构之间的职责、权限及义务关系,使各管理部门和职务形成一个严密的网络。

二、层级化结构设计

(一) 管理幅度

管理幅度是指一名主管人员能够直接、有效地监督、管理下级人员或者机构的数量。管理幅度过大,会造成管理人员负担过重,对下属指导、监督不力,从而影响工作效率;管理幅度过小,又会造成主管人员配备增多,管理效率降低。一般地,高层管理幅度为3~6人,中层管理幅度为 5~9 人,基层管理幅度为 7~15 人。

在图 14-1 中,各主管人员的管理幅度为:A——3,B——5,C——7,D——8。

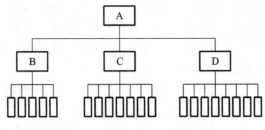

图 14-1 管理幅度

(二)管理幅度的确定与管理层次的划分

组织结构设计在很大程度上其实是对管理幅度的确定和管理层次的划分,这二者决定了组织的基本形态。一个组织的管理层次受到组织规模和管理幅度的影响。在管理幅度给定的条件下,管理层次与组织的规模大小成正比:组织规模越大,包括的成员越多,管理层次也就越多。在组织的规模既定的条件下,管理层次与管理幅度成反比:每个主管能直接控制的下属的人数越多,所属的管理层次就越少;相反,管理幅度减小,则管理层次增加。其中,起主导作用的是管理幅度,即管理幅度决定管理层次,这是由管理幅度的有限性决定的。同时,管理层次也对管理幅度起着一定的制约作用,这是因为管理层次具有较高的稳定性,这就要求管理幅度在一定程度上要服从既定的管理层次。

管理层次与管理幅度、组织规模存在着相互制约的关系,即

$$管理幅度 \times 管理层次 = 组织规模$$

当组织规模一定时,管理幅度和管理层次成反比关系。管理幅度越宽,管理层次越少,其管理组织结构为扁平型;相反,管理幅度越窄,管理层次越多,其管理组织结构为高耸型。同样,在管理幅度不变时,组织规模与管理层次成正比:组织规模大,管理层次多,则管理组织结构为高耸型;反之,组织规模小,管理层次少,则管理组织结构为扁平型。

三、部门化

(一)岗位设计

岗位设计又称工作设计,是指根据组织的需要并兼顾个人的需要,规定每个岗位的任务、责任、权力,以及组织与其他岗位关系的过程。它把工作的内容、工作的资格条件和工作的报酬结合起来,目的是满足员工和组织的需要。岗位设计问题主要是组织向其员工分配工作任务和职责的方式问题。岗位设计对激发员工的积极性、增强员工的满意感及提高工作绩效都有重大影响。岗位设计的主要内容包括工作内容的设计、工作职责的设计和工作关系的设计三个方面。

1. 工作内容的设计

工作内容的设计是岗位设计的重点,一般包括工作的广度、工作的深度、工作的完整性、工作的自主性及工作的反馈五个方面。

(1)工作的广度,即工作的多样性。工作设计得过于单一,员工容易感到枯燥和厌烦。因此设计工作时,尽量使工作多样化,使员工在完成任务的过程中能进行不同的活动,保持工作的

兴趣。

(2)工作的深度。设计的工作应具有从易到难的一定层次,对员工的工作技能提出不同程度的要求,从而增加工作的挑战性,激发员工的创造力和克服困难的能力。

(3)工作的完整性。保证工作的完整性能使员工有成就感,即使是流水作业中的一个简单程序,也要是全过程,让员工看到自己的工作成果,感受到自己工作的意义。

(4)工作的自主性。适当的自主权力能增加员工的工作责任感,使员工感到自己受到了信任和重视。认识到自己工作的重要性,使员工的责任心增强,工作的热情提高。

(5)工作的反馈。工作的反馈包括两个方面的信息:一是同事及上级对自己工作意见的反馈,如对自己的工作能力、工作态度的评价等;二是工作本身的反馈,如工作的质量、数量、效率等。工作的反馈信息使员工对自己的工作效果有全面的认识,能正确引导和激励员工,有利于工作的精益求精。

2. 工作职责的设计

工作职责的设计主要包括工作责任、工作权力、工作方法,以及工作中的相互沟通和协作等方面的设计。

(1)工作责任的设计。工作责任的设计就是员工在工作中应承担的职责及压力范围的界定,也就是工作负荷的设定。责任的界定要适度:工作负荷过低,无压力,会导致员工行为轻率和低效;工作负荷过高,压力过大,会影响员工的身心健康,导致员工的抱怨和抵触。

(2)工作权利的设计。权利与责任是对应的,责任越大,权利范围越广,若二者脱节,会影响员工工作的积极性。

(3)工作方法的设计。工作方法的设计包括领导对下级的工作方法、组织和个人的工作方法的设计等。工作方法的设计具有灵活性和多样性,不同性质的工作根据其特点的不同,采取的具体方法也不同,不能千篇一律。

(4)相互沟通的设计。沟通是一个信息交流的过程,是整个工作流程顺利进行的信息基础。沟通包括垂直沟通、平行沟通、斜向沟通等形式。

(5)协作的设计。整个组织是有机联系的整体,是由若干个相互联系而又相互制约的环节构成的,每个环节的变化都会影响其他环节以及整个组织的运行,因此各环节之间必须相互合作、相互制约。

3. 工作关系的设计

组织中的工作关系表现为协作关系、监督关系等方面。

以上三个方面的设计,为组织的人力资源管理提供了依据,保证了事(岗位)得其人、人尽其才、人事相宜,优化了人力资源配置,为员工创造了更加能够发挥自身能力、提高工作效率、提供有效管理的环境保障。

(二) 部门及部门结构的主要形式

所谓部门,是指组织中的主管人员为完成规定的任务而有权管辖的一个特殊的领域。划分部门的目的在于确定组织中各项任务的分配与责任的归属,以求分工合理、职责分明,有效地达到组织的目标。从某种程度上看,部门是岗位设计的进一步深化。

组织活动的特征随着目标的不同而千差万别。但大量的实证研究表明,部门划分的标准和方法具有普遍的适用性。常见的部门划分方法主要有以下几种。

1. 按职能划分

这种方法是根据生产专业化的原则,以工作或任务的性质为基础来划分部门的。部门可分为基本的职能部门和派生的职能部门。基本的职能部门处于组织机构的首要一级,每一个基本的职能部门一般要进一步细分,细分的结果就形成了派生的职能部门。

2. 按产品划分

按产品划分部门是按产品或产品系列来组织业务活动的一种方法。按职能设立的部门往往是企业发展初期、品种单纯、规模较小时的一种组织形式。但随着企业的成长和品种的多样化,把制造工艺不同和用户特点不同的产品集中在同一生产或销售部门管理,会给部门主管带来日益增多的困难。这时就应该考虑根据产品来设立管理部门,划分管理单位,把同一产品的生产和销售工作集中在同一个部门来进行。

3. 按地区划分

对于在地区分布上呈分散格局的组织来说,按地区划分部门是一种比较普遍的做法。由于组织分布在不同地区,各地区的政治、经济、文化等因素会影响到组织的经营管理,因此有必要把某个地区或区域内的业务工作集中起来,委派一位经理来主管。其目的是调动各个地区的积极性,从而取得地方化经营的优势效益。

4. 按服务对象划分

这是一种多用于最高主管部门以下的一级管理层次中的划分部门的方法。它根据服务对象或顾客的需要,在分类的基础上来划分各个部门。这种方法在许多不同类型的组织中被普遍采用。例如,一所大学的学生可以分为研究生、本科生、专科生、进修生、函授生、夜大学生等类型。那么,对这些不同类型的学生的安排,就形成了学校的不同部门。

5. 按设备划分

这也是一种划分部门的基本方法,其特点在于能够经济地使用设备,充分发挥设备的作用,使设备的维修、保管及材料供应等更为方便,同时也为发挥专业技术人员的特长以及为上级主管的监督管理提供方便。

(三) 部门划分的原则

在组织设计方面,企业高层管理者需要反复考虑的事情是设置多少个管理部门,每个职能部门的职责权限是什么,应该建立几个管理层次,每一级的管理层次又起着什么样的作用。为了加强企业的价值链管理、优化组织结构和业务流程、降低组织的经营成本、增强企业的竞争力,企业应该定期或不定期地调整自己的组织结构,进行部门的合理划分。部门划分需要遵循以下原则。

1. 部门精简原则

在部门划分过程中,部门必须力求量少而精简,但这是以有效地实现组织目标为前提的。

2. 弹性原则

部门应随业务的需要而增减。在一定时期内划分的部门,没有永久性的概念,其增设和撤销应随业务工作而定。组织也可以设立临时部门或工作小组来解决临时出现的问题。

3. 目标实现原则

在部门划分过程中,必要的职能均应具备,以确保目标的实现。当某一职能与两个以上的部门有关联时,应将每一部门所负责的部分加以明确规定。

4. 指标均衡原则

各部门职务的指标分配应达到平衡,避免忙闲不均、工作量分摊不均。

5. 检查职务与业务部门分设原则

考核和检查业务部门的人员,不应隶属于受其检查、评价的部门,这样就可以避免检查人员"偏心",能够真正发挥检查职务的作用。

总之,部门的划分解决了因管理幅度的限制而约束组织规模扩大的问题,同时把业务工作安排到各个部门中去,有利于组织目标的实现。但由于业务工作的划分难以避免地带来部门间不协调的问题,因此,在部门划分的同时,必须考虑到这种不协调带来的消极影响。

四、职权结构

(一)组织职权的定义

组织职权是指组织中的各部门、各职位在职责范围内决定事务、支配和影响他人或者集体行为的权力。职权与组织中的管理职位有关,而与占据这个职位的人无关。当生产经理调任至其他部门后,其对原部门的人员不再具有命令或控制的权力。

同职权共存的是职责。正如法约尔所说,职责与职权是孪生子,是职权的当然结果和必要补充。作为一名主管人员,当处于某一职责时,必然要尽一定的义务。这种占据某职位时应履行的义务,称为职责。职权、职责都是针对同一任务而言的,职权、职责应对等,职责不可能小于也不应大于所授予的职权。

(二)组织职权的种类

组织职权有三种类型:直线职权、参谋职权、职能职权。

1. 直线职权

直线职权是指直线主管所拥有的包括发布命令及执行决策等的权力,即通常所说的指挥权。直线主管指能指导、监督、指挥、管理下属的人员。很显然,每一管理层次的主管人员都应有这种职权,只不过每一管理层次的功能不同,其职权的大小及范围各有不同而已。例如,厂长对车间主任拥有直线职权,车间主任对班组长拥有直线职权。

2. 参谋职权

参谋职权是指某个职位或某个部门(参谋)所拥有的辅助性职权,包括提供咨询、建议等,其目的是为实现组织目标,协助直线主管有效工作。在《田忌赛马》的故事中,孙膑为田忌献策而胜齐威王,孙膑所行使的即为参谋职权。参谋职权的概念由来已久。在国内外历史上很早就出现了一种为统治者出谋划策的智囊人物。在我国历史中,有过许多食客、谋士、军师、谏臣的记载。

3. 职能职权

职能职权是指参谋人员或某部门的主管人员所拥有的原属直线主管的那部分权力。在纯粹参谋的情形下,参谋人员所具有的仅仅是辅助性职权,并无指挥权。但是,随着管理活动的日益复杂,主管人员仅依靠参谋的建议还是很难做出最后的决定。为了改善和提高管理效率,主管人员可能将职权关系做某些变动,把一部分原属自己的直线职权授予参谋人员或某个部门的主管人员,这便产生了职能职权。

五、组织变革

任何设计得再完美的组织,在运行了一段时间以后也都必须进行变革,这样才能更好地适应组织内外条件变化的要求。组织变革实际上是而且也应成为组织发展过程中的一项经常性的活动。

(一)组织变革的概念

组织变革是指组织根据内外环境变化,及时对组织中的要素(如组织的管理理念、工作方式、组织结构、人员配备、组织文化等)进行调整、改进和革新的过程。企业的发展离不开组织变革,内外部环境的变化、企业资源的不断整合与变动,都给企业带来了机遇与挑战,这就要求企业关注组织变革。

(二)组织变革的主要因素

1. 战略

企业在发展过程中需要不断地对其战略的形式和内容做出调整。新的战略一旦形成,组织结构就应该进行调整、变革,以适应新的战略实施的需要。结构追随战略,战略的变化必然带来组织结构的更新。

2. 环境

环境变化是导致组织变革的一个主要影响力量。随着企业环境逐步向动态、复杂化方向发展,许多企业的管理者开始朝着弹性化或有机化的方向改组其组织,以便使组织人员变得更加精干、灵活和富有创新性。

3. 技术

组织的任何活动都需要利用一定的技术和反映一定技术水平的特殊手段来进行。技术以及技术设备的水平,不仅影响组织活动的效果和效率,而且会对组织的职务设置与部门划分、部门之间的关系,以及组织结构的形式和总体特征等产生相当程度的影响。

4. 组织规模和成长阶段

组织的规模往往与组织的成长或发展阶段相关联。伴随着组织的发展,组织活动的内容会日趋复杂,组织人员数量会逐渐增多,活动的规模和范围会越来越大,这样,组织结构也必须随之调整,才能适应成长后的组织的新情况。

(三)组织变革的动力与阻力

在组织变革的过程中,存在着两种力量:组织变革的动力与阻力。组织变革的动力,指的就是发动、赞成和支持变革并努力去实施变革的驱动力。总的说来,组织变革的动力来源于人们对变革的必要性及变革所能带来的好处的认识。组织变革的阻力,是指人们反对变革、阻挠变革甚至对抗变革的制约力。这种制约组织变革的力量可能来源于个体、群体,也可能来自组织本身甚至外部环境。组织变革的阻力主要来源于以下几个方面。

1. 个体和群体方面的阻力

个体对组织变革的阻力,主要是由于其固有的工作和行为习惯难以改变、就业安全需要、经济收入变化、对未知状态的恐惧及对变革的认知存有偏差等而引起的。群体对组织变革的阻力,可能来自于群体规范的束缚,群体中原有的人际关系可能因变革而被改变和破坏,群体领导人物与组织变革发动者之间的恩怨、摩擦和利益冲突,以及组织利益相关群体对变革可能不符合组织或该团体自身的最佳利益的顾虑等。

2. 组织的阻力

来自组织层次的对组织变革的阻力,包括现行组织结构的束缚,组织运行的惯性,变革对现有责、权、利关系和资源分配格局所造成的破坏和威胁,以及追求稳定、安逸和确定性甚于革新和变化的保守型组织文化等,这些都是可能影响和制约组织变革的因素。此外,对任何组织来说,其内部各部门之间以及组织与外部环境之间都存在着强弱程度不等的相互依赖和相互牵制的关系,这种关系是组织作为系统所固有的特征。

3. 外部环境的阻力

组织的外部环境往往也是组织变革力量的一个不可忽视的来源。比如,与充分竞争的产品市场会推动组织变革相对比,缺乏竞争性的市场往往造成组织成员的安逸心态,束缚组织变革的进程;对经理人员经营企业的业绩考评重视不足或者考评方式不正确,会导致组织变革压力和驱动力的弱化。这些都是重要的影响组织变革成败的力量。

组织变革过程是一个破旧立新的过程,自然会面临动力与阻力相互交错和混合的状况。组织变革管理者的任务,就是要采取措施改变这两种力量的对比,促进变革更顺利地进行。改变组织变革力量及其对比的策略有三类:一是增强或增加动力,二是减少或减弱阻力,三是同时增强动力与减弱阻力。实践表明,在不消除阻力的情况下增强动力,可能加剧组织中的紧张状态,从而无形中增强对组织变革的阻力;在增强动力的同时采取措施消除阻力,会更有利于加快组织变革的进程。

项目十五　人力资源管理能力

训练03:通过情境设计,对人力资源管理进行认知。

在一次工商界的聚会上,几个老板大谈自己的经营心得,其中一个说:"我有三个不成才的员工。一个整天嫌这嫌那,专门吹毛求疵;一个杞人忧天,老是害怕工厂有事;另一个整天在外面闲荡鬼混。"这位老板为之烦恼,想炒掉这些员工。

训练问题:

1. 如果你是老板,你怎么对上述三人的工作进行安排?
2. 如果你是人力资源管理经理,你怎么对员工进行选聘与培训?

一、人力资源管理

现代管理大师彼得·德鲁克曾经说过:"企业只有一项真正的资源——人。管理就是充分开发人力资源以做好工作。"经济活动需要物质资源、人力资源、资本资源、管理资源、技术资源和信息资源六种资源,人力资源是非常重要的主体要素。纵观世界成功企业的发展历史,几乎所有企业都把人视为企业生存和发展的关键影响因素,把人力资源作为企业资源配置的第一要素。可以说,人力资源管理是企业管理的核心。

(一) 人力资源的含义

人力资源是指在一定区域范围内具有智力劳动能力和体力劳动能力的人的总和。对一个企业而言,人力资源是指在生产过程中投入的具有劳动能力的人的总量。人力资源的构成有两个方面的要素:一是人力资源的数量,这是人力资源的总量的基本指标,表现人力资源的量的大小特征;二是人力资源的质量,这是人力资源的素质指标,表现人力资源的质的高低特征。

(二) 人力资源的特征

人力资源与物质资源相结合才能生产出新的产品。相对于物质资源而言,人力资源有以下几个不同的特点。

1. 生物性

人力资源的载体是人,人是万物之灵,人统治着这个世界。但人毕竟是一种生物,是一种高等生物,也像其他生物一样需要通过吃、喝、住、行等来维持生存。虽然人力资源是知识、经验、智力与体力等能力的总和,但它总是存在于人体之中,是有生命的"活"资源,与人的生理特征相联系。

2. 能动性

人力资源与其他资源的本质区别就在于它的能动性。这种能动性体现在人的活动的两个方面。一方面是人的活动的目的性。人是有思想、情感和思维,能够有意识、有目的地利用其他资源去实现自己目标的高级生物。与人力资源相反,其他资源都是"死"的,总是处于被利用、被改造的被动地位。另一方面是人的活动的能动性,这体现在其创造性上。人类的创造性思维使得人类社会不断地向前发展。过去的许多梦想,甚至是神话,如飞天、登月、入海等,经过一代又一代人的努力,今天已经成为现实。人类的创造性使人类社会具有无限的发展潜力。

3. 再生性

人力资源的再生性体现在两个方面:一方面是自然资源被消耗后一般不会再生出来,而人力资源不同,人力资源在劳动过程中被消耗后还可以通过人类的自身繁衍而连续不断地再生出来;另一方面是人力资源在使用过程中会产生有形损耗和无形损耗。有形损耗是指人自身的疲劳和衰老,无形损耗是指人的知识和技能落后于社会和科技的发展。人可以通过继续学习来不断更新知识、提高技能,通过工作可以积累经验,获得充实、提高。所以人力资源能够实现自我补偿、自我更新、自我丰富和自我发展,在使用过程中实现其自身的增值。

4. 时效性

人是人力资源的载体,人是有生命周期的,人的生命周期决定了人力资源开发的时效性。人力资源的开发利用必须遵循人的生命周期的规律,以取得最好的效果。如果人的能力得不到及时的开发和利用,不仅荒废了人的年华,也浪费了最宝贵的人力资源。

5. 社会性

人力资源的实质是一种社会资源。人力资源总是与一定的社会环境相联系的,它的形成、配置、开发和使用都是一种社会活动。人总是在某一集体团队中从事劳动,脱离了社会,人就不能正常地成长发展。人类社会对人力资源的形成具有重要的作用。

(三) 人力资源管理的含义

人力资源管理是根据心理学、社会学、管理学等所揭示的人的心理及行为规律,运用现代化的科学方法,对可利用的、潜在的人力资源进行合理的组织、培训、开发、调配,使人力与物力保持协调,同时对人的思想、心理和行为进行激励、控制,充分发挥人的主观能动性,使人尽其才、事得其人、人事相宜,以取得最大经济效益,实现组织的战略目标。

(四) 人力资源管理的特点

人力资源管理是一门综合性、应用性学科,它具有如下特点。

1. 综合性

人力资源管理实质是对人的管理。由于人不仅涉及经济因素和政治因素,还涉及社会因素、组织因素、心理因素和生理因素等,所以,人力资源管理不仅涉及经济学、社会学、管理学,还涉及心理学、生理学和人类学等,它是一门建立在多种学科基础上的学科。

2. 实践性

人力资源管理的理论和方法均来源于实践中对人的管理的经验,人力资源管理的研究注重实践,注重应用研究,注重回答和解决实践中提出来的对人的管理的各方面的问题,并在实践中检验其理论与方法的科学性。

3. 动态性

科学技术在不断地发展,社会也在不断地向前发展,环境也在不断地变化,人对世界的认识也在不断地深入。人力资源管理的研究也是这样,在研究和实践中发展和完善。人们在人力资源管理的研究探索中,不断丰富、修正已有的观点和结论,从而推动这门学科不断地向前发展。

二、人力资源规划

组织的生存和发展需要一支高素质的员工队伍,这支高素质队伍的形成绝不是一朝一夕的事情。这支队伍的形成首先需要选到适合组织发展的人才。做好人力资源的规划,获取高质量的人才,是人力资源管理的开端和重要环节。

(一) 人力资源规划的含义

人力资源规划是指根据组织的战略规划,通过对组织未来人力资源的需求和人力资源的供给状况进行分析和预测,采取职位制定、员工招聘、测试选拔、培训开发等手段,使组织人力资源的数量与质量能够满足组织发展的需要,从而保证组织的持续发展。

(二) 人力资源规划的目的

人力资源规划的主要目的是使组织在适当的时候获得适当的人员,最终实现人力资源的最有效配置。具体可分为两个方面:一方面,人力资源规划是为了满足变化的组织对各种人力资源的需求,包括数量、质量、层次和结构等;另一方面,人力资源规划是为了最大限度地开发利用组织内现有人员的潜力,使组织及其员工的需求得到充分满足。

(三) 人力资源规划的内容

组织的人力资源规划工作不是一蹴而就的,它是一个从收集信息到分析问题、发现问题、解决问题的过程。这一过程包括以下五个环节。

1. 组织外部和内部环境分析

制定人力资源规划必须以组织的内外部环境为依据,制定出不同的人力资源策略。外部环境如国家的政策法律、人力资源的总体状况、竞争对手状况等,内部环境如组织内的人力资源状况、组织的战略目标等,是组织进行规划的硬约束,任何人力资源规划都必须考虑这些因素。

2. 人力资源的需求预测

在考虑组织内外部环境和组织战略目标的基础上,根据组织的实际情况,制定人力资源规划,确定组织的结构和工作设计,在此基础上对组织发展中所需要的人力资源的数量、质量、层次和结构进行预测。

3. 人力资源的供给预测

人力资源的供给预测是指组织在现有的内部和外部人员供给的基础上,根据组织的现有条件和发展战略,确定组织在将来的各个时间点上组织的人数以及组织内部和外部人力资源的可供给量。

4. 人力资源的供需比较

通过对人力资源的需求和供给的预测比较,确定人力资源的质量、数量、结构和分布情况,以及组织各个阶段的人力资源策略。

5. 供需不平衡的解决

在人力资源供需比较的基础上,制订人力资源供求的总计划及各项业务计划,提出调整人员供求的具体政策措施。

三、职位分析

(一)职位分析的含义

组织结构设计的结果是确定了一批需要人来承担的工作职位。职位是根据组织目标需要设置的具有一个人工作量的单元,是职权和相应职责的统一体。职位分析是对组织中某个特定的职位的目标、职责、权力、职权关系、工作条件、任职资格等相关信息进行收集,通过分析,对该职位的工作做出明确的规定,规定完成该职位所需要的行为、条件、人员。

职位分析首先产生于美国。"科学管理之父"泰勒的科学管理方法的主要内容可以概括为"三定":一是定标准作业方法,二是定标准作业时间,三是定每天的工作量。通过这"三定",形成定量化的劳动管理。1895年,泰勒和他的朋友吉尔布雷斯在工业企业中首先推行了"工作分析""工作评价"的科学管理方法,并获得了成功,从而使该科学管理方法在工商企业中被广泛推广运用。

(二)职位的特点

(1)职位是以事(工作)为中心而设置的,不因人而转移。也就是说,先有职位,后有相应的工作人员。

(2)职位不随人走。同一职位在不同时间可以由不同的人担任。

(3)职位的数量是有限的。职位体现为一个组织的编制,其数量取决于组织的工作任务大小、复杂程度及经费状况等因素。

(4)由于职位具有专业性和层次性,一般来说,各企业的绝大多数职位都可以按照一定的标准和方法进行分类分级。

（三）职位分析的内容

职位分析一般包含两个方面的内容：一是确定职位的具体特征和职责，二是职位对任职人员的要求。前者称为职位描述，后者称为任职说明。

1. 职位描述

职位描述主要说明职位的特征、职责、目标、环境条件、聘用条件等，具体内容如下。

（1）职位的特征，包括职位的名称、职位的隶属关系、职位的权力范围等。

（2）职位的职责和目标，是职位描述的主体部分，包括所要完成的工作任务与担负的责任、需要达到的目标、执行任务所需的条件、工作的流程与规范、与其他人的工作关系、接受监督及监督的性质和内容等。

（3）环境条件，包括自然条件和社会条件。

（4）聘用条件，描述职位人员的有关工作安置和职位待遇，包括工作时间、工资结构、福利待遇、培训、晋升的机会等。

2. 任职说明

任职说明主要是任职要求，一般有如下六项内容。

（1）学历要求：所接受过的教育情况、具有的知识水平等。

（2）经历要求：所完成过的工作、所担任过的职位等。

（3）技能要求：职位所需要的技能，包括技术技能、管理技能、人际关系技能等。

（4）学习能力要求：接受新知识、学习新技能的能力。

（5）体能要求：健康状况、体力素质等。

（6）精神要求：工作的责任感、工作的态度、团队精神和奉献精神等。

（四）职位分析的方法

收集信息是职位分析的前提，也是职位分析的主要工作。职位分析的方法很多，单独的任何一种方法都有其局限性，在做职位分析时，一般是几种方法结合运用。职位分析一般有如下五种方法。

1. 观察法

观察法是职位分析人员在工作现场观察某一职位任职者的工作过程，将观察的结果记录下来并加以分析的方法。这种方法的特点是能够在自然状态下较全面和深入地了解职位工作人员的活动，一般适用于分析从事重复性和大量标准化劳动的操作性职位。

2. 访谈法

这种方法适用于工作任务周期长、工作行为不易直接观察的工作，能够了解任职者的工作动机、工作态度等较深层次的内容，有助于发现一些关键的信息。访谈的对象一般有三种：任职者本人、上司、相关人员。职位分析人员要与被访谈者建立良好的沟通关系，使之能够将情况客观、真实地反映出来。一般需要预先准备好结构化、标准化的提纲，注意控制访谈的趋向和进度，防止离题或变成诉苦、邀功的机会。

3. 工作日志法

这种方法要求任职者将工作时间内的所有活动和行为如实地记录下来，累积到必要的工作量，作为分析的对象。工作日志法的可靠性比较高，用于收集工作职责、工作内容、工作关系、劳动强度等方面的信息，比较适用于工作循环周期比较短、状态比较稳定的职位。

4. 资料分析法

资料分析法是指利用现有的资料来进行分析的方法。例如,岗位责任制文件就可以为职位描述提供较大的帮助。岗位责任制是我国企业长期推行的制度,它规定了岗位的责任和任务。根据组织的具体情况,对岗位责任制增添一些必要的内容,就可形成一份较完善的职位描述书和任职说明书。

5. 调查表法

根据职位分析的目的、内容等编制调查表,由相关人员填写后回收整理。调查表法的适用范围较广。一般调查表应包括如下内容:任职者的基本资料、工作的时间要求、工作的内容、工作的责任、所需的知识技能、工作的劳动强度和工作环境等。

(五) 职位分析所获得信息的应用

通过职位分析所获得的信息,实际上将成为具有内在联系的几项人力资源管理活动的基础,如图15-1所示。

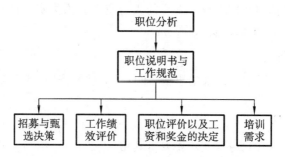

图 15-1 职位分析所获得信息的应用

(六) 职位分析的步骤

职位分析一般包括十个步骤,可以将它们归纳为四个阶段,如表15-1所示。

表 15-1 职位分析的步骤

阶 段	步 骤	内 容
第一阶段 职位分析的范围	1	确定职位分析的目的
	2	确定职位分析的工作内容
第二阶段 职位分析的方法	3	确定所需要的信息
	4	识别信息的来源
	5	选择职位分析的具体程序
第三阶段 信息的收集与分析	6	收集职位信息
	7	分析信息
	8	向上级汇报结构
	9	定期检查职位分析信息
第四阶段 职位分析方法的评价	10	以收益、成本和合法性为标准评价职位分析结果

(七) 职位评价

职位评价是指确定各个职位在组织中的重要程度,即职位的相对价值,它是绩效评价、薪资分配的重要依据。职位价值是指各个职位对于组织所具有的价值,也就是各个职位对组织达到组织目标所做的贡献的大小。职位评价一般有如下三种方法。

(1)总体排序法:按照一定的规则对各个职位的重要性进行排序,这种方法比较适用于职位较少的组织。

(2)分级法:先把职位划分为若干等级,并确定每个等级的具体衡量标准,然后利用标准去度量每个职位,并划入相应的等级。

(3)要素加权评分法:先选择与职位价值相关的要素,并确定各要素的权重;然后对各个职位的各要素进行评分;最后将各要素的评分加权求和,从而得到职位的职位价值系数。

四、人力资源的招聘与选拔

招聘,就是招募、选择和聘用组织所需要的人力资源。人力资源的招聘是确保组织生存和发展的一项经常性、必不可少的重要工作。

(一) 招聘的原则

人力资源的招聘不仅是组织内部的事情,而且是一项经济性、社会性的工作,在招聘中应注意如下三条原则。

1. 少而精原则

可不招的不招,可少招的少招,人才要人尽其用。

2. 效率优先原则

招聘也是一种商业行为,一定要考虑投入、产出,降低成本,但不能一味地降低成本而达不到招聘的效果,把握好度很重要。

3. 公平竞争原则

只有通过公平竞争才能使人才脱颖而出,才能吸引真正的人才,才能起到对人才的激励作用。

(二) 招聘的渠道

根据招聘对象来源的不同,招聘一般可分为内部招聘和外部招聘两种。

1. 内部招聘

内部招聘是指组织内部的职位空缺由组织内部的人员来填补。内部招聘的方式主要有两种:一是工作调换,是指职位级别不发生变化,只是工作岗位发生变动,从而填补职位的空缺;二是提升,是指从组织内部提拔合适的人员到更高一级的工作岗位,填补职位的空缺。

内部招聘有如下优点:第一,内部人员对组织内部的环境和状况比较熟悉,能较快地适应新的工作;第二,管理者对组织内部的人员比较了解,使被招聘的人员更加可靠,对人才的使用也更加熟悉;第三,为组织内部的员工提供可发展的机会,具有较好的激励作用,可调动员工的积极性,增强员工的责任感;第四,可以简化招聘程序,缩短招聘时间,节约招聘成本。

2. 外部招聘

当组织内部提供的人员不能满足职位空缺的数量和质量的要求时,就需要从组织外部招聘和补充人员。常见的外部招聘方式有三种：一是招收高等院校的毕业生，二是通过就业或人才服务机构或猎头公司，三是通过网络、报纸、电视等媒体广告。

外部招聘有如下优点：第一，外部招聘人员的来源广泛，可以招聘到高素质的人才；第二，外部招聘可以招聘到组织所缺乏的新行业、新技术的人才；第三，外部招聘能给组织带来外部的先进管理思想、先进技术。

（三）人力资源选拔的过程

人力资源选拔是指对应聘者的甄选过程，其一般程序如下。

(1) 资格初审，是指通过审阅应聘者的应聘申请表和个人资料，判断应聘者是否符合职位的基本要求。为了更广泛地挑选人才，应让符合基本要求的应聘者参与下一轮的竞争。

(2) 面试。对通过资格初审的应聘者，通过面试这个双向交流的方式来观察和了解其知识水平、思想、经历、态度、进取心、应变能力、适应能力、领导能力、人际关系能力等，对应聘者有更深层次的了解。面试是选拔人才的一个重要环节，对于层次越高的人才，越富有挑战性的岗位，越非常规的工作，面试就越重要。

(3) 测试，也叫测评，主要包括智能测试、心理测试、性格测试、品格测试等，是在面试的基础上进一步对应聘者进行了解的一种手段。测试可以消除面试过程中主考官的主观因素对面试的影响，提高对应聘者认识的客观性和准确性。

(4) 背景和资格的确认。人力资源部门对应聘者的背景和资格进行验证，包括核查其学历、工作经历、以往表现等。

(5) 有关主管决定是否录用。

(6) 体检。企业需要身体健康、能够胜任工作岗位要求的人才。

(7) 试用、正式录用。经过上述选拔，应聘者合格后，就可以安排其在相应的岗位上试用。为观察其与拟安排岗位的适应程度，一般都有一个试用考察期。试用考察期的长短由工作的性质决定。试用考核合格者则予以正式录用。

五、人力资源的开发与培训

在组织的运行过程中，员工会因知识陈旧、观念老化、技术落后而无法适应工作的要求，人力资源会像其他资源一样消耗磨损，但是人力资源具有再生性，人力资源的开发与培训是促使人力资源再生的重要途径之一。开发与培训是提高员工素质、开发人的潜能的重要手段。从某种意义上说，从一个组织重视员工的开发与培训的程度就可以预测其未来的竞争力。

（一）人力资源的开发与培训的含义

人力资源的开发与培训是指组织为了使员工获得或改进与工作有关的新知识、新观念、新技能、动机、态度和行为，以利于提高员工的工作效率和组织的绩效，组织所进行的系统的、有计划的各种学习、教育和训练等。

（二）影响培训重要性的因素

影响培训重要性的因素很多，一般而言有如下几种。

1. 组织的战略与前景

组织的战略与前景越远大，未来就需要越多的高素质人才，人力资源的开发与培训就越重要。

2. 组织的发展阶段

处于启动期、成长期的组织,组织的规模在发展扩大,对人力资源的质量、数量的要求较高,培训就更重要。

3. 组织所处行业的特点

不同的行业对培训的要求也不一样。对于新行业、高新技术行业、环境比较复杂的行业和变化较大的行业,员工的知识技能更容易老化,培训就更重要。

4. 竞争的激烈程度

竞争越激烈,对人的素质要求就越高,培训就越重要。

(三) 培训的类型

从不同的角度来划分,就有不同的培训类型。

1. 在职培训和脱产培训

在职培训是指在不脱离工作岗位的情况下对员工进行岗位培训,培训内容与工作现场实际运作相结合,强调实践性和针对性,指导者由有一定资历、经验丰富的员工担当,接受培训的人员具有一定的知识技能,通过培训使其在知识技能上能够提高到新的高度和广度。常见的在职培训方式有岗位轮换、担任助理等。脱产培训是指离开工作岗位一段时间,由组织内外人员对接受培训的人员进行集中的教育、指导、训练。常见的脱产培训方式有组织内部的集中培训、一些组织外部机构举办的培训或研讨会、高等院校的学历或非学历教育。

2. 学历教育和非学历教育

从取得的资格来分,培训有学历教育和非学历教育之分。学历教育是指参加正规的学校学习,取得国家教育主管部门认可的文凭,从而提高个人的文化素质和技能的教育手段。非学历教育是指接受不能取得国家教育主管部门认可的文凭的教育,主要是岗位或职位培训等,其目的是从工作的实际出发,围绕职位的特点进行针对性的培训。

(四) 培训的内容

培训的内容大致可分为三类。一是传授员工知识。当今世界发展变化很快,知识更新的速度也很快,只有不断地学习,才能跟得上时代发展的步伐。二是提高员工的技能,包括专业技术技能、管理技能、人际交往技能等。三是强化员工的精神和责任感,包括员工的奉献精神、团队精神等,使员工能够以更好的精神状态投入到工作中去。

(五) 常见的培训方式

培训的方式较多,常见的有如下七种。

1. 讲授法

这是最常见的培训方法,主要由培训者讲述知识,受训者学习知识。这种方法特别适用于培训对象人数较多的情况。在知识更新速度不断加快的时代,人们不可能事事都亲身去体验,仅靠个人自学所能获取的知识是有限的,集中一定的时间去接受别人传授的知识,可以加快自己知识更新的速度。

2. 研讨会

研讨会一般是组织者提出研讨会的主题,参加研讨会的人员首先掌握有关材料,在组织者的主持下进行研究交流,通过交流提高对某些问题的认识,或找到解决问题的方法。研讨会的形式有很多,有循序渐进式、组合式、快速联想式、模拟游戏式。不同的形式适合不同的培训内容和不同的受训人员。

3. 专题研究法

专题研究法是由受训人员组成的研究小组,承担某一个研究题目,经过一段时间的文件、资料的查阅和情况的调查,写出研究报告,使受训人员从这种专题研究中得到能力锻炼并提高业务水平的一种方法。

4. 案例研究法

案例研究法是一种培训决策能力和解决问题能力的有效方法,这种方法是首先让受训人员阅读、了解一个描述完整的经营管理问题的案例,然后让受训人员自由组织讨论,找出一个适当的解决问题的方法。通过讨论,使受训人员在分析信息、处理问题、做出决策等方面的能力得到提高。

5. 角色扮演法

角色扮演法一般是在一个模拟真实情况的情境中,由两个以上的受训人员扮演组织中不同岗位的角色,模拟指定的活动,训练其在复杂情况下处理问题的能力。受训人员扮演的角色往往是工作中经常接触到的人,如上司、下属、同事、客户等。这种方法比较适用于培训人际关系技能。

6. 仪器模拟法

仪器模拟法是指用仪器来模拟真实的场景,受训人员可以直接与机器进行人机对话,以使受训人员在实际情况出现时能够做出正确的反应并能够最终应用与实践的方法,如汽车驾驶训练等。

7. 敏感性训练法

一般由十人左右组成小组,每组配备一名观察组员行为的培训师。培训没有比较固定的时间安排,讨论的问题往往涉及小组形成的现时、现地的问题,主要问题集中在:为何参与者的行为会如此?人们是怎样察觉他人的情感的?人的情感是如何相互作用的?通过这些问题的讨论,提高受训人员的人际关系技能。

六、职业生涯规划

(一)职业生涯规划的含义

职业生涯规划是指组织或个人把个人发展和组织发展相结合,对决定个人职业生涯的个人因素、组织因素和社会因素等进行分析,做出针对个人一生的职业发展的战略设想和规划安排。

(二)职业生涯规划的意义

1. 职业生涯规划对个人一生的发展是重要的

在现实社会中,每天都有许多人在寻找合适的工作,这其中既有刚出校门的大学毕业生,甚至是名牌大学毕业生,也有工作经验非常丰富、专业技能非常过硬的前辈们。事实上,拥有一份收入高、环境好、令人羡慕的工作固然重要,但更重要的是拥有一份适合自己的工作。拥有一份有成就感和自我实现感的工作,是人们生活幸福、个人充分发展的重要基础。因此,个人职业的成功需要我们认真地进行职业生涯规划。

2. 职业生涯规划对于组织同样重要

现代企业赢得员工的忠诚和奉献的关键,就是与员工确立共同的目标,在价值观上达成一致,使员工感到组织的发展与个人的发展休戚与共,从而激发员工工作的积极性、创造性,还能提高员工的成就感和幸福感。企业要让每位员工都明白这样一个道理:公司是船,员工就是水手,让船乘风破浪、安全前行,是员工不可推卸的责任。只有水手一起用力,船才能前行。同样的道理,只有让公司这艘船安全靠岸,员工才能到达胜利的彼岸。这就是我们通常所说的同舟共济的精神。

(三)职业生涯规划的内容

职业生涯规划通过对员工的工作及职业发展的设计,协调员工个人需求和企业需求的关系,实现个人和企业的共同成长和发展。一般来说,职业生涯规划从个人角度和组织角度可以分为两个方面的内容。

1. 个人的职业生涯规划

个人的职业生涯规划是个人对自己一生职业发展道路的设想和规划,包括选择什么职业,以及在什么地区和什么性质的单位从事这种职业,还包括在这个职业队伍中担任什么职务等。个人希望能够在职业生涯的经历中不断地成长和发展。个人通过职业生涯规划,可以使自己一生的职业发展有一个明确的方向,并且围绕这个发展方向,充分发挥自己的潜能,使自己逐步走向成功,实现理想的职业目标。

2. 组织的职业生涯规划

为了适应个人发展和组织发展的需要,企业人力资源部门要了解员工个人兴趣爱好等特点,了解员工成长和发展的方向和愿望,通过不断增强员工的成就感和满足感,使员工个人发展规划与企业的发展需要统一协调起来,进而制定出符合企业发展需要的员工个人成长和职业发展规划。组织的职业生涯规划通常又称作员工职业生涯规划管理。

七、职业意识培养

(一)职业意识的含义及表现

1. 职业意识的含义

职业意识是指人们关于职业的观念形态,包括对职业和所从事的工作的看法、理解、评价、满意感和愿望等。职业意识是人们在职业问题上的心理活动,是人的自我主体意识在职业活动过程中的体现,是支配和调控全部职业行为和职业活动的调节器。培养良好的职业意识是形成健全人格的核心。对处于职业准备阶段的人们来说,树立良好的职业意识是择业、就业、从业、创业的思想基础。

2. 职业意识的表现

根据职业意识的含义,职业意识有如下具体表现。

(1)对职业的社会意义和地位的认识。人们希望自己所从事的职业能对社会有所贡献,也希望自己的工作能得到相应的尊重、声誉和地位。

(2)对职业本身的科学技术水平和专业化程度的期望和要求。人们认为职业的知识性、技术性愈强,所需要的文化技术水平就愈高,也就愈能发挥自己的才能。

(3)要求职业能与个人的兴趣、爱好相符。这种愿望和要求的实现,能使人们从心理上得到满足,从而在职业活动中发挥自己的特长。

(4)对职业的劳动或工作条件的看法和要求,包括职业的劳动强度、工作环境、地理位置等客观物质条件,以及工作岗位上的人事关系、社会环境和职业的稳定性等。

(5)对职业的经济收入和物质待遇的期望,包括劳动报酬或经营收入,以及住房、交通、医疗卫生等社会福利。

(二)职业意识的形成

职业意识的形成,主要受个人、家庭和社会三方面因素的影响。

(1)个人的心理和生理特征、受教育程度、生活状况、社会经历等不同程度地影响人们职业意识的形成。

(2)家庭因素主要有家庭的经济状况、生活条件、社会关系、家庭主要成员的职业和社会地位等。

(3)社会因素主要有社会风气、文化传统、政治宣传、学校教育等方面对人们的世界观、人生观等的影响。

职业意识是人们在职业问题上的心理活动,是自我意识在职业选择领域的表现,是在职业定向与选择过程中对自己现状的认识和对未来职业的期待和愿望。因此,职业意识在很大程度上影响了人们的择业态度和择业方式。组织应该把握员工的职业意识现状,并归纳其特点,帮助员工学习有关职业的知识,加强对职业意识的引导,使其树立正确的职业观、择业观和从业观,进而做好职业生涯规划。

八、绩效评价

(一)绩效评价的含义

绩效评价是一种衡量、评价员工绩效的正式系统,是按照一定的标准,采用科学的方法,检查和评定员工对职位所规定的职责的履行程度,是促进和确认员工的工作成绩、改进员工工作的有效方式,是确定员工报酬的基础,也是员工晋升的根据,是提高组织效率和经营效益的一种管理方法。

绩效评价与职位评价不同:职位评价的对象是职位,它衡量每个职位的功能及其在组织中的地位和作用,为绩效评价提供了标准;绩效评价的对象是职位上的人员,它衡量职位上的人员的工作表现,判断其是否达到了职位描述书上的要求,是否达到了职位的目标,其是否称职。

(二)绩效评价的原则

绩效评价的目的是通过对员工全面、综合的评价,判断员工的工作业绩,切实保证员工的报酬、晋升、调动、职业技能开发、辞退等工作的科学性。科学的绩效评价是十分重要的。做好绩效评价必须坚持以下原则。

(1)坚持公开、公正、公平的原则。

(2)坚持定性评价与定量评价相结合的原则。

(3)坚持经常化、制度化原则。

(4)坚持多层次、多渠道、全方位的原则。

（三）绩效评价的内容和指标

1. 绩效评价的内容

由于绩效评价的对象、目的和范围是复杂多样的，因此绩效评价的内容也是复杂多样的，但就其基本内容而言，主要包括四个方面，即工作态度、工作能力、工作总量和工作业绩，也就是通常所说的德、能、勤、绩。

2. 绩效评价的指标

在确定了绩效评价的内容之后，遇到的一个难题是工作态度、工作能力、工作总量和工作业绩是通过哪些指标来表现的，怎么把这些指标进行量化。例如，要衡量一个销售人员的工作业绩，就得用销售额、利润率、销售增长率和市场占有率等指标来衡量其业绩。能够全面衡量绩效的指标体系是复杂的。

3. 关键绩效指标

在实际的绩效评价过程中，要尽量找出那些与绩效直接相关，能最大限度地反映绩效的指标。那些用于沟通和评估绩效的定量化或行为化的指标就是关键绩效指标（KPI）。

1) 关键绩效指标的确定

关键绩效指标的确定不仅要从组织的战略出发，考虑关键绩效指标评估的过程、结果和监控，而且要经过一系列的测试，以确保关键绩效指标的客观性、相关性和可量化等特性。确定关键绩效指标时应注意如下原则。

(1) 具体性。关键绩效指标要适合特定的工作目标，适度细化，而且随情境的变化而变化。

(2) 可度量性。关键绩效指标是数量化或者行为化的，验证这些指标的数据或信息是可以获得的。

(3) 可实现性。关键绩效指标是在工作人员付出努力的情况下可以实现的。

(4) 现实性。关键绩效指标是现实存在并可验证的，不是假设的。

(5) 时限性。关键绩效指标要使用一定的时间单位，即完成这些指标是有时限的。

2) 赋予关键绩效指标的权重

确定了关键绩效指标之后，管理者还应根据需要赋予关键绩效指标以权重。指标的权重表明该指标在总体评价中的相对重要程度。确定权重是对被评价对象不同侧面的重要程度的定量分配，以便根据不同的指标在总体评价中的作用对其进行区别对待。确定的权重的合理性将影响到绩效评价的效度。确定关键绩效指标及其权重有如下三种常用的方法。

(1) 专家直接判定法。这种方法是专家在了解各方面信息、听取各方面意见之后，根据个人的经验和对各项指标重要程度的认识，直接做出判断的一种方法。

(2) 排序法。这种方法是由专家组来完成的。根据不同的评价对象和目的，专家组的构成可以不同。专家组成员根据自己的判断对评价指标的重要性进行排序，然后将评价结果反馈给其他专家组成员，如此反复进行两三次，予以确定。

(3) 层次分析法。层次分析法是将所有的指标在方格矩阵内按纵横方向分别进行排列，然后两两比较，按照其重要程度的不同，标示出比较值，填写在对应的方格中，再综合分析各个指标的重要程度。这种方法是对主观判断做出形式表达、处理和客观描述，克服了简单的两两比较法的不足，提高了比较的精确度。

（四）绩效评价的人员

绩效评价是由人来完成的，其过程和结果极易受到参与评价的人员的主观因素的影响。由谁来参与考评，是一个影响考评结果的重要因素。由于不同的人员观察问题的角度不同，得出的结果也不尽相同，因此，考评往往是由几类人员按照一定的权重来结合进行的。绩效评价一般有以下几种类型。

1. 直接上司考评

直接上司考评是绩效评价的重点，一是因为直接上司对下属的工作内容和结果较为熟悉，二是直接上司对下属的工作负有管理责任。

2. 同事考评

由于同事之间的工作关系密切，日常接触频繁，在一些需要相互配合才能完成的工作中，对于员工的贡献、沟通能力、工作态度等，通常同事比较了解。

3. 下属考评

由于下属对上司的信息沟通、工作任务的委派、资源的分配、下属矛盾的协调、下属之间关系的公正处理等方面较为了解，因此下属参与考评往往能反映出平时看不到的东西。

4. 自我考评

员工自己对工作最为了解，容易发现一些别人发现不了的东西，因此应让员工的观点得到最大限度的表达。但由于人往往都会较多地看到自己的成绩和别人的缺点，因此自我考评时往往会高估自己。自我考评时每个人的公正程度不一样，因此自我考评对考评结果的影响较大。

5. 专家委员会考评

为了消除上述参与考评人员主观偏见的影响，可以成立由上级领导、员工代表和人力资源专家等人员组成的委员会，进行全方位、多层次的考评。这种考评的结果往往更可信、更公正和更有效。

（五）绩效评价的方法

在确定了评价指标和考评人员后，就应该考虑用什么方法来评价绩效了。绩效评价是人力资源管理中的一项技术性、科学性较强的经常性工作，准确地评价一个人的工作绩效需要简单易行而又科学有效的评价方法。不同的方法所得到的评价结果是有差异的。所以，选择和使用什么样的方法也是绩效评价的关键环节。应结合组织的特点，依据评价的目的、对象和要求，科学地选用有效的评价方法。

1. 评分表法

由考评人员对员工的每一项评价指标做出评分，然后将得分加权相加，得到最终的评价结果。合理的评价指标及权重是评分表法的基础。

2. 评级法

按照正态分布的规律将评价结果分为几个等级，确定每个等级的人数，从高到低，把参加评价的人员划分到不同的等级中。

3. 排序法

按照绩效表现从好到坏的顺序依次给员工排序，这种绩效可以是整体的绩效。也可以按照绩效的各个指标来排序，再进行综合分析。这种方法适用于参加考评的人数较少的情况。

4. 两两比较法

两两比较法是按照某一个绩效指标,把每一个员工同参加考评的其他员工一一进行比较,从而判断谁"更好",记录每一个员工与其他员工比较为"更好"的次数,依据得到"更好"的次数由高到低排序。

5. 关键事件法

对每一位被考评人员设置一本考评记录,在整个考评时期内,由考评人员随时记录被考评人员所做的较突出的与工作绩效有关的事情,记录的是具体的事件和行为,不做评判,最后依据这些记录进行绩效评价。

项目十六　组织文化管理能力

训练 04：通过案例故事,对组织文化管理能力进行认知。

海尔集团文化激励

当海尔集团的成功经验被选作哈佛商学院的管理案例时,哈佛大学教授佩恩说:"之所以选择海尔作哈佛案例,是因为我看到海尔不仅学习了西方的管理经验,更重要的是结合中国国情,创造了适合中国的管理文化。"那么海尔集团的文化激励主要表现在哪些方面呢？

第一,精神激励:产业报国——海尔的企业精神。海尔以爱国主义为基石,以振兴民族工业为己任,以创造世界名牌为目标。海尔集团总裁张瑞敏认为:一个国家如果没有自己的名牌,只靠自己的加工能力,就会永远受别人的制约。基于这种认识,从20世纪90年代开始,张瑞敏制定了海尔创世界名牌的战略。在谈到进军世界500强时,张瑞敏说了一段十分有感情的话:"冲击世界500强,不应该只是我张瑞敏的海尔梦,或者海尔的世界梦,这应该是中华民族的世界梦。一个人总要有梦想,一个企业、一个民族也是如此。有了梦想才会有目标,有了目标才会有压力,才会有追求,才会有向上的力量。"海尔提出这个梦想和目标,最重要的目的是要给企业注入一种凝聚力,给予每一个员工每天的工作以一种激励,使员工对自己平凡的劳动产生历史责任感和光荣感。

第二,荣誉激励:品牌战略——海尔的经营哲学。在从海尔的国际化迈向国际化的海尔的整个历程中,海尔于20世纪90年代提出了的"三个转移"的经营战略。"三个转移"分别是:市场从国内市场向国际市场转移、产业从制造业向服务业转移、管理从直线职能式管理向业务流程再造的"市场链"转移。张瑞敏认为"要么不干,要干就要争第一"。这种海尔观念的引导,造就了海尔集团独创的企业文化,形成了海尔人共同遵循的价值观。

第三,制度激励:海尔发展定律——系统化的激励机制。海尔的原则是,充分发挥每个人潜在的能力,让每个人每天都能感受到来自内部竞争和市场竞争的压力,又能够将压力转化为竞争的动力,这是海尔集团持续稳定发展的秘诀。海尔从斜坡上滚动的小球这样一个极普通的生活现象中,悟出了企业和人才发展的规律——斜坡球体发展理论,也称为"海尔发展定律"。该理论认为,企业发展的加速度,与企业发展动力和阻力和的差值成正比,与企业的规模成反比。

斜坡上的球体为一个员工个体,球体周围代表员工发展的舞台,斜坡代表企业的发展规模和市场竞争程度,促进一个员工实现自己的目标及前景有两个动力:内在动力是个人素质的提高,这是根本;外在动力是企业的激励机制,这是外部的推动力。同时也存在着两种阻力:内在阻力是员工的惰性,外在阻力是发展中遇到的困难。员工施展才能的舞台取决于两个方面:球体的半径——员工的能力,球体的弹性——员工活力的发挥程度。企业发展规模越大,市场竞争越激烈,斜坡的角度越大,人才发展的竞争越激烈,人才的素质要求就越高。企业根据员工不同层次的需要,如适应服从、充分参与、实现自我等,分别给予不同的激励机制。

从上述分析中可以看出,海尔集团的组织文化激励着海尔人,实现了一个又一个目标。

训练问题:

1. 什么是组织文化?
2. 海尔的组织文化是什么?
3. 如何塑造组织文化?

一、组织文化的含义与特征

(一) 组织文化的含义

组织文化是组织在长期的实践活动中所形成的并且为组织成员普遍认可和遵循的具有本组织特色的价值观念、团体意识、工作作风、行为规范和思维方式的总和。

(二) 组织文化的主要特征

1. 社会性

企业作为从事经济活动的社会细胞,需要直接或间接地依赖其他企业和单位的协作配合。企业文化正是通过社会协作才得以继承和发展的。

2. 继承性

每个组织都需要通过文化的积累和继承,把过去、现在和将来连接起来,把组织精神灌输给一代又一代,并且在继承过程中要加以选择。

3. 创新性

随着科学技术的发展,组织都会产生一种追求更高的、更好的物质文化和精神文化的冲动,这就需要创新。

4. 融合性

每一个组织都是在特定的文化背景下形成的,必然会接受和继承这个国家和民族的文化传统和价值体系。组织文化的融合性除了表现为每个组织过去优良文化与现在新文化的融合外,还表现为本国文化与国外文化的发展融合。

苹果公司的独特组织文化

苹果公司是世界知名的大公司,其组织文化有着深刻的"苹果烙印"。具体来说,可归纳为以下几点。

第一，专注于设计。首先，每个员工都必须牢记苹果公司比其他任何一家公司都更加注重产品的设计。像微软这样的公司向来不善于打造让人赏心悦目的产品，而苹果公司才是真正地在做设计——了解消费者的需求，懂得如何满足消费者的需求，然后着手实现这些目标。虽然实现起来并不总是很容易，但苹果公司似乎每次都能恰到好处地完成。

第二，信任乔布斯。苹果公司是一家非常有意思的公司，它的企业文化从员工一直延伸到了消费者。也就是说，它对员工的期望也是它对消费者的期望。其中，最重要的一点期望就是相信乔布斯。乔布斯作为苹果公司的创始人，一直被视为苹果公司的救星。他曾带领苹果公司走出老化的商业模式并进行革新，从而创造了前所未有的成就，并向市场推出了许多更好的产品。不过，"相信乔布斯"有时也会太过头。但在大多数情况下，相信乔布斯对苹果公司、对员工和对消费者来说都是有益无害的。

第三，忘记一切，从头开始。当员工初到苹果公司时，公司就希望他们立即做一件事：忘掉曾经了解的技术。苹果公司所做的事情与其他公司都不一样。无论是产品的设计、新产品的设计理念，还是公司独具的简单运营方式，只要是在苹果公司，所有的事情就会不同。把在其他公司的工作习惯带到苹果公司来，可能会造成更多的麻烦。苹果公司是不同寻常的。

第四，坚信苹果公司比其他所有公司都强。不同于行业里的其他公司，苹果公司非常自负。其中的部分原因是乔布斯非常自我，他相信苹果公司是世界上最强的公司，有不同于其他公司的做事方式。虽然苹果公司的仇敌无法忍受这一点，但是对所有该公司的粉丝和员工而言，这一信条已经成为一种号召力。

第五，看重外界的看法。由于自负的本性，苹果公司用心聆听人们对自己产品的批评。但在真正的苹果时尚里，该公司会选择更加恶毒的行为来回应这些批评，这一点是行业里其他公司都不能企及的。没有一家公司可以在遇到诸如iPhone4天线门这样的事件时还能满不在乎，依旧我行我素。苹果公司不喜欢听到别人指责自己是错误的，并希望不管是自己的员工还是外界的追捧者，都能跟自己坚定地站在一起。

第六，永不服输。苹果公司最具魅力的一点就是它永不服输。就算产品被批评得体无完肤，该公司似乎也能在危急时刻找到脱离火海的方法。没有哪个领域能比计算机领域把这一点展现得更加淋漓尽致的了。在做出了一些有着不少争议（和风险）的决策后，当年乔布斯凭借正确的策略扭转了局面，使公司获得了收益。

第七，时刻关注细节。如果问苹果公司懂得哪一条经营之道，那就是关注细节。关注细节意味着长远回报。例如，谷歌的Android操作系统，现在可能卖得很好，但在使用了一段时间之后，大多数消费者就会发现Android与苹果公司的iOS操作系统相比缺乏一些闪光点。这点差距并不会让消费者觉得Android操作系统不太好用，事实上，可以说Android操作系统和iOS操作系统一样好用，但这点小小的差距确实会让一些消费者禁不住怀疑谷歌为什么就不能再做得更好一点。在大多数情况下，苹果公司多努力了一点点。但就是这一点点的努力，使得苹果公司成为最大的赢家。与此同时，这也是苹果公司对自己员工的期望。

第八，保密至高无上。谈到苹果公司的企业文化，就不得不提及该公司对保密工作的态度。不同于行业里的其他公司，苹果公司在即将推出新产品时很少会泄密。但实际上，由于该公司一名员工的疏忽，iPhone4在推出之前就已经泄露了相关的信息。也许，这就是为什么苹果公司会制定长期的保密准则。只有那些能做好保密工作的公司才能取得成功，而那些泄露公司秘密的员工,哪怕是无意的,也只有被炒掉的份。

二、组织文化的结构层次

从现代系统论的观点来看,组织文化的结构由三个层次构成:表层文化、中介文化、深层文化。

(一) 表层文化

表层文化是组织中的物化文化,是现代组织文化结构中的表层部分,人们可以直接感知并直观地把握,就是看得见、摸得着、很直观的文化。那么,为什么要把这些属于物质实体的东西作为文化来看待呢?

这是因为,不仅仪器设备、技术装备、工艺流程、操作手段等与企业生产直接相关的物质要体现企业的文化素质,而且厂区布局、建筑形态、工作环境等也要体现企业的文化素质。表层文化主要有组织的工作场所、办公设备、建筑设计、布局造型、社区环境及文化环境等。

(二) 中介文化

中介文化是由组织制度文化、管理文化和生活文化组成的。制度文化表现为组织的规章制度、组织机构,以及在运行过程中的交往方式、行业准则等。管理文化表现为组织的管理机制、管理手段、管理风格与特色。生活文化表现为组织成员的娱乐活动及成员的各种教育培训。可以说,中介文化是组织及其成员的一切行为方式所表现出来的精神状态和思想意识。中介文化包括企业形象、企业风尚和企业礼仪等行为文化因素。对企业来说,中介文化的建设是企业文化建设的最重要、最基础的部分。例如,生产行为的合理化、有效性将直接影响分配行为、交换行为和消费行为的有效性。

(三) 深层文化

深层文化是一种观念文化,是全体组织成员共同信守的基本信念、价值标准、道德规范等的总和,它是组织文化的核心和灵魂。深层文化作为组织文化的核心和主体,是广大员工共同具有的潜在的意识形态,包括管理哲学、敬业精神、人本主义的价值观念、道德观念等。

三、组织文化的功能

(一) 自我内聚功能

组织文化通过建立组织全体成员共同的价值观来培养组织成员的认同感和归属感,使组织与组织成员的目标整合起来。组织与员工之间建立起的相互依存关系,使个人的行为、思想、感情、信念、习惯与整个组织有机地统一起来,形成相对稳固的文化氛围,凝聚成一种无形的合力与整体趋向,从而能够激发员工发挥主观能动性,为组织的共同目标而努力。正是组织文化这种自我凝聚、自我向心、自我激励的作用,才构成组织生存发展的基础和不断成功的动力。

(二) 自我改造功能

组织文化能从根本上改变旧有的价值观,建立起新的价值观,使之适应组织正常实践活动的需要。尤其是对于刚刚进入组织的新成员来说,他们原有的心理习惯、思维方式、行为方式可能与整个组织不和谐,因此必须使他们尽早认同和接受组织的价值观和行为方式,并将其转化成自己的价值观和行为方式,按照与组织一致的原则来思想和行动。因此,组织文化具有某种强制性与改造性。

（三）自我调控功能

组织文化作为团体共同的价值观，通过不断地向个人价值观渗透和内化，使组织自动生成一套自我调控机制，以"看不见的手"操纵组织的管理行为和操作行为，是对组织成员的一种软性约束。它可以让组织目标和个人目标有机地统一起来，并自动转化为个体成员的自觉行动。

（四）自我完善功能

组织在不断发展的过程中所形成的文化积淀，通过无数次的辐射、反馈和强化，会随着实践的不断发展而不断更新和优化，推动组织文化不断改进和完善。组织文化一旦进入了这种不断深化和完善的良性循环，就会持续地推动组织走向卓越，同时组织的进步和提高又促进组织文化的丰富、完善和升华。

（五）自我延续功能

组织文化的形成是一个复杂的过程，往往会受到社会环境、人文环境和自然环境等诸多因素的影响。优秀的组织文化必须经过长期的耐心倡导和精心培育，以及不断的实践、总结、提炼、修改、充实，才能得到提高和升华。组织文化一经固化，就会因具有历史延续性而持续不断地起作用，即使组织的管理者发生了变动，组织文化的影响也不会立即消失。

四、我国文化的特点及其对管理的影响

文化是一个重要的管理环境。各国的文化差异很大，不同文化对管理方式、方法的接受程度是不同的。经济全球化将组织以及管理者置于多种文化交融的环境中，不同文化之间的冲突不可避免。如何在多种文化交融的环境中进行有效的管理，是管理者要解决的一个难题。

按照哲学家的划分，中国文化属于东方文化。但是，中国文化既不同于印度的追求人的自身超脱的宗教文化，又不同于等级森严的日本文化。中国文化是在人与人之间的矛盾冲突中形成的。在这种文化中，人们习惯从关系中去体会一切，把个人看作群体的分子而非动力的个人，看作整个戏剧的角色而不是独立的演员。这样的文化有如下几个特点。

（一）强调"人和"的重要性

在我国传统文化中，"人和"占有十分重要的地位。如果将"人和"这一哲学语言翻译为管理学用语，就是今天管理学中所说的人际关系的和谐。我国古代的思想家都认为"人和"是实现组织目标最为关键的因素。孙武在《孙子兵法》中就指出"上下同欲者胜"；思想家孟子则更直截了当地指出天时、地利、人和是事业兴废的三要素，但是"天时不如地利，地利不如人和"。在我国，商人做生意都讲究"和气生财"。在这样的文化环境中成长起来的人，一般都希望有一个人际关系和谐的学习、工作、生活环境，尽量避免发生冲突。

"人和"对管理的作用是双重的：有利的方面是人们愿意为营造一个良好的人际关系环境而努力，因此容易形成凝聚力，也比较容易沟通；不利的方面是，在制度化的组织中，理性的管理措施不易被接受，矛盾常常被掩盖。此外，过分地追求"人和"，会抑制成员之间的竞争。

（二）强调集体主义

东方文化与西方文化最大的一个不同点是集体主义优先，个人从属于集体，人们从集体中感受自身的存在。如北宋思想家范仲淹倡导的"先天下之忧而忧，后天下之乐而乐"，在人们的

整体行为中就有很大的影响。此外,先公后私、忠君报国、兼善天下等思想也体现着集体主义精神。

集体主义对管理的影响也是双重的。有利的方面是:它在组织成员的个人目标与组织的共同目标的统一方面有着重要的作用,能够有效地保证组织目标的实现;组织成员在组织的共同目标下团结起来,能够产生最大的集体合力。不利的方面是:过分强调集体主义,忽视合理的个人利益,最终会使组织成员丧失工作的积极性。

(三) 重视人与人之间的伦理关系

中国社会长期受儒家伦理思想的影响,极其重视长幼尊卑的伦理关系,重人情,讲人治,看重感情投入,提倡"士为知己者死"。由于我国文化过分讲究人情伦理关系,因此形成了按照情、理、法的顺序办事的惯例。无论是治国安邦的大事,还是管理家务这样的小事,一般都是以情为先导,循理不循法。动之以情无效,然后才晓之以理、明辨是非、陈述利害;讲理不通,最后再诉诸公堂、依法办事。

重视人情的文化对管理的积极作用是:按照人们的感情需求,在不违背原则的前提下,将事情处理得合乎情理,会收到事半功倍的效果。但是,重人情,轻法度,难以做到奖惩分明,难以保证制度的公平性,管理最后也将无规矩可言。

五、塑造组织文化的主要途径

(一) 选择价值标准

由于组织价值观关系到整个组织文化的核心和灵魂,因此选择正确的组织价值观是塑造组织文化的主要战略问题。选择组织价值观有两个前提。一是要立足本组织的具体特点。不同的组织有不同的目的、环境、习惯和组成方式,由此构成的组织类型也千差万别,因此必须把握本组织的特点,才能获得广大员工和社会公众的认同和理解。二是要把握组织价值观与组织文化各要素之间的相互协调。组织文化的各个要素之间只有经过科学的组织与匹配,才能实现系统的整体优化。

(二) 强化员工认同

组织文化最终还是要落实到组织的各个成员上,因此一旦选择和确定了组织的价值观和组织文化模式,就应该把基本认可的方案通过一定的强化灌输的方法使其深入人心。具体可以通过充分利用组织的一切宣传工具和手段、树立英雄人物、培训教育等方法来进行。

(三) 提炼定格

提炼定格即把经过精心分析、全面归纳、科学论证和实践检验的组织文化予以条理化、完善化、格式化,加以必要的理论加工和文字处理,用精练的语言表达出来。一个完善的组织文化的构建需要一定的时间。如我国东风汽车公司经过几十年才形成"拼搏、创新、竞争、主人翁"的企业精神。因此,充分的时间、广泛的发动、认真的提炼是必不可少的。

(四) 巩固落实

组织文化的巩固落实至少应该包括两个方面的工作。一是组织制定必要的制度作为保障,因为任何一种文化在转化为全体员工的习惯行为之前,要让每一位成员都自觉、主动地按照组织文化的标准去办事几乎是不可能的。例如,在高度文明和高度自律的新加坡,其背后有近乎苛刻的处罚制度做支撑。二是组织的领导者要起到表率作用。领导者是员工的楷模,他本人的行为就是一种无声的号召和导向,组织文化的巩固落实要求组织的领导者能观念更新、作风正派、率先垂范。

(五) 丰富发展

任何一种文化都是特定历史的产物。当组织内外条件发生变化时,要不失时机地调整、更新、丰富和发展,这既是一个不断淘汰旧文化、生成新文化的过程,也是一个认识和实践不断深化的过程,组织文化由此循环往复达到更高的层次。

知识经济时代的到来,促使组织文化的作用越来越明显。组织文化将成为知识经济时代下组织管理的重要手段。"文化"将成为保证和促进网络化组织结构条件下企业组织活动一体化的黏合剂。

温特图书公司的组织改革

温特图书公司原是美国一家地方性的图书公司。经过多年的努力,这个公司从一个中部小镇的书店发展成为一个跨越 7 个地区,拥有 47 家分店的图书公司。

多年来,公司的经营管理基本上是成功的。下属各分店,除 7 个处于市镇的闹市区外,其余分店都位于僻静的地区。除了少数分店也兼营一些其他商品外,绝大多数的分店都专营图书。每个分店的年销售量为 26 万美元,纯盈利达 2 万美元。但是近年来,公司的利润开始下降。

2 个月前,公司新聘苏珊担任该公司的总经理。经过一段时间对公司历史和现状的调查了解,苏珊与公司的 3 位副总经理和 6 个地区经理共同讨论公司的形势。苏珊认为,她首先要做的是对公司的组织进行改革。就目前来说,公司的 6 个地区经理都全权负责各自地区内的所有分店,并且掌握有关资金的借贷、各分店经理的任免、广告宣传和投资等权力。在阐述了自己的观点以后,苏珊便提出了改组组织的问题。

一位副总经理说道:"我同意你改组的意见。但是,我认为我们需要的是分权而不是集权。就目前的情况来说,我们虽聘任了各分店的经理,但是我们却没有给他们进行控制指挥的权力,我们应该使他们成为有职有权、名副其实的经理,而不是有名无实,只有经理的虚名,实际上却做销售员的工作。"

另一位副总经理抢着发言:"你们认为应该对组织结构进行改革,这是对的。但是,在如何改的问题上,我认为你的看法是错误的。我认为,我们不需要设什么分店的业务经理。我们所需要的是更多的集权。我们公司的规模这么大,应该建立管理资讯系统。我们可以通过管理资讯系统在总部进行统一的控制指挥,广告工作也应由公司统一规划,而不是让各分店自行处理。如果统一集中的话,就用不着花这么多工夫去聘请这么多的分店经理了。"

"你们两位该不是忘记我们了吧?"一位地区经理插话说,"如果我们采用第一种方案,那么所有的工作都推到了分店经理的身上;如果我们采用第二种方案,那么总部就要包揽一切。我认为,如果不设立一些地区性的部门,要管理好这么多的分店是不可能的。"

"我们并不是要让你们失业。"苏珊插话说道,"我们只是想把公司的工作做得更好。我要对组织进行改革,并不是要增加人手或者裁员。我只是认为,如果公司某些部门的组织能安排得更好,工作的效率就会提高。"

思考题：
1. 组织的特征是什么？
2. 有哪些因素促使该图书公司进行组织改革？
3. 该图书公司现有的组织结构是什么？其最大的问题是什么？
4. 你认为讨论会中两个副总经理所提出的方案怎么样？

思考练习

一、选择题

1. 人类社会之所以需要正式的组织机构是因为（　　）。
   A. 它在无休止地变革　　　　　　B. 人们需要有效地协作以达成群体的目标
   C. 需寻求最佳组织形式　　　　　D. 便于发挥少数精英的才智

2. 确定合理的管理幅度是组织设计的一项重要内容，下列哪种说法是正确的？（　　）
   A. 管理幅度越窄，越易控制，管理人员的费用就越低
   B. 管理幅度越宽，组织层次越少，但管理人员的费用会大幅度地上升
   C. 管理幅度的确定并不是对任何组织而言都是重要的问题
   D. 不同的管理者的能力、下属素质、工作性质等因素将决定管理幅度

3. 风华实业公司在组织结构上采用的是职能制，这种组织结构可能带来的最大缺陷是（　　）。
   A. 多头指挥　　　　　　　　　　B. 各部门之间难以协调
   C. 高层管理者难以控制　　　　　D. 职权职责不清

4. 小陈是一合资企业的职员，在日常工作中，他经常接到来自上边的两个，有时甚至相互冲突的命令。导致这一现象的最本质的原因很可能是（　　）。
   A. 该公司在组织设计上层次设计得过多
   B. 该公司在组织设计上采取了直线制结构
   C. 该公司在组织运作中出现了越级指挥问题
   D. 该公司组织运行中有意或无意地违背了统一指挥原则

5. 河北省邯郸钢铁厂是一家拥有300多亿元资产的巨型企业，在目前钢材多样化和高科技化的市场需求面前，你认为最适宜的组织结构是（　　）。
   A. 直线职能制　　　B. 矩阵制　　　C. 委员会制　　　D. 事业部制

6. 某企业的员工中有很多非正式组织。这些非正式组织的内部凝聚力很强，经常利用业余时间活动。对于这些非正式组织，企业的领导通常采取不闻不问的态度。他认为工人在业余时间的活动不应该受到干预，而且工人有社交的需要，他们之间形成非正式组织是很正常的事情。你如何评价该领导的看法？（　　）
   A. 正确，因为人都是社会人
   B. 不正确，非正式组织通常是小道消息传播和滋生的土壤，应该遏制这种组织的发展
   C. 不正确，非正式组织对正式组织的影响是双方面的。为了使其在组织中发挥正面的作用，领导者应该策略性地利用非正式组织
   D. 正确，因为非正式组织对正式组织的影响是双方面的。为了避免它的负面影响，领导者

最好不要干涉

7. 某组织中设有一个管理岗位,连续选任了几位干部,结果都是由于难以胜任岗位要求而被中途免职。从管理的角度来看,出现这一情况的根本原因最有可能是(　　)。

　　A. 组织设计没有考虑命令统一的原则
　　B. 组织设计没有考虑例外原则
　　C. 组织设计忽视了对干部的特点与能力要求的考虑
　　D. 组织设计没有考虑到责权对应的原则

8. 相比于外部招聘,内部招聘的优点是(　　)。

　　A. 来源广泛,选择余地大　　　　　　B. 不会产生不满情绪
　　C. 更快地胜任工作　　　　　　　　　D. 以上所有选项

9. 宏达集团原来是一家彩电生产企业,伴随着生产规模的扩大和公司品牌的确立,为谋求进一步的发展,公司经过几年的发展,已经将经营范围扩大到通信器材、照明设备、计算机显示屏的生产。在这种情况下,公司高层管理者发现遵循原有的模式已经不能实现对所有产品的有效领导,必须进行组织变革。从管理理论来讲,该企业需处理的迫在眉睫的事情是(　　)。

　　A. 公司高层需进行集权式管理
　　B. 放弃一种新进入行业的产品,集中力量于擅长的产品
　　C. 改变现有组织结构,变职能制为事业部制
　　D. 从公司内部提拔一个能干的副手协助总裁工作

10. 一个职务由三项要素构成,它们是(　　)。

　　A. 任务、责任和使用资源的权力　　　B. 责任、权力和利益
　　C. 任务、责任和工资待遇　　　　　　D. 责任、权力和述职

11. 很多企业都是由小到大逐步发展起来的,一般在开始时往往采用的组织结构是直线制。但是业务的扩大以及人员的增加,使得高层管理者不得不通过授权的方式委托一批有实力的专业人员进行职能化管理。但是,直线职能制组织结构也存在一些固有的缺陷。下列哪项不是直线职能制组织结构的缺陷?(　　)

　　A. 成员的工作位置不固定,容易产生临时观念
　　B. 各职能单位自成体系,往往不重视工作中的横向信息的沟通
　　C. 组织弹性不足,对环境变化的反应比较迟钝
　　D. 不利于培养综合型管理人才

12. 下列哪种情况适合采用矩阵制组织结构?(　　)

　　A. 现场的作业管理　　　　　　　　　B. 规模较小的组织
　　C. 跨国公司　　　　　　　　　　　　D. 以上都不是

13. 网络型组织结构是利用现代信息技术手段建立和发展起来的一种新型组织结构,它适用于什么样的组织?(　　)

　　A. 刚开业的制造业企业　　　　　　　B. 财力有限的小型企业
　　C. 大型企业集团　　　　　　　　　　D. 以上都适用

14. 矩阵制组织结构是具有双重职权关系的组织结构,下面哪种类型的企业适合采用这种组织结构?(　　)

　　A. 中小型、结构简单的企业　　　　　B. 跨国和跨地区的大企业

C. 高科技企业　　　　　　　　　D. 需要保持较强灵活反应能力的企业

15. 张三是某企业生产科科长,在应该由他进行决策的许多问题上,他都去请示负责生产的副厂长并由这位副厂长最后拍板。实际上,他们已经习惯了这种做法,并几乎成了一种惯例。从管理学的角度来看,他们的行为违背了(　　)的授权原则。
A. 职能界限　　B. 职权与职责对等　　C. 职权层次　　D. 职责绝对性

16. 某大型国有企业将其组织结构划分为计划、生产、采购、销售、检验、后勤等部门。但是,随着业务的发展和市场开拓的需要,公司高层领导者决定在未来三年内要按照产品类别对公司的组织结构进行调整。对于该公司的组织结构,你如何评价?(　　)
A. 该公司目前采用的是职能制组织结构,三年后将会是事业部制组织结构
B. 该公司目前采用的是直线制组织结构,三年后将会是职能制组织结构
C. 该公司目前采用的是直线职能制组织结构,三年后将会变为事业部制组织结构
D. 该公司目前采用的是直线参谋制组织结构,三年后将会变为矩阵制组织结构

17. 人力资源是指存在于人身上的能够创造社会财富的(　　)。
A. 体力　　　　B. 技能　　　　C. 知识　　　　D. 以上所有选项

18. 工作轮换一般用于提高(　　)的技能。
A. 工程技术人员　　B. 管理人员　　C. 学徒　　D. 普通职员

19. 斯隆模型即(　　)组织结构。
A. 直线职能制　　　　　　　B. 四叶草制
C. 事业部制　　　　　　　　D. 矩阵制

20. 以下关于组织文化的描述,正确的是(　　)。
A. 变化较快,随时可以补充新内容
B. 变化较慢,一旦形成便日益加强
C. 变化较快,特别是高层管理人员变动时
D. 变化较慢,但每年会抛弃一些过时的内容

二、简答题

1. 组织设计应遵循哪些原则?
2. 如何理解管理幅度与管理层次之间的关系?
4. 简述直线职能制、事业部制、矩阵制组织结构的优缺点。
5. 什么叫职权?职权有哪些类型?
6. 简述组织设计的程序与任务。
7. 一个有能力的管理者将组织塑造成更富有创造性的团队的具体措施有哪些?
8. "任何设计得再完美的组织,在运行了一段时间以后也都必须进行变革",这一判断是否正确?为什么?
9. 如何塑造组织文化?

模块八
领导能力

GUANLI JICHU
YU SHIWU

学习情境

某高校学生小陈与几名同学合作,通过努力成功与本地一家规模较大的快递公司达成协议,专门负责该公司在校内快递的揽发和派送,并在学校商业街租了一间仓库办理业务。小陈的团队经营得不错,获得了相当的经济效益。但是,最近小陈很苦恼,团队成员纪律涣散,意见不一且积极性下降。那么小陈该如何领导和激励团队成员呢?他该如何运用领导理论和激励理论呢?

学习目标

1. 知识目标

通过本模块的学习训练,学生认识和了解领导的含义、权力、影响力之间的内在联系,理解领导理论的脉络,掌握领导的功能和领导权力的运用,掌握勒温理论及管理方格理论。

2. 能力目标

通过本模块的学习训练,学生知道如何发挥领导权力的作用来提升管理效能,会根据不同的管理环境选择运用不同的领导方法。

3. 素质目标

通过本模块的学习训练,培养学生的团队精神,提升学生的领导素质修养。

项目十七 领导与影响能力

能力训练

训练01:通过案例分析,对领导理论进行认知。

逐渐巩固领导地位的总经理

凯申计算机公司(以下简称凯申公司)和上海张江高科技园区的许多高科技公司一样,以超常规的速度发展,但面临着来自北京中关村科技园区、广东深圳地区等大公司的激烈竞争。凯申公司刚开张时,高层管理人员穿着T恤衫和牛仔裤来上班,谁也分不清他们与普通员工有什么区别。然而当公司财务出现困境时,局面开始有了大改变。虽然原先那个放任派风格的董事会主席仍留任,但公司聘任了一位新的总经理李伟良,他来自一家办事古板的老牌公司,他照章办事,十分传统,与凯申公司过去的风格相差甚远。公司管理人员对他的态度是:看看这家伙能待多久?看来冲突、矛盾是不可避免的了。

公司第一次内部危机发生在新任总经理首次召开高层管理会议时,会议定于上午8点半开始,可有一个人9点钟才跌跌撞撞地进来。西装革履的李伟良眼睛瞪着那个迟到的人,对大家说:"我再说一次,本公司所有的日常公事要准时开始,你们中间谁做不到,今天下午5点之前向我递交辞职报告。你们应该忘掉过去的那一套,从今以后,就是我和你们一起干了。"到下午5点,十名高层管理人员只有两名辞职。

此后一个月里,公司发生了一些重大变化。李伟良颁布了几项指令性政策,使公司已有的工作程序发生了较大的改变。从一开始,他三番五次地告诫公司副总经理张忠,一切重大事务向下传达之前必须先由他审批。他抱怨下面的研究、设计、生产和销售等部门之间缺乏合作。在这些面临着挑战的关键区域,凯申公司一直没能形成统一的战略。

李伟良还命令全面复审公司的福利待遇制度并做修改,随后将全体高层管理人员的工资削减15%,这引起公司一些高层管理人员向他提出辞职。研究部主任这样认为:"我不喜欢这里的一切,但我不想马上走,计算机开发对我来说太有挑战性了。"生产部经理也是个不满总经理做法的人,可他的一番话颇令人惊讶:"我不能说我很喜欢总经理,不过至少他给我那个部门设立的目标能够达到。当我们圆满完成任务时,李伟良是第一个感谢和表扬我们干得棒的人。"

事态发展的另一面是,采购部经理牢骚满腹。他说:"李伟良要求我把今年原材料成本削减15%,他还以年终奖引诱我,说假如我能做到的话,就给我丰厚的年终奖。但干这个活简直就不可能,从现在起,我另找出路。"

但李伟良对销售部的态度却令人不解。蒋华是负责销售的副经理,被人称为"爱哭的孩子"。以前,他每天都到总经理的办公室去抱怨和指责其他部门。李伟良采取的办法是,让他在门外静等,冷一冷他的双脚,见了他也不理会其抱怨,直接谈公司在销售上存在的问题。过了不久,蒋华开始更多地跑基层而不是总经理办公室了。

随着时间的流逝,凯申公司在李伟良的领导下恢复了元气。公司管理人员普遍承认李伟良对计算机领域了如指掌,对各项业务的决策无懈可击。李伟良也渐渐地放松了控制,开始让设计和研究部门更放手地去干事。然而,对于生产和采购部门,他仍然勒紧缰绳。凯申公司内再也听不到关于李伟良去留的流言蜚语了。人们对他形成了这样的评价:李伟良不是那种对这里情况很了解的人,但他确实领着我们上了轨道。

训练问题:

1. 李伟良进入凯申公司时所采取的领导方式和留任的董事会主席的领导方式(　　)。
   A. 同是民主的　　　　　　　　B. 分别是民主式和放任式
   C. 分别是专制式和放任式的　　D. 分别是专制式和民主式
2. 凯申公司执行班子的最高负责人应该是(　　)。
   A. 留任的董事会主席　　　　　B. 总经理李伟良
   C. 副总经理威廉　　　　　　　D. 另外找人
3. 凯申公司中经过李伟良审批的重大决策的传递方式是(　　)。
   A. 自上而下沟通　　　　　　　B. 自下而上沟通
   C. 横向沟通　　　　　　　　　D. 斜向沟通
4. 公司一些高层管理人员因为工资被削减而提出辞职。按照双因素理论,工资属于(　　)。
   A. 任务因素　　B. 关系因素　　C. 保健因素　　D. 激励因素
5. 研究部主任的话反映了他当前的需要属于(　　)。
   A. 安全需要　　B. 尊重需要　　C. 自我实现需要　　D. 社会需要
6. 李伟良对销售部经理采取的激励方式是(　　)。
   A. 正强化　　B. 惩罚　　C. 自然消退　　D. 负强化
7. 李伟良肯定生产部工作干得棒,采取这种激励措施是出于(　　)。
   A. 社交方面的需要　　　　　　B. 权力上的需要

C. 成就上的需要 D. 生理上的需要

8. 李伟良以其对各项业务的无懈可击的决策赢得了公司员工的尊敬,这是来自于哪一方面的影响力?（　　）

A. 法定权力 B. 奖励和强制权力
C. 个人影响力 D. 专家权力

一、领导的含义

领导就是指利用组织赋予的职权和个人具备的能力去指挥、命令、影响和引导下属为实现组织目标而努力工作的活动过程。这个定义包括以下三个要素:
(1)领导者必须有部下或追随者;
(2)领导者拥有指挥、命令、影响和引导追随者的能力或力量;
(3)领导的目的是通过影响部下来达到组织的目标。

二、领导与管理的区别

现实工作中,有效的管理人员几乎都是有效的领导者。因此,人们往往把管理和领导看作一回事。然而,领导和管理是有区别的,主要体现为以下几个方面。

(一) 领导与管理的含义不同

管理是指在一个特定的环境下,对组织所拥有的资源进行有效的计划、组织、领导和控制,通过组织资源的优化配置来有效实现组织目标的过程。领导是指拥有组织合法权力或个人魅力的人向其下属施加影响力的一种行为或行为过程。

领导从根本上来讲是一种影响力,是一种追随关系。管理者失去了权力,也就失去了指挥他人的基础,管理者也就不能成为管理者了。但失去了权力的领导者,只靠其深远而广泛的影响力,照样可以向其追随者发号施令,引导他们追求伟大的目标。从这一点来看,是否拥有重要的影响力、强烈的感召力,是领导者和管理者的一个重要区别。有的人处于领导者的位置,但并不是有效的领导者,顶多只是一个管理者;有的人没有职位,却是公认的领袖人物。

(二) 领导与管理的范畴不同

管理工作要比领导工作广泛得多,即管理者的范围要大于领导者的范围。管理者的工作除了领导以外,还包括计划、组织、协调、控制、创新等。一个管理者除了要做好领导工作外,还有其他许多工作要处理,领导职能只是管理职能的一个组成部分。一个人能够影响别人这一事实并不表明他同样也能够计划、组织和控制。另一方面,一个人可能是个领导者,但并非是一个管理者。

(三) 领导与管理的权力来源不同

从本质上来说,管理是建立在合法的、有报酬的、强制性的权力基础上的对下属命令的行为。管理者是组织任命的,是指拥有组织合法权力并以这些权力为基础来指挥他人活动的人。管理者的职权是管理者从事管理活动的资格,管理者的职位越高,其权力越大。组织或团体必须赋予管理者一定的职权。如果一个管理者处在某一职位上,却没有相应的职权,那么他是无法进行管理工作的。领导则不同,领导可能建立在合法的、有报酬的、强制性的权力基础上,但更多的是建立在个人影响权和专长权以及模范作用的基础之上。领导者既包括拥有组织合法权力的人,也包括不拥有组织合法权力,但仍对他人有影响的人。即领导者既可以是任命的,也可以是自发产生的。管理者有明确的管理职能,而领导者不一定。领导者是实施领导影响的人,而被领导者则是同意接受领导者影响的人。领导者并不是孤立存在的,必须有人跟随。一般情况下,领导者具有伟大的思想和长远的目标,激励着他的下属紧随其身后,向着既定的目标迈进,使他们怀着一种令自己激动并奋斗不息的使命感,从而不畏惧艰难险阻和挫折失败。领导者拥有权力,但绝不仅仅依靠权力,他的影响力的价值有时候远胜于他的权力。

(四)领导与管理的任务不同

领导者制定战略,管理者则为了完成目标而维持秩序,使事情高效运转。领导者的任务在于创造一种"领导势",使大家不自觉地融入组织的目标体系之中,共同为实现目标而努力工作。管理者的任务在于制造"管理场",使下属融入管理者的控制体系之中,以达到领导的目标要求,完成管理者的职能。

三、领导的功能

(一)指挥功能

指挥是领导的一项重要功能,是确保决策得以执行的重要条件。指挥功能有两种主要的实现形式:①命令;②合理授权。

(二)指导功能

指导成为获取、保持、发展组织核心竞争力和创新力的必然要求,成为反映时代需求的一项重要领导功能。

(三)协调功能

协调是为了实现领导战略目标而对领导活动中出现的矛盾和问题所做的调整过程。协调的内容非常广泛,具体包括:领导系统与环境的协调,领导系统内部各子系统之间的协调,领导系统内外人际关系的协调,领导活动中不同功能、目标、利益的协调等。

(四)激励功能

所谓激励,就是激发人的主动性、积极性、创造性的过程。激励功能是领导的主要功能之一,其内容主要包括:①提高被领导者接受并执行组织目标的积极性与自觉性;②通过物质环境和心理气氛的营造,提高被领导者的行为效率。

(五)影响功能

此处所说的影响功能特指领导者的非权力性影响力,主要来源于领导者个人的人格魅力和领导者与被领导者之间的相互感召和相互信赖。领导者以自身的榜样作用影响员工,使之自愿地追随、服从和无条件地支持领导者。

四、领导的权力

领导的核心是权力。领导的权力通常是指影响他人的能力,在组织中就是指排除各种障碍,完成任务,达到目标的能力。根据法兰西和雷温等人的研究,领导的权力有以下五种类型。

（一）法定权力

法定权力是指组织内各领导职位所固有的合法的正式的权力。这种权力可以通过领导者利用职权向各直属人员发布命令、下达指标来直接体现，有时也可借助组织内的政策、程序和规则等来得到间接体现。

（二）奖赏权力

奖赏权力是指提供奖金、提薪、升职、赞扬、理想的工作安排和其他任何令人愉悦的东西的权力。被领导者由于感受到领导者有能力使他们的需要得到满足，因而愿意追随和服从领导者。

（三）强制权力

强制权力是指实施扣发工资奖金、降职、批评乃至开除等惩罚性措施的权力。强制权力和奖赏权力一样，都是与法定权力密切相关的。如交通警察可以对违反交通规则的驾驶员发出违章罚款单或扣留驾驶执照，这些权力的行使都是与其所担负的工作和职务相关的。

（四）专家权力

专家权力是指由个人的特殊技能或某些专业知识而产生的权力。如律师、医生、大学教授和企业中的工程师可能拥有相当大的影响力。与之相反，一个身居领导职位的人，因为缺少某种专业知识，因而可能缺乏相应的专家权力。提倡"内行专家"，其道理之一就在于此。

（五）感召权力

感召权力与领导本人的素质与行为（品德因素、才能因素、知识因素、感情因素和作风因素）密切相关，被领导者是从内心自愿地接受影响。例如，美国黑人领袖马丁·路德·金，尽管其法定的权力很小，但他凭着个人人格的力量，有力地影响着许多人的行为。

感召权力是指领导者拥有吸引别人的个性、品德、作风，从而引起人们的认同、赞赏、钦佩、羡慕，使人们自愿地追随和服从他。例如，无私工作、刚正不阿、主持正义、清正廉洁、思路敏捷、开拓创新、不畏艰险、有魄力、关心群众疾苦、保护下属利益、倾听不同意见、结交下层朋友等模范行为，都会引来大批的追随者，形成巨大的感召权力。

感召权力的大小与职位的高低无关，只取决于个人的行为。有许多没有任何职位的人，往往也会有巨大的感召权力，成为非正式的群众领袖，他们对人们的影响力甚至可能远远大于拥有正式职位的领导者。

总之，一个领导者获得影响力的途径是多样的。我们将主要依靠法定权力、奖赏权力和强制权力而形成的影响力，统称为职位权力（或制度权力），而将与个人因素相关的专家权力、感召权力统称为个人权力，又称为个人影响权。正式组织中的有效领导者应该既具有职位权力又具备个人权力。仅有职位权力的领导者只会是指挥官，而不能成为令人信赖和敬佩的领导者。

五、领导者的素质

作为一个领导者，应具备以下基本素质。

（一）政治素质

政治素质包括思想观念、价值体系、政策水平、职业道德、工作作风等方面的要求，具体表现在以下几个方面：正确的世界观、价值观与人生观，现代化的管理思想，强烈的事业心，高度的责任感,正直的品质,民主的作风,实事求是,勇于创新。

(二) 业务素质

1. 较强的分析、判断和概括能力

高层领导者要能在纷繁复杂的事务中,透过现象看清本质,抓住主要矛盾,运用逻辑思维进行有效的归纳、概括、判断,找出解决问题的办法。

2. 决策能力

决策是领导者的首要职能,是领导者综合能力的表现。任何正确的决策,都来源于周密而细致的调查和准确而有预见性的分析判断、丰富的科学知识和实践经验、集体的智慧和领导者勇于负责精神的恰当结合。正确的决策可以使组织转危为安,走向兴旺和发达;错误的决策可能会使组织的生存受到威胁。

3. 组织、指挥和控制能力

组织中的高层领导者应懂得组织设计的原则,如因事设职、因职用人、职权一致、统一指挥、管理幅度等;应熟悉并善于运用各种组织形式和组织力量来协调人力、物力和财力,以期达到综合平衡、获得最佳效果。控制能力要求高层领导者在实现组织目标的过程中,监控实施过程,找出薄弱环节,制定相应的措施,从而保证目标的顺利实现。

4. 沟通、协调企业内外各种关系的能力

在市场经济控制下,企业与企业之间的关系是竞争与合作并存。领导者要能正确地处理与其他企业的关系,在市场竞争中树立企业的形象;同时,领导者要协调好组织内部各种关系,充分调动员工的积极性。

5. 不断探索和创新的能力

领导者要在管理工作的过程中不断探索,对新生事物要敏感,富有想象力,思路广阔,勇于提出新的设想、新的方案,制定出具有激励性和挑战性的组织目标,鼓励下属去完成任务。

6. 知人善任的能力

未来市场的竞争是产品的竞争,而产品的竞争又是技术的竞争,技术的竞争又是人才的竞争。领导者要善于发现、培养、提拔和使用人才,用其所长;同时,也要创造条件,培养、锻炼下属的业务能力。

(三) 身体素质

组织中的高层领导者,作为组织的指挥者,担负着组织、指挥组织活动的重任,因此,必须有强健的身体、充沛的精力,以便胜任繁重的工作。

六、领导集体的结构

组织中的领导者并非一个人,而是由一群人组成。现代企业的生产经营活动异常复杂,单靠一个人的聪明才智很难有效地组织和指挥企业的生产经营活动。只有把具有各种专业才能的一群人组织在一起,才能构成全面的领导集体。一个具有合理结构的领导集体,不仅能使每个成员各尽其才,做好自己的工作,而且通过有效地组合,可以产生巨大的集体力量。领导集体的结构一般包括:年龄结构、知识结构、能力结构、专业结构等。

(一) 年龄结构

不同年龄的人具有不同的智力、不同的经验,因此,寻找领导集体成员的最佳年龄是非常重要的。领导集体应该是老、中、青的结合,向年轻化的方向发展。现代社会处于高度发展之中,知识更新的速度越来越快,人的知识水平的提高与年龄的增长没有必然的联系。

(二) 知识结构

知识结构是指领导集体中不同成员的知识水平构成。领导集体成员都应具有较高的知识水平。没有较高的文化知识素养,就胜任不了现代企业的管理要求。在现代企业中,大量的先进科学技术被采用。在复杂多变的经营环境中,为了使企业获得生存、求得发展,企业领导者必须具备广博的知识。随着我国社会经济的发展,员工的文化水平在不断提高,各类组织的各级领导者都在向知识型转变。

(三) 能力结构

领导的效能不仅与领导者的知识有关,而且与领导者运用知识的能力有密切的联系。这种运用知识的能力对于管理好一个企业是非常重要的。能力是一个内容十分广泛的概念,它包括决策能力、判断能力、分析能力、指挥能力、组织能力、协调能力,等等。每个人的能力是不同的:有的人善于思考、分析问题,提出好的建议与意见,但不善于组织工作;有的人善于组织工作,但分析问题的能力较差等。因此,企业领导集体中应包括不同能力类型的人,既要有思想家,又要有组织家,还要有实干家,这样才能形成最优的领导集体,在企业管理中充分发挥作用。

(四) 专业结构

专业结构是指在领导集体中各位成员的配备应由各种专业人才组成,形成一个合理的专业结构,从总体上强化这个集体的专业力量。在现代企业里,科学技术是提高生产经营成果的主要手段。因此,领导者的专业化是搞好现代企业经营的客观要求。

以上所述的领导集体的结构仅是主要方面的。此外,还有其他一些结构,如性格结构等也是需要注意的。按照这些要求形成的领导集体将是一个结构优化、富有效率的集体。

七、领导理论

(一) 领导特性(特质)理论

这是一种最古老的传统理论,该理论认为伟大的领导者都具有某些共同的特性。个人特性的差异形成了各自不同的领导风格。例如,拿破仑、丘吉尔、甘地、斯大林、毛泽东等,他们天生具有的一些共同的特性,使得他们成为伟大的领导者,并且都有自己独特的领导风格。20世纪90年代,领导特性理论出现了一些新的观点,认为领导者确实具有某些共同的特性,但是领导者的特性并不是先天具有的,而是后天形成的。他们都是经过非常勤奋、努力的学习和在实践中长期的艰苦锻炼,才渐渐成为有效的领导者的。

有效的领导者具有的共同特性一般有以下几点。

1. 努力进取,渴望成功

领导者具有崇高的抱负和志向,并能为之付出全部,进行持之以恒的不懈努力。正是这种坚强的意志和毅力,使他们到达成功的顶峰。

2. 强烈的权力欲望

领导者具有强烈的领导欲望,遇事勤于思考,常常会提出与众不同的见解,并总想用自己的见解和理论去影响他人,试图赢得他人的信任、尊重和认同,从而争取得到更多的追随者。

3. 正直诚信，言行一致

这是人类社会普遍推崇的价值观，只有具有这种特性的人才能赢得他人的信任。尽管一些想成为领导者的人在这方面实际做得还有距离，但他们一定会不遗余力地完善自己，尽量向人们展示自己公正直率、诚实可信、言行一致的形象，因为只有这样人们才愿意追随他。

4. 充满自信

领导者不怕任何困难、挫折，勇于面对巨大的挑战，对自己追求的事业永远充满自信，并且善于把这种自信传递给他人，使群体产生一种勇往直前的力量。

5. 追求知识和信息

领导者对新事物充满敏感和兴趣，尽一切可能坚持不懈地去获取有关的知识和有用的信息，努力使自己拥有更多的专长权，在相关领域中使自己拥有更多的发言权，从而获得更多的追随者，或者使追随者更加理性和坚定。

每个领导者在上述各个特性方面的发展不可能完全均衡，因而形成了领导者各自的个性和领导风格。权力欲望和自信心特强的人可能更易于走向集权，反之则更乐于实行民主。特别重视正直诚信、渴望成功的人，可能更愿意采取务实的事务型领导风格；知识和信息方面特强的人，可能更倾向于进行战略思维。除此之外，每个领导者的性格、心态和所处的环境，以及追随者的状态，都会对领导风格产生重大的影响，这正是领导特性理论的不足之处。

（二）领导行为（风格）理论

领导行为理论试图通过研究领导者的行为特点与绩效的关系来寻找最有效的领导风格。以前的学者主要从领导者更关心工作绩效还是更关心群体关系，以及是否让下属参与决策等三个方面来研究领导行为。

1. 勒温理论

关于领导作风的研究，最早是在20世纪30年代由心理学家勒温进行的。他以权力定位为基本变量，通过各种试验，把领导者在领导过程中表现出来的领导作风分为三种基本类型：专制型、民主型、放任自流型。

1）专制型领导作风

专制型领导作风是指以力服人，靠权力和强制命令让人服从的领导作风，它把权力定位于领导者个人。专制型领导作风的主要特点是：

(1)独断专行，从不考虑别人的意见，所有的决策由领导者自己做出；

(2)领导者亲自设计工作计划，指定工作内容和进行人事安排，从不把任何消息告诉下属，下属没有参与决策的机会，而只能察言观色、奉命行事；

(3)主要靠行政命令、纪律约束、训斥和惩罚来管理，只有偶尔的奖励；

(4)领导者很少参加群体活动，与下属保持一定的距离，没有感情交流。

2）民主型领导作风

民主型领导作风是指以理服人、以身作则的领导作风，它把权力定位于群体，其主要特点是：

(1)所有的决策是在领导者的鼓励和协助下由群体讨论决定的；

(2)分配工作时尽量照顾到个人的能力和兴趣，对下属的工作也不安排得那么具体，下属有较大的工作自由、较多的选择性和较强的灵活性；

(3)主要以非正式的权力和权威,而不是靠职位权力和命令使人服从,谈话时多使用商量、建议和请求的口吻;

(4)领导者积极参与团体活动,与下属无任何心理上的距离。

3)放任自流型领导作风

放任自流型领导作用是指领导者极少行使职权,权力分散在每个员工手中,团队成员具有完全的决策自由。领导者的职责仅仅是为下属提供信息并与组织外部进行联系,领导者缺乏对被领导者的影响力,不对员工的工作进行评价和反馈。

2. 领导方式的连续统一体理论

领导方式是多种多样的,从专制型到放任自流型,存在着多种过渡形式。根据这种认识,1958年,罗伯特·坦南鲍姆和沃伦·施米特在《如何选择领导模式》一书中提出:在专制独裁型和民主参与型两种极端的领导方式中间,存在着许多种过渡型的领导方式,如图17-1所示。

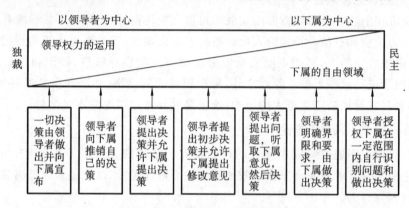

图 17-1 连续统一体理论图

1)领导者做出并宣布决策,要求下属执行

在这种方式中,领导者分析问题时,考虑各种可供选择的解决办法,从中选择一个,然后向下属宣布,以便执行。领导者可能不考虑下属对其决策的想法。下属没有参与决策的机会,只能服从领导的决定。

2)领导者"销售"决策

在这种方式中,与前一种方式一样,领导者承担分析问题和做出决策的责任,但他不是简单地宣布这个决策,而是说服下属接受他的决策。这样做是因为领导者意识到下属可能有某些反对意见,他企图通过阐明这种决策给下属带来的利益来消除下属可能的反对。

3)领导者做出决策并允许提问

在这种方式中,领导者做出了决策并期望下属接受这个决策,他还向下属提供一个有关他的想法和意图的详细说明,允许下属提出意见。这样做的目的是使下属可以更好地了解他的意图和计划。

4)领导者做出可修改的暂行决策

在这种方式中,领导者允许下属对决策提出修改意见,但决策的主动权仍掌握在领导者手中。领导者先对问题进行思考,并做出一个暂行的决策,然后把这个决策交给有关人员来征求意见。

5) 领导者提出问题并征求意见后做出决策

在这种方式中,虽然分析问题和进行决策仍由领导者来进行,但下属有建议权。下属可以在领导者提出问题后,提出各种解决问题的方案,领导者从他自己和下属提出的方案中选择满意的方案并做出决策。这样做的目的是充分利用下属的知识和经验。

6) 领导者规定界限,让下属做出决策

在这种方式中,领导者把某些决定权交给下属。决定前他提出需要解决的问题,并给要做的决策规定界限。

7) 领导者允许下属在规定的范围内行使职权

在这种方式中,下属有极大的行使职权的自由,唯一的界限是领导者所做的规定。如果领导者参加了决策,往往也是以普通成员的身份出现,并执行下属集体所做的任何决策。

坦南鲍姆和施米特认为,上述方式孰优孰劣没有绝对的标准,成功的领导者不一定是专权的人,也不一定是放任的人,而是根据具体情况采取恰当行动的人。当需要果断指挥时,他善于指挥;当需要职工参与决策时,他能提供这种参与的条件。只有这样,才能取得理想的领导效果。

3. 管理方格理论

管理方格理论是美国德克萨斯大学的布莱克和莫顿提出的。这项理论是对密歇根大学和俄亥俄州立大学研究结果加以综合的重要研究成果。在这一理论中,首先对管理人员根据他们的绩效按照导向行为(称为对生产的关心)和维护导向行为(称为对人员的关心)进行评估,给出等级分值,然后以此为基础,把分值标注在两个维度坐标轴上,并在这两个维度坐标轴上分别画出 9 个等级,从而生成 81 种不同的领导类型。

如图 17-2 所示,横轴表示领导者对生产的关心程度,纵轴表示领导者对人员的关心程度。每根轴划分为 9 个小格,整个方格图共有 81 个方格,每一小方格代表由对生产和人员关心的不同程度组合形成的领导方式,纵轴交叉,组成各种不同的领导方式。有 5 种具有代表性的领导方式。

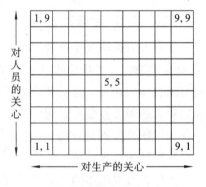

图 17-2 管理方格图

(1)(1,1)型:维持型管理,又称为贫乏型管理,表示领导者不愿努力工作,对工作绩效和人员的关心都很少,很难维持组织成员的关系,也很难有良好的工作绩效。

(2)(1,9)型:表扬型管理,又称为乡村俱乐部型管理,表示领导者只注重支持和关怀下属而不关心任务和效率;

(3)(9,1)型:任务型管理,表示领导者只重视任务效果而不重视下属的发展和士气。

(4)(5,5)型:折中型管理,又称为中庸之道型管理,表示领导者折中地在关心人员和关心生产两者间取得平衡,维持足够的任务效率和令人满意的士气。

(5)(9,9)型:协作型管理,又称为团队型管理,表示管理者对生产和人员的关心都有高标准的要求,通过与员工的互敬互信,依靠群体的协作来取得成果。人们普遍认为,(9,9)型领导方式是最佳的领导方式,并提出,原则上达不到(9,9)型等级的管理人员,要接受如何成为一个(9,9)型领导人的培训。

20 世纪 60 年代,管理方格理论受到美国工商界的普遍推崇。但在后来,这一理论逐步受到批评,因为它仅仅讨论了一种直观的最佳的领导方式。而且,管理方格理论并未对如何培养管理者提供答案,只是为领导方式的概念化提供了框架;另外,管理方格理论也没有实质性证据表明在所有情况下(9,9)型领导方式都是最有效的领导方式。例如,在不同的社会、经济、文化和政治背景中,领导方式的优劣并不是简单地通过中性或平衡的(9,9)分布能够陈述的。这说明,领导的行为理论并不是对某种领导方式的最佳选择,领导方式的研究和应用应是多角度的。

八、领导情景理论

(一)费德勒权变理论

美国管理学家弗雷德·费德勒提出的权变理论认为:不存在一种普遍适用的领导方式,领导工作强烈地受到领导者所处的客观环境的影响。换句话说,领导和领导者是某种既定环境的产物,即领导方式是领导者的特征、追随者的特征和环境的函数。

领导者的特征主要指领导者的个人品质、价值观和工作经历。如果一个领导者决断力很强,并认为组织中大多数成员必须用强制、控制、指令的办法,才能保证组织目标的实现,那么他很可能采取专制型的领导方式。

追随者的特征主要指追随者的个人品质、工作能力、价值观等。如果一个追随者的独立性较强,工作水平较高,那么采取民主型或放任型的领导方式比较适合。

环境主要指工作特性、组织特征、社会状况、文化影响等。工作是具有创造性还是简单重复,组织的规章制度是比较严密还是宽松,社会时尚是倾向于追随服从还是推崇个人能力等,都对领导方式产生了强烈的影响。

(二)路径-目标理论

加拿大多伦多大学教授罗伯特·豪斯把期望理论与领导行为四分图结合起来,建立了路径-目标理论。这一理论致力于研究领导者如何影响追随者对其工作目标的理解和他们所遵循的实现目标的途径。这一理论的基本模式是:分析并依据情景要素选择适宜的领导方式,以满足追随者的需要并提高管理的绩效。

关键情景要素是:追随者的个人特征、环境压力和追随者达到目标的需求。这些情景要素决定着哪种领导方式更有效。

领导者可以采用的领导方式有:①指示型领导,属于任务绩效型导向,领导者给予下属相当具体、明确的指令或指导;②支持型领导,属于群体维系型导向,领导者关心下属,从各个方面给予支持,注重人际关系的协调;③参与型领导,领导者征求并采纳下属建议,鼓励下属参与决策;④成就激励型领导,领导者采用设置挑战性目标、奖励做出贡献的行为等手段来激励下属。

(三)领导生命周期理论

领导生命周期理论是由美国学者科曼于1966年首先提出,后由美国学者保罗·赫塞和肯尼斯·布兰查德进一步发展。该理论认为有效的领导应根据下属的成熟程度以及环境的需要采取不同的领导方式。

领导生命周期模型如图17-3所示,图中横坐标表示以任务为主的工作行为,纵坐标表示以关心人为主的未来行为,第三个坐标则为成熟度。根据下属的成熟度(从 M_1 到 M_4),有四种不同的情况。成熟度、工作行为及关系行为之间有一种曲线关系。随着下属成熟程度的提高，领导方式（从 S_1 至 S_4）应按顺序逐步转移。四种不同的领导方式为：

(1) S_1——高工作，低关系（指示型的领导方式）；

(2) S_2——高工作，高关系（推销型的领导方式）；

(3) S_3——高关系，低工作（参与型的领导方式）；

(4) S_4——低关系，低工作（授权型的领导方式）。

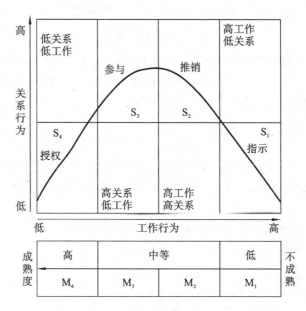

图 17-3　领导生命周期模型

对于不成熟（M_1）的下属，他们通常由于缺少工作经验，因此不能也不会对工作自觉承担责任，这时应使用 S_1 的领导方式，领导者可以明确规定其工作目标和工作规程，告诉他们做什么，如何做，在何地、何时去完成。

对于低成熟度（M_2）的下属，虽然他们已开始熟悉工作，并愿意担负起工作责任，但他们尚缺乏工作技能，不能完全胜任工作，这时 S_2 的领导方式更为有效，领导者应对他们的意愿和热情在感情上加以支持。这种领导方式通常仍由领导者对绝大多数工作做出决定，但领导者需把这些决定推销给下属，通过解释和说服，以获得下属心理上的支持。此时领导者应对下属充分信任，并不断给予鼓励。

当下属比较成熟（M_3）了，他们不仅具备了工作所需的技术和经验，而且也有完成任务的主动性并乐于承担责任。由于他们已能胜任工作，因此不希望领导者对他们有过多的控制与约束。这时，领导者应减少过多的领导行为，鼓励下属共同参与决策，继续提高对下属感情上的支持，不必再去具体指导下属的工作。因此，高关系、低工作的领导方式（S_3）是恰当的。

授权型的领导方式（S_4）则适用于高度成熟（M_4）的下属。由于下属已具备了独立工作的能力，并且也愿意且具有充分的自信来主动完成任务和承担责任。此时，领导者应充分授权下属，放手让下属"自行其是"，由下属自己决定何时、何地和如何完成任务。

项目十八 团队激励能力

训练 02：通过分析案例《新上任的李主管》，对团队激励进行认知。

新上任的李主管

小李是某厂新上任的生产车间主管，该车间士气低落，生产效率低下，经常不能按时完成生产任务。该生产车间共有 10 人，其中老王是资历最深的，已在厂内工作 10 年之久，所以平时一贯有点我行我素，倚老卖老，不配合工作的情况时有发生，前任主管对他也无可奈何；小张是技术能手，是车间里的技术骨干，而且热衷于搞小团体，在车间内颇有影响力，和其中 5 名员工打得火热，经常对前任主管的做法甚至厂内的规定评头论足，自行其是；小刘的母亲恰在这时病重，小刘工作一直心不在焉；小赵刚从某职业技术学院毕业，工作积极，有上进心，但是总受到车间其他强势人员的孤立和排挤；另有一名员工经常独来独往，没有什么特别情况。

训练问题：
1. 李主管如何通过有效的工作来激励所属团队的士气？
2. 激励的方法有哪些？

训练 03：通过分析案例《陈经理的委屈》，对团队激励进行认知。

陈经理的委屈

财务部陈经理觉得部门员工最近经常加班加点地工作，很是辛苦，于是打算按照自己的惯例，自己花钱请手下员工吃一顿以示鼓励。于是他走到休息室叫员工小马，通知其他人晚上吃饭。

快到休息室时，陈经理听到休息室里有人在交谈，他从门缝看过去，原来是小马和销售部员工小李两人在里面。

"呃，"小李对小马说，"你们部的陈经理对你们很关心嘛，我看见他经常用招待费请你们吃饭。"

"得了吧，"小马不屑地说道，"他就这么点本事来笼络人心，遇到我们真正需要他关心、帮助的事情，他没一件办成的。拿上次公司办培训班的事来说吧，谁都知道如果能上这个培训班，工作能力会得到很大提高，升职的机会也会大大增加。我们部几个人都很想去，但陈经理却一点都没察觉到，也没积极为我们争取，结果让别的部门抢了先。我真的怀疑他有没有真正关心过我们。"

"别不高兴了，"小李说，"走，吃饭去吧。"

陈经理只好满腹委屈地躲进自己的办公室。

训练问题：
1. 你认为这件事是谁的错？为什么？
2. 正确的激励方法是什么？

激励是人力资源管理中最具挑战性的问题。激励是指激发员工的工作动机,也就是说,用各种有效的方法去调动员工的积极性和创造性,使员工努力去完成组织的任务,实现组织的目标。研究表明,管理者的激励水平及激励艺术直接影响管理者的管理绩效。

一、激励的过程

激励的过程如图 18-1 所示。

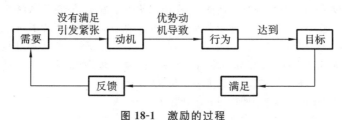

图 18-1　激励的过程

二、几种常见的激励理论

(一) 人性假设理论

1. 雷恩人性假设分类

雷恩认为,人可分成四类,即经济人、社会人、自我实现人和复杂人,他们都有各自的人性特点,因此企业要针对性地给以不同的激励。不同的人性假设的比较如表 18-1 所示。

表 18-1　不同的人性假设的比较

类　　型	人 性 特 点	激 励 方 法
经济人 (实利人)	(1)人生来都是懒惰的,可能的话,想尽量逃避工作; (2)一般的人都没有什么雄心壮志,也不喜欢负起任何责任,宁可期望别人来引导、指挥; (3)人生来就是以自我为中心,对组织的要求与目标并不关心; (4)人是缺乏理性的,本质上不能自律且易受他人影响	组织应以经济报酬(金钱)来激励员工的效力与服从,并应以权力与控制体系来保证组织运行及引导员工。因此,其管理的特征是制定各种严格的工作规范,加强各种法规的管制。组织的目标能达到何种程度,有赖于管理人员如何控制工作人员
社会人	(1)人是由社会需求而引起工作动机的,并且通过与同事的关系而获得认同感; (2)工业改革与工作合理化的结果,使工作本身失去了意义,因此只能从工作的社会关系中去寻求意义; (3)职工对同事们的社会影响力,要比对管理者所给予的经济诱因及控制更为重要; (4)职工的工作效率,随着上级可能满足他们社会需求的程度而改变	作为一个管理者,除了应该注意工作目标的完成外,更应该注意从事此项工作的职工的需求。在控制及激励职工之前,应先了解他们对团体的归属感及对同伴的连带感等社会需求的满足。职工的社会需求得不到满足,他们就会疏远正式组织,而献身于非正式组织,因此个体奖励制度不如团体奖励制度

续表

类　型	人 性 特 点	激 励 方 法
自我实现人（自动人）	（1）人具有五种不同层次的需求，即生存的、安全的、相爱的、尊重的、自我实现的需求，当低层需求得到满足时，人便追求更高层次需求的满足； （2）人们因工作而变得更加成熟与发展，且其能力也被开发，人会变得更独立自主； （3）人是自动自发且能自制的，外在的规律控制很可能对职工构成一种威胁而造成不良的适应； （4）职工的自我实现倾向与组织所要求的行为之间并没有冲突，如果能给职工一个机会，他会自动把自己的目标与组织的目标结合起来	尽量把工作安排得富有意义、具有挑战性，使职工工作之后能够引以为豪。管理者的主要任务是寻找什么工作对什么员工最具有挑战性，最能满足其自我实现的需求。交给下属他能承担的最大权限，使工作不再是为了获得报酬而付出的重担，每一个员工都通过其从事的工作而感受到生活的意义，组织成为提供机会者
复杂人	（1）每个人都有许多需求与不同的能力，人不但是复杂的而且其变动性很大； （2）一个人通过其组织生活可以得到新的需求，因此，其在组织内表现的动机模式是他原来已有的需求与组织经验相互作用的结果； （3）人在不同的组织或同一组织的不同部门，其动机可能不同，正式组织中落落寡合者可能在非正式组织中获得社会性及自我实现的需求的满足； （4）一个人是否感到心满意足或者肯献身于组织，取决于他本身的动机构成及他跟组织之间的相互关系。工作的性质、执行工作的能力、与同事之间的相处状况都可能对其有影响； （5）人可能以自己的需求、能力，对不同的管理方法做出不同的反应，没有一套能适应任何时代、任何人的万能管理方法	管理者必须具备洞察员工个别差异的能力，同时，还要具有能够随时采取必要行动的应变能力与弹性。当下属的需求不同时，就要以不同的方法对待

2. X-Y 理论

麦格雷戈于 1957 年首次提出 X 理论和 Y 理论。他认为，在管理中，由于对人性的假设不同，便存在着两种截然不同的管理观点，即 X 理论和 Y 理论。

X 理论的要点是：

(1) 人的天性是懒惰的；

(2) 人总是以自我为中心；

(3) 人一般缺乏进取心，不愿意承担责任，宁愿受别人指挥；

(4) 人希望安全，反对变革；

(5) 一般人容易轻信，易受外界的影响或煽动；

(6) 大多数人必须用强制的手段才能完成任务。

Y理论的要点是：

(1)人并非生来就是懒惰的,这取决于工作对他们是一种满足还是一种惩罚；

(2)人满足愿望的需求和组织的需求没有矛盾,只要管理得当,就能把个人目标与组织目标统一起来；

(3)在适当的条件下,一般人是能够主动承担责任的；

(4)大多数人都具有相当高超的想象力、发明和创造力；

(5)人们对自己参与的目标能够自我指挥、自我控制；

(6)应该用"诱导与信任"代替"强制与管束"。

麦格雷戈认为,X理论对人的行为管理建立在错误的因果观念的基础上,因此应用Y理论代替它。X理论和Y理论在管理学史上很有名,特别是现在强调的"人本管理",对实际管理工作具有很大的意义。

3. 超Y理论

在麦格雷戈提出X理论和Y理论之后,美国的莫尔斯和洛希又提出了超Y理论,其理论要点是：

(1)人们是怀着不同的需求加入工作组织的；

(2)不同的人对管理方式的要求是不同的；

(3)凡是组织结构、管理层次、工资报酬等适合于职工的特点,职工的工作效率就高,否则就低；

(4)当一个目标达到后,就应该继续激起职工的胜任感,使其为达到新的更高的目标而努力。

超Y理论是对X理论、Y理论的总结和超越,相对而言比较合理、公平,大家应该理解和掌握其理论要点。

4. Z理论

Z理论认为,一切企业的成就都离不开信任、敏感和亲密。该理论主张以坦诚、开放、沟通作为基本原则来实行民主管理。它把由领导者个人决策,员工处于被动服从地位的企业称为A型组织。学习型组织必须通过学习来实行革新,建立民主的组织,即Z型组织。Z理论的要点包括：

(1)企业实行长期或终身的雇用制度；

(2)对员工实行长期考察和逐步提升制度；

(3)对员工加强知识的全面培训；

(4)在管理过程中,既要运用必要的控制手段,又要注重对人的经验和潜能进行细致而积极的启发诱导；

(5)上下级之间的关系要融洽；

(6)采取集体研究与个人负责相结合的决策方式；

(7)对职工的福利要长期关心等。

(二)需求层次理论

马斯洛在1943年出版的《人类激励理论》一书中,首次提出需求层次理论,认为人类有五个层次的需求。

1. 需求层次理论的基本内容

(1) 生理需求。这是人类维持自身生存的最基本要求,包括衣、食、住、行、性等方面的要求。

(2) 安全需求。这是人类要求保障自身安全、摆脱事业和丧失财产的威胁、避免职业病的侵袭、接受严酷的监督等方面的需求。

(3) 社交需求。这一层次的需求包括两个方面的内容。一是友爱的需求,即人人都希望伙伴之间、同事之间的关系融洽或保持友谊和忠诚;人人都希望得到爱情,希望爱别人,也渴望得到别人的爱。二是归属的需求,即人人都有一种归属于一个群体的感情,希望成为群体中的一员,并相互关心和照顾。

(4) 尊重需求。人人都希望自己有稳定的社会地位,要求个人的能力和成就得到社会的承认。尊重需求又可分为内部尊重需求和外部尊重需求。

(5) 自我实现需求。这是最高层次的需求,它是指实现个人理想、抱负,最大限度地发挥个人的能力,完成与自己能力相称的一切事情的需求。

2. 理解需求层次理论时应注意的问题

(1) 五种需求像阶梯一样从低到高,按层次逐级递升,但这样的次序不是完全固定的,是可以变化的,有种种例外情况。

(2) 一般来说,某一层次的需求相对满足了,就会向高层次发展,追求更高层次的需求就成为驱使行为的动力。相应地,已获得基本满足的需求就不再是激励力量。

(3) 五种需求可以分为高低两级:其中生理需求、安全需求和社交需求都属于低层次需求;而尊重需求和自我实现需求是高级需求,它们需要通过内部因素才能满足,而且一个人对尊重和自我实现的需求是无止境的。

(4) 一个国家大多数人的需求层次结构,是同这个国家的经济发展水平、科技发展水平、文化和人民受教育的程度直接相关的。

(5) 人的激励状态取决于其主导需求的满足。主导需求是指在各种需求中占统治地位的需求。

(6) 不同的人对各个层次需求的强烈程度不同,如图 18-2 所示。

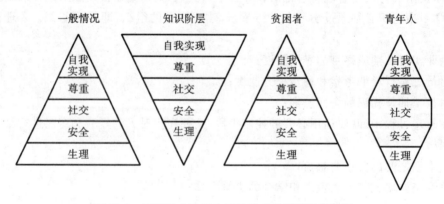

图 18-2 不同的人对各个层次需求的强烈程度不同

3. 对需求层次理论的评价

马斯洛的需求层次理论,在一定程度上反映了人类行为和心理活动的共同规律。马斯洛从人的需求出发来探索人的激励和研究人的行为,抓住问题的关键,指出人的需求是由低级向高级不断发展的,这一趋势基本上符合需求发展规律。因此,需求层次理论对企业管理者如何有效地调动员工的积极性有一定的启发作用。

但是,马斯洛是离开社会条件、人的历史发展及人的社会实践来考察人的需求及其需求结构的。需求层次理论的基础是存在主义的人本主义学说,即人的本质是超越社会历史的、抽象的"自然人",由此得出的一些观点就难以适合其他国家的情况。

(三)双因素理论

双因素理论是美国心理学家弗雷德里克·赫茨伯格在20世纪50年代末期提出来的,又称作激励因素-保健因素理论。

1. 双因素理论的基本内容

保健因素是指对职工产生的效果类似于卫生保健对身体健康所起的作用的因素。保健因素基本上都是属于工作环境和工作关系的因素,一般包括公司政策、管理措施、监督、人际关系、物质工作条件、工资、福利等。当这些因素恶化到人们认为可以接受的水平以下时,就会产生对工作的不满意。但是,当人们认为这些因素很好时,它只是消除了不满意,并不会导致积极的态度,这就形成了某种"既不是满意,又不是不满意"的中性状态。

激励因素是指那些能带来积极态度、满意和激励作用的因素,也就是那些能满足个人自我实现需求的因素。激励因素基本上都是属于工作本身或工作内容的因素,一般包括成就、赏识、挑战性的工作、增加的工作责任,以及成长和发展的机会。如果这些因素具备了,就能对人们产生更大的激励作用。从这个意义出发,赫茨伯格认为传统的激励假设,如工资刺激、人际关系的改善、提供良好的工作条件等,都不会产生更大的激励作用。它们能消除不满意,防止产生问题,但这些传统的激励因素即使达到最佳程度,也不会产生积极的激励作用。按照赫茨伯格的观点,管理者应该认识到保健因素是必需的,不过它一旦使不满意中和以后,就不能产生更积极的效果。只有激励因素才能使人们有更好的工作成绩。

保健因素和激励因素的比较如表 18-2 所示。

表 18-2 保健因素和激励因素的比较

比较项目	保健因素	激励因素
含义	指对职工产生的效果类似于卫生保健对身体健康所起的作用的因素	指那些能带来积极态度、满意和激励作用的因素
内容	属于工作环境和工作关系	属于工作本身或工作内容
范围	公司政策、管理措施、监督、人际关系、物质工作条件、工资、福利等	成就、赏识、挑战性的工作、增加的工作责任,以及成长和发展的机会
激励效果	满足:既不是满意,又不是不满意 不满足:不满意	满足:满意,产生激励 不满足:不会产生太大的不满

2. 对双因素理论的评价

实践证明,高度的工作满足不一定就产生高度的激励作用。许多行为科学家认为,不论是工作环境因素还是工作内容因素,都可能产生激励作用,从而使职工感到满足。双因素理论促使企业管理人员注意工作内容因素的重要性,特别是它同工作丰富化和工作满足的关系,因此是有积极意义的。

(四)期望理论

期望理论是著名心理学家和行为科学家维克托·弗鲁姆于1964年提出的。

期望理论的基础是：人之所以能够从事某项工作并达成组织目标，是因为这些工作和组织目标会帮助他们达成自己的目标，满足自己某方面的需求。弗鲁姆认为，某一活动对某人的激励力量取决于他所能得到结果的全部预期价值乘以他认为达成该结果的期望概率。用公式可以表示为

$$M = V \times E$$

其中：M为激励力量，是指调动一个人的积极性，激发出人的潜力的强度；V为目标效价，是指达成目标对满足个人需求的价值的大小；E为期望值，是指根据以往的经验主观判断达成目标并能导致某种结果的概率。

弗鲁姆的期望理论辩证地提出了在进行激励时要处理好以下三个方面的关系。

1. 努力与绩效的关系

人们总是希望通过一定的努力达到预期的目标。如果个人主观认为达到目标的概率很高，那么人就会有信心，并激发出很强的工作力量；反之，如果他认为目标太高，通过努力也不会有很好的绩效，那么他就会失去内在的动力，导致消极工作。

2. 绩效与奖励的关系

人总是希望取得成绩后能够得到奖励，当然这个奖励也是综合的，既包括物质上的，也包括精神上的。如果他认为取得成绩后能得到合理的奖励，那么他就可能产生工作热情，否则就可能没有工作积极性。

3. 奖励与满足个人需求的关系

人总是希望自己所获得的奖励能满足自己某方面的需求。然而由于人们在年龄、性别、资历、社会地位和经济条件等方面都存在着差异，他们对各种需求得到满足的程度不同。因此，对于不同的人，采用同一种奖励办法能满足的需求程度不同，能激发出的工作动力也就不同。

以上三个方面的关系可以用图18-3表示出来。

关系1　　关系2　　关系3

个人努力→取得成绩→组织奖励→满足个人需求程度

图18-3　期望理论关系图

对期望理论的应用主要体现在激励方面，这启示管理者不要泛泛地采用一般的激励措施，而应当采用多数组织成员认为效价最大的激励措施，而且在设置某一激励目标时，应尽可能加大其效价的综合值，适当加大不同人实际所得效价的差值，加大组织期望行为与非期望行为之间的效价差值。在激励过程中，还要适当控制期望概率和实际概率，加强期望心理的疏导。期望概率过大，容易产生挫折，期望概率过小，又会减少激励力量；而实际概率应使大多数人受益，最好是实际概率大于平均的个人期望概率，并与效价相适应。

(五)公平理论

公平理论又称社会比较理论，它是美国心理学家亚当斯提出来的。

公平理论的基本观点是：当一个人做出了成绩并取得了报酬以后，他不仅关心自己所得报酬的绝对量，而且关心自己所得报酬的相对量，因此，他要进行种种比较来确定自己所获报酬是否合理，比较的结果将直接影响今后工作的积极性。

1. 横向比较

人们会将自己获得的"报酬"(包括金钱、工作安排及获得的赏识等)与自己的"投入"(包括教育程度、所做的努力、用于工作的时间、精力和其他无形的损耗等)的比值与组织内的其他人做比较,只有相等时,他才认为公平,如下式所示。

$$OP/IP = Oc/Ic$$

其中,OP 为自己对所获报酬的感觉,Oc 为自己对他人所获报酬的感觉,IP 为自己对个人所做投入的感觉,Ic 为自己对他人所做投入的感觉。

当上式为不等式时,可能出现以下两种情况。

1) $OP/IP < Oc/Ic$

在这种情况下,第一种可能是他要求增加自己的收入或减小自己今后的努力程度,以便使公式左边增大,公式两边趋于相等;第二种可能是他要求组织减少比较对象的收入或者让其今后增大努力程度,以便使公式右边减小,公式两边趋于相等。此外,他还可能另外找人作为比较对象,以便达到心理上的平衡。

2) $OP/IP > Oc/Ic$

在这种情况下,他可能要求减少自己的报酬或在开始时自动多做些工作,但久而久之,他会重新估计自己的技术和工作情况,最终觉得他确实应当得到那么高的待遇,于是产量便又会回到过去的水平。

2. 纵向比较

除了横向比较之外,人们也经常做纵向比较,即把自己目前投入的努力与目前所获得的报酬的比值,同自己过去投入的努力与过去所获得的报酬的比值进行比较,只有相等时他才认为公平,如下式所示。

$$OP/IP = Oh/Ih$$

其中,OP 为自己对现在所获报酬的感觉,Oh 为自己对过去所获报酬的感觉,IP 为自己对个人现在投入的感觉,Ih 为自己对个人过去投入的感觉。

当上式为不等式时,也可能出现以下两种情况。

1) $OP/IP < Oh/Ih$

当出现这种情况时,人会有不公平的感觉,可能导致工作的积极性下降。

2) $OP/IP > Oh/Ih$

当出现这种情况时,人不会因此产生不公平的感觉,但也不会觉得自己多拿了报酬,从而主动多做些工作。

调查和试验的结果表明,不公平感的产生,绝大多数情况下是由于经过比较认为自己目前的报酬过低而产生的,但在少数情况下,也会由于经过比较认为自己的报酬过高而产生。

我们看到,公平理论提出的基本观点是客观存在的,但公平本身却是一个相当复杂的问题,这主要是由于下面几个原因。

第一,公平与个人的主观判断有关。上述公式中,无论是自己的还是他人的投入和报酬,都是个人感觉,而一般人总是对自己的投入估计过高,对别人的投入估计过低。

第二,公平与个人所持的公平标准有关。上面的公平标准是采取贡献率,也有采取需要率、平均率的。例如,有人认为助学金应改为奖学金才合理,有人认为应平均分配才公平,也有人认为按经济困难程度分配才合适。

第三，公平与绩效的评定有关。我们主张按绩效付报酬，并且每个人之间应相对均衡。但如何评定绩效呢？是以工作成果的数量和质量，还是按工作中的努力程度和付出的劳动量？是按工作的复杂、困难程度，还是按工作能力、技能、资历和学历？不同的评定办法会得到不同的结果。最好是按工作成果的数量和质量，用明确、客观、易于核实的标准来度量，但这在实际工作中往往难以做到，有时不得不采用其他的方法。

第四，公平与评定人有关。绩效由谁来评定，是领导者、群众还是自己？不同的评定人会得出不同的结果。由于同一组织内往往不是由同一个人来评定，因此会出现松紧不一、回避矛盾、姑息迁就、抱有成见等现象。

然而，公平理论对我们有着重要的启示：首先，影响激励效果的不仅有报酬的绝对值，还有报酬的相对值；其次，激励时应力求公平，使等式在客观上成立，尽管有主观判断的误差，但也不致造成严重的不公平感；最后，在激励过程中应注意对被激励者公平心理的引导，使其树立正确的公平观，一是要认识到绝对的公平是不存在的，二是不要盲目攀比，三是不要按酬付劳。按酬付劳是在公平问题上造成恶性循环的主要杀手。

为了避免职工产生不公平的感觉，企业往往采取各种手段，在企业中造成一种公平、合理的气氛，使职工产生一种主观上的公平感。如有的企业采用保密工资的办法，使职工相互不了解彼此的收支比率，以免职工互相比较而产生不公平感。

（六）强化理论

强化理论是由美国心理学家斯金纳首先提出的。斯金纳的强化理论和弗鲁姆的期望理论都强调行为同其后果之间关系的重要性，但弗鲁姆的期望理论较多地涉及主观判断等内部心理过程，而斯金纳的强化理论只讨论刺激和行为的关系。

强化理论认为人的行为是其所获刺激的函数。如果这种刺激对他有利，则这种行为就会重复出现；若这种刺激对他不利，则这种行为就会减弱直至消逝。因此，管理要采取各种强化方式，以使人们的行为符合组织的目标。

1. 强化的类型

根据强化的性质和目的，强化可以分为两大类型。

1) 正强化

所谓正强化，就是指奖励那些符合组织目标的行为，以便使这些行为得到进一步加强，从而有利于组织目标的实现。正强化的刺激物不仅包括奖金等物质奖励，还包括表扬、提升、改善工作关系等精神奖励。为了使强化达到预期的效果，还必须注意实施不同的强化方式。有的正强化是连续的、固定的正强化。譬如，对每一次符合组织目标的行为都给予强化，或每隔一段固定的时间都给予一定数量的强化。尽管这种强化有及时刺激、立竿见影的效果，但久而久之，人们会对这种正强化有着越来越高的期望，或者认为这种正强化是理所应当的。管理者需要不断加强这种正强化，否则其作用会减弱甚至不再起到刺激行为的作用。另一种正强化是间断的、时间和数量都不固定的正强化。管理者根据组织的需要和个人行为在工作中的反映，不定期、不定量地实施强化，使每次强化都能起到较大的效果。实践证明，后一种正强化更有利于组织目标的实现。

2) 负强化

负强化也是一种增强行为的方法，是指预先告知某种不符合要求的行为或不良绩效可能引起的后果,使员工按要求的方式行事来避免令人不快的后果。负强化包括减少奖酬或者罚款、批评、降级等。实施负强化的方式与正强化有所差异,应以连续的负强化为主,即对每一次不符合组织目标的行为都应及时予以负强化,以消除人们的侥幸心理,减少直至消除这种行为重复出现的可能性。

总之,强化理论强调行为是其结果的函数,通过适当运用及时的奖惩手段,集中改变或修正员工的工作行为,从而保证组织目标的实现不受干扰。强化理论的不足之处在于它忽视了诸如目标、期望、需要等个体要素,而仅仅关注当人们采取某种行动时会带来什么样的后果。但强化并不是员工工作积极性存在差异的唯一解释。

2. 具体应用强化理论时的一些行为原则

(1)经过强化的行为趋向于重复发生。所谓强化因素,就是指会使某种行为在将来重复发生的可能性增加的任何一种"后果"。例如,当某种行为的后果是受人称赞时,就增加了这种行为重复发生的可能性。

(2)要根据强化对象的不同采用不同的强化措施。人们的年龄、性别、职业、学历、经历不同,其需求就不同,强化方式也应不一样。如有的人更重视物质奖励,有的人更重视精神奖励,此时应区分情况,采用不同的强化措施。

(3)小步子前进,分阶段设立目标,并对目标予以明确规定和表述。对于人的激励,首先要设立一个明确的、鼓舞人心而又切实可行的目标,只有目标明确而具体时,才能进行衡量和采取适当的强化措施。同时,还要将目标进行分解,分成许多小目标,完成每个小目标后都应及时给予强化,这样不仅有利于目标的实现,而且通过不断的激励可以增强信心。如果目标一次性定得太高,会使人感到不易达到或者说能够达到的希望很小,这样就很难充分调动人们为达到目标而做出努力的积极性。

(4)及时反馈。所谓及时反馈,就是指通过某种形式和途径,及时将工作结果告诉行动者。要取得最好的激励效果,就应该在行为发生以后尽快采取适当的强化方法。一个人在实施了某种行为以后,即使是领导者表示"已注意到这种行为"这样简单的反馈,也能起到正强化的作用;如果领导者对这种行为不予以注意,那么这种行为重复发生的可能性就会减小以至消失。所以,必须将及时反馈作为一种强化手段。

(5)正强化比负强化更有效。所以,在强化手段的运用上,应以正强化为主;同时,必要时也要对坏的行为给予惩罚,做到奖惩结合。

强化理论只讨论了外部因素或环境刺激对行为的影响,忽略了人的内在因素和主观能动性对环境的反作用,具有机械论的色彩。但是,许多行为科学家认为,强化理论有助于对人们行为的理解和引导。因为,一种行为必然会有后果,而这些后果在一定程度上会决定这种行为在将来是否重复发生。那么,与其对这种行为和后果的关系采取一种碰运气的态度,还不如对其加以分析和控制,使大家都知道应该有什么后果最好。这并不是对职工进行操纵,而是使职工有一个最好的机会在各种明确规定的备选方案中进行选择。因而,强化理论已被广泛地应用在激励和人的行为的改造上。

三、激励的原则

(一) 系统性原则

激励是一种极为复杂的心理和行为现象,它不仅直接决定员工的需求内容、动机强度、目标期望、公平心理等多种激励机制的作用,而且受到员工的个性差异、文化背景、组织环境,以及激励方法、手段等多方面因素的影响和制约。因此,在激励过程中必须坚持系统性原则,从整体上把握激励要素之间以及要素与整体之间的内在联系,在发挥各个要素独特效用的同时,充分重视各种激励机制、相关因素、激励方法和手段的协调配合与综合运用,使激励系统的总体功能达到最优。

(二)物质激励与精神激励相结合的原则

在现代社会中,组织成员的需求结构呈现出多元化的趋势,既注重物质利益,也追求精神需求的满足。因此在激励过程中,管理者必须充分了解员工的需求结构,既要善于运用物质激励手段,也要高度重视精神激励的作用。只有将物质激励和精神激励结合起来,才能获得激励的最佳效果。

(三)差异化原则

在组织中,激励的对象是若干个独立的个人,个人之间在需求结构、个性特征、能力素质等方面都存在不同程度的差异,并且每个人的需求内容、认识水平和价值观等也会随环境的变化和时间的推移而改变。因此,激励必须考虑被激励者的个人情况,根据激励对象的不同,采取相应的激励手段和方法,以求实现激励目标。

四、激励方法实务

(一)物质利益激励

物质利益激励是指以物质利益为诱因,通过调节被激励者的物质利益来刺激其物质需求,以激发其动机的方式与手段。物质利益激励主要有以下几个方面的内容。

1. 薪酬激励

薪酬激励主要包括短期物质利益和长期物质利益。短期物质利益主要有:基本工资,它通常是相对固定的;奖金,它是对组织成员努力工作的一种奖赏,通常是变动的,具有较大的弹性;津贴和福利,它属于特殊的物质奖励,在一定程度上可以使组织成员产生归属感。长期物质利益主要是期权和购买社会保险等,它可以增强组织成员的归属感和安全感,鼓励组织成员树立长远目标,关心组织的长远发展。在进行薪酬激励时,应注意设计的薪酬机制与体系要为实现工作目标服务,二者有机地结合起来才能很好地起到激励的作用;要确定适当的刺激量,太多会为以后实施激励带来压力,太少则起不到激励的作用;薪酬要同思想工作有机结合,人们对薪酬的追求是无限的,如果不辅之以必要的道德激励,再好的薪酬激励也会有局限性。通过薪酬激励可以使被激励者产生一定程度的安全感和归属感,而且对自身的能力和职责有更清醒的认识,有利于其在工作过程中激发自身的潜能。

2. 奖励

能够起到有效激励效果的必须是公开的奖励。如果只是将奖励情况局限在狭小的范围内,则会削弱激励的效果。最好的奖励方式是具有较高的名誉价值和较低的金钱价值。对员工个人的公开的奖励往往会产生很强的激励效果。许多研究表明,欧美国家更看重个体激励,而中国与日本则更强调群体激励。

3. 处罚

在经济上对员工进行处罚是一种管理上的负强化,属于一种特殊形式的激励,不但对受到处罚的个人有一定的作用,而且可以起到警示其他人的作用。运用这种方法时应注意:必须有可靠的事实根据和政策依据,处罚的方式与刺激量要适当,要同深入、细致的思想工作相结合。处罚应当是化消极为积极、化被动为主动、化问题为机遇、化约束为激励。

在目前的社会经济条件下,物质激励是激励不可或缺的重要手段,它对强化按劳取酬的分配原则和调动员工的工作积极性有很大的作用。但是,在运用物质利益激励时要注意:一是只对成绩突出者予以奖赏,如果人人有份,既助长了落后者的懒惰,又伤害了先进者的努力动机,从而失去了激励的意义;二是重奖重罚,对于克服重重困难才取得成功者,应给予重奖,而对于玩忽职守、造成重大责任损失者,要给予重罚。

(二) 社会心理激励

社会心理激励是指管理者运用各种社会心理学方法刺激被激励者的社会心理需求,以激发其动机的方式与手段。这类激励方式以人的社会心理因素作为激励的诱因。社会心理激励的具体方法有很多种。

1. 目标激励

目标激励即以目标为诱因,通过把组织的需求转化为组织成员个人的需求,设置适当的目标,进而激发组织成员的工作动机,调动其积极性。在组织成员取得阶段性成果的时候,管理者还应当把成果反馈给组织成员,这样可以使其知道自己的努力水平是否足够,是否需要更加努力。

可用以激励的目标主要有三类:工作目标、个人成长目标和个人生活目标。设定的目标必须符合激励对象的需求,即要把激励对象的工作成就同其正当的获得期望挂钩,使激励对象表现出积极的目的性行为。同时,设置的目标既要切实可行,又要具有挑战性。目标难度太大,让人可望而不可即;目标过低,影响人们的期望值,难以催人奋进。此外,提出的目标要明确具体,使激励对象有所依据。

2. 情感激励

情感激励既不是以物质利益为诱导,也不是以精神理想为刺激,而是指领导者与被领导者之间的以感情联系为手段的激励方式。情感激励主要包括上下级之间建立融洽、和谐的关系;促进下级之间关系的协调与融合;营造健康、愉悦的团体氛围,满足组织成员的归属感。

在运用情感激励时,要注意到情感具有两重性,即积极的情感可以增强人的活力,消极的情感可以削弱人的活力。情感激励主要是培养激励对象积极的情感,其方式有思想沟通、排忧解难、慰问家访、交往娱乐、批评帮助、共同劳动、民主协商等。

3. 尊重激励

尊重激励就是指通过尊重下属的意见、需求,以及尊重有功之臣的做法来使组织成员感到自己对组织的重要性,并促使他们向先进者学习的一种激励方法。管理者应利用各种机会信任、鼓励、支持下属,努力满足其尊重需求,以激发其工作的积极性。管理者要懂得尊重下属的人格,要尽力满足下属的成就感,支持下属进行自我管理、自我控制。

4. 榜样激励

榜样激励是指通过满足组织成员模仿和学习的需求,引导其行为向组织所期望的目标靠拢的一种激励方式。在进行榜样激励时,可以通过树立先进典型或者是管理者自身的模范作用,使组织成员找到一个标杆并自我鞭策,增强克服困难、取得成功的决心和信心。

5. 参与激励

参与激励是指以让下属参与管理为诱因,调动下属的积极性和创造性。让组织成员参与管理,可以使组织成员感到上级的信任、重视和赏识,能够满足其归属感和受人赏识的需求。参与管理会使多数人受到激励,从而为组织目标的实现提供保证。在进行参与激励时,要增强民主管理意识,建立参与机制;真正授权于下属,使下属实实在在地参与决策和管理过程;有效利用多种参与形式,鼓励全员参与。参与激励是与授权激励相结合的。

6. 荣誉激励

荣誉是人们较高层次的需求,是众人或组织对个体或群体的崇高评价,是满足人们需求、激发人们奋力进取的重要手段。应对组织成员的劳动态度和贡献予以奖励,如开表彰大会、颁发荣誉证书、刊登光荣榜、在媒体上宣传报道、组织外出培训进修、推荐获取社会荣誉等。

7. 竞争激励

竞争激励提倡组织内部各组织成员之间、部门之间的有序的平等的竞争以及优胜劣汰。在鼓励组织竞争的过程中,应注意以下几点:要有明确的目标和要求,并加以正确的引导;保证竞争必须是公平的;竞争的结果要有明确的评价、相应的奖励,并尽可能增加竞争结果评价或奖励的效价,以加大激励作用。

各种社会心理激励的具体方式是相互联系的,并不能截然分开,多种方式结合在一起使用,在一定程度上会增强激励的效果。

(三) 工作激励

按照赫茨伯格的双因素理论,对人最有效的激励因素是工作本身。因此,管理者必须善于调整和调动各种工作因素,搞好工作设计,千方百计地使下属满意自己的工作,以实现最有效的激励。

1. 工作扩大化

工作扩大化是指工作的横向扩大,即增加每个人工作任务的种类,从而使其能够完成一项完整工作的大部分程序,进而提高其工作的积极性。工作扩大化的具体形式有:兼职作业、工作延伸和工作轮换。所谓工作轮换,就是指允许组织成员定期轮换所做的工作,借以为其提供更丰富、更多样化的工作。工作扩大化对提高组织成员钻研业务的积极性,使其获得精神上的满足有极大的帮助。

2. 工作丰富化

工作丰富化是指工作的纵向扩大,即给予组织成员更多的责任,以及更多参与决策和管理的机会,具体包括四种形式:将部分管理工作交给员工,使员工也成为管理者;鼓励员工参与决策和计划,提升其工作层次;对员工进行业务培训,全面提高其技能;让员工承担一些较高技术含量的工作,提高其工作的技术含量。

3. 弹性工作制

弹性工作制主要体现在两个方面:一是缩短每周的工作天数,但是每天的工作时间可以延长,这样可以使组织成员有更多的休闲、娱乐时间,能提高组织成员的工作热情和对组织的认同感,从而减少加班和旷工率;二是弹性工作,即组织规定每天的工作时间总数,具体的上下班时间可由员工自己掌控,这样可以给予员工更多的自主权和责任感。

4. 任务激励法

任务激励法是指把单调、乏味的工作或训练同个人的切身利益相结合,使下属能够从保护自己的利益出发,去做内心愿意做的事。

此外,工作激励还强调增强工作的适应性和挑战性,明确工作的意义,完善工作的完整性,提高工作的自主性,及时反馈工作成果等方面的内容。在对组织成员进行激励时,要认清个体特性,因人制宜地进行激励;要根据工作的不同,掌握好激励的方式、时间和力度;要综合利用各种激励手段和方法。

项目十九 人际沟通能力

训练 04:通过信息传递游戏,熟悉什么是正确的沟通方式。

训练方式:信息传递游戏

教师设计一个信息,从全班随机抽调十个同学,排成一列,从前向后传递这个信息,要求每个同学在传递信息时只能使用耳语,不能让第三个人听见。

请最后听到信息的同学向全班公开讲述这个信息,然后教师公布自己向同学传递的信息。全班同学检验信息传递结果与原始信息的准确度,并回答以下问题。

训练问题:

1. 信息传递结果变味的原因是什么?
2. 沟通有哪些要素?
3. 哪些原则在影响着沟通的效果?

一、沟通的内涵及过程

(一)沟通的内涵

1. 沟通的含义

人们在日常生活中的一个重要的活动就是维持和改善人际关系,而维持和改善人际关系的重要手段就是沟通,沟通可以使我们更充分地增长知识、享受生活。人们通过在沟通过程中分享信息、传达意见、交流思想、表示态度、交流感情、表达愿望等,来达到维持和改善人际关系的目的。人们之间的相互认知、相互吸引、相互作用都必须通过沟通来进行。据专家分析研究,现代科技人员的专业知识,有 50%～80% 是从与朋友、同行、老师的聊天、讨论和聚会中获得的。通过沟通可以使人们视野开阔、信息灵通、反应敏捷和思维多样化。为此,我们可以给沟通下个定义:沟通是指人们为了实现预定的目标,借助于某种媒介和共同的符号系统(包括语言和非语言符号),传播和交流信息、思想和情感的互动行为。

2. 沟通的重要性

沟通是使组织内部思想一致、产生共识，减少摩擦争执与意见分歧，疏导员工情绪、消除心理困扰，使员工了解组织环境、减少变革阻力，使管理者洞悉真相、排除误解，增进人员彼此了解、改善人际关系，减少互相猜忌、增强团队凝聚力的最有效的方法。

对于个人而言，沟通是一个人在生活和职场上不可或缺的领导和管理才能，是使人拥有迈向成功的力量，是一个人事业成功的重要因素。在一个人事业成功的因素中，人际关系能力因素占 85%，专业技术知识和能力因素仅占 15%，而人际关系能力实际上体现的是其沟通能力。一个人事业的成功缘于善于沟通，失败则肯定是不善于沟通。

3. 沟通的作用

沟通的核心在于"通"，即理解、说服并采取行动。有效的沟通是提高组织运行效益的一个重要环节。实现管理沟通规范化，就是通过把一种高效、科学的沟通技巧和方法作为一种管理人员的具体管理行为规范确立下来，让每个管理人员都遵照执行。因此，沟通的作用表现在如下几个方面。

(1) 沟通是员工做好工作的前提。任何组织只有通过沟通让员工明白其工作目标要求、所要承担的责任、完成工作后的利益，才能使员工确知做什么、做到什么程度，并选择做事的态度。

(2) 沟通是激发员工工作热情和积极性的一种重要方式。组织部门的主管与员工经常就所承担的工作以及其工作与组织发展的联系进行沟通，员工就会受到鼓舞，就会感觉到自己受到了尊重，就会体会到工作本身的价值。这也就直接给员工带来了自我价值的满足，他们的工作热情和积极性就会自然而然地得到提升。

(3) 沟通是员工做好工作的保障。只有通过沟通，组织的管理人员才能准确、及时地把握员工的工作进展，并及时为员工工作中难题的解决提供支持和帮助。这样有助于员工按照要求及时、高质量地完成工作任务，进而保证整个组织、部门工作的协调进行。

(二) 沟通的要素、过程及目标

1. 沟通的要素

沟通的要素包括传送者和接收者、信息、媒介、噪声、反馈。

1) 传送者和接收者

传送者又称信息源。任何沟通都必然存在传送者和接收者，他们是沟通的主体。在一些沟通过程中，每一个参与者既是传送者也是接收者。

2) 信息

信息指沟通双方之间传递的思想和情感等。

3) 媒介

媒介又称渠道，是指信息传递所依赖的载体。在沟通过程中，人们一般通过听觉、视觉或者触觉来实现沟通。

4) 噪声

噪声是指信息形成、传递、接收、理解、反馈过程中的各种干扰因素。

5) 反馈

反馈指信息传送者和接收者之间的相互作用，它是沟通成立的必要条件。

2. 沟通的过程

沟通的过程就是发送者将信息通过选定的渠道传递给接收者的过程，如图 19-1 所示。

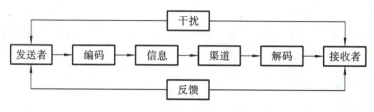

图 19-1 沟通的过程

1) 信息策划

信息策划就是对信息进行收集、整理、分析的过程。信息策划过程反映了信息发送者的逻辑思维能力的高低和信息量的多少。信息越明确、标准化程度越高,其明示程度越强,越有利于沟通。

信息策划的步骤是:确定信息范围、收集信息、评估信息、整理和分析信息。

2) 信息编码

信息编码就是将信息以某种形式表达出来。编码最常用的是口头语言和书面语言,除此之外还要借助于面部表情、声调、手势等非语言沟通。

3) 信息传输

信息传输,即通过一定的传输媒介将信息从一个主体传递到另一个主体。信息传输可以通过一席谈话、一次演讲、一封信函、一份报纸、一个电视节目等来实现。不同的沟通渠道适用于传递不同的信息。信息传输通常会产生信息损耗。

4) 信息解码

信息解码,即将收到的信息符号理解、恢复为思想,然后用自己的思维方式去理解这一信息。信息解码包含两个层面:一是还原为信息发送者的信息表达方式,二是正确理解信息的真实含义。在沟通过程中,不同的人、不同组织的解码方式会直接影响沟通的效果。

5) 信息反馈

信息反馈是指信息接收者在获得信息后或根据信息采取行动后,会根据自己的理解、感受和经验提出自己的看法和建议。

6) 沟通干扰

沟通干扰是指人们在沟通过程中可能面临的一些干扰因素。这些干扰因素可能来自于沟通者本身,也可能来自于外部环境。沟通者之间的干扰有些是故意的,有些则是非故意的。

3. 沟通的目标

1) 传递——最初级的目标

只要信息的发送者能够使信息到达特定的个人或组织,就可以视为信息到达了沟通目标,而并不追求信息一定对其他人或组织产生影响。例如,各种类型的通知、公告就属于此类。

2) 理解——较深层次的目标

它要求信息的受众能够广泛、深入地明了信息的性质、含义、用途和影响。要求信息发送者在进行信息策划时,必须考虑符合信息受众习惯和能力的信息编码和表达方式。

3) 接收——较高层次的目标

接收的含义是信息受众不仅要理解,而且要认同、同意信息的内容。接收的核心是态度上的趋同。

4)行动——最高层次的目标

它要求信息受众不仅能够接收、理解、接受信息的内容,而且会受到该信息的影响而采取某种行动。例如,环保主义者宣传环保主张。

二、沟通的原则及内容

(一)沟通的原则

沟通的原则是指沟通活动应遵循的指导思想。由于这六个原则的英文单词的第一个字母都是"C",因此沟通原则又称沟通6C原则。

(1)清晰(clear):表达的信息结构要完整、有序,能够被信息受众所理解。

(2)简明(concise):表达同样多的信息时要尽可能占用较少的信息载体容量。

(3)准确(correct):衡量信息质量和决定沟通结果的重要指标。

首先是信息发送者头脑中的信息要准确,其次是信息的表达方式要准确,尤其是不能出现重大的歧义。

(4)完整(complete):对信息质量和沟通结果有重要影响的一个因素。

(5)有建设性(constructive):对沟通的目的性的强调。沟通过程中不仅要考虑所表达的信息要清晰、简明、准确、完整,还要考虑信息接收方的态度和接受程度,力求通过沟通使对方的态度有所改变。

(6)礼貌(courteous):礼貌、得体的语言、姿态和表情能够在沟通中给予对方良好的第一印象,甚至可产生移情作用,有利于沟通目标的实现。

(二)沟通的内容

要有效地进行沟通,明确沟通的基本内容,并进行细致的分析和准备。

1. 为什么(why)

为什么是沟通的目标、目的。沟通的目标是沟通的灵魂。如果目标不明确,整个沟通过程就会南辕北辙。确定沟通目标时,首先要确定沟通各方的底线,包括沟通双方的沟通理解能力、态度转变、行动能力和意愿空间(在谈判中称为可谈判空间)。目的分析:

我为什么要进行沟通?

我写作或讲话的真正原因是什么?

我希望得到什么?改变态度还是改变观点?

通过沟通,我希望得到接收者的什么反应?

我的目的:是告知、说服、影响、教育、慰问、娱乐、劝导、解释、刺激还是启发。

2. 何人(who)

何人指的就是沟通的对象。受众分析:

沟通的对象是谁?属于哪一类人群?

沟通对象的性别、年龄、种族、民族、受教育程度、地位、身份、经历如何?

沟通对象对沟通信息了解多少?

沟通对象对沟通本身和沟通信息的内容持什么态度?是欢迎还是排斥?会如何反应?

3. 何地(where)

地点是指沟通活动发生的空间范围,包括地理区域、特定场所和室内布置等。场景分析:

他们将在何地接收到我的信息？

我的信息在整个事件中何时出现？我是准备回答他们已经提出的问题，还是就此问题提供前所未闻的信息？

4. 何时（when）

时间对沟通效果的影响非常复杂，是多方面的。

不同的人在作息规律上存在很大的差异。

不同的人具有不同的时间观念。

时间的长度对沟通效率也有很大的影响。

不同的时间段会影响人们对信息的理解。

5. 何事（what）

何事指的是沟通的主题。主题是指沟通活动紧密围绕的核心问题或话题。主题分析：

我到底想谈什么？

我需要讲什么？

他们需要了解什么？

哪些信息可以省略？

哪些信息必须采用，以做到清晰、有建设性、简明扼要、正确、有礼貌、完整？

6. 如何（how）

如何是指实现沟通目标的手段。有效地组织和实施沟通，需要考虑以下因素：

信息的表现形式是什么？如文字、图片、多媒体、身体语言、符号标志、模型等。

采用什么样的沟通媒介？沟通媒介主要分为口头和书面两种形式：口头形式包括面对面交谈、不见面的语音交谈、远程多媒体视频交谈等，书面形式包括信件、备忘录、通知等。

信息的组织方法可以分为归纳法和演绎法。

采取什么样的语气和表达风格？如庄重、轻松、戏谑。

应当避免哪些词汇、动作？

如何布置和安排沟通场所？

在沟通时间的选择上要注意哪些问题？

在对沟通过程进行计划时，应该根据不同的情况选择最合适的表达方式，特别是要根据沟通的需要创造恰当的沟通气氛。

三、沟通的分类

（一）根据信息载体的不同，沟通可以分为语言沟通和非语言沟通

1. 语言沟通

语言沟通包括口头沟通和书面沟通。

1）口头沟通

优点：能够快速传递和快速反馈。在这种方式下，信息可以在最短的时间里进行传递，并在最短的时间内得到对方的回复。如果接收者对信息不确定，迅速的反馈可以使发送者及时核查其中不够明确的地方，因此它能使我们及早更正错误。

缺点：当信息经过多人传递时，口头沟通的主要缺点便会暴露出来。在此过程中，卷入的人

越多,信息失真的潜在可能性就越大。如果你曾玩过"传话"的游戏,你就会了解它的问题所在。每个人都以自己的方式解释信息,当信息到达终点时,它的内容常常与最初情况大相径庭。如果组织中的重要决策通过口头方式在权力金字塔中上下传递,则信息失真的可能性就相当大。

2) 书面沟通

书面沟通包括备忘录、信件、传真、e-mail、即时通讯、组织内部发行的期刊、布告栏,以及其他任何传递书面文字或符号的手段。

优点:有形而且可以核实。如果将信息打印出来的话,发送者与接收者双方都拥有沟通记录,沟通的信息可以无期限地保存下去。如果对信息的内容有所疑问,完全可以随后进行查询。对于复杂或长期的沟通来说,这一点尤为重要。一个新产品的市场推广计划可能需要好几个月的大量工作,以书面形式记录下来,可以使计划的构思者在整个计划的发展过程中有一个参考。书面沟通的最终受益来自其过程本身。当用书面方式而不是口头方式传递信息时,常常会使人们进行更周全的思考,因此书面沟通显得更为严谨、逻辑性强,而且条理清楚。

缺点:耗费时间。同样是1个小时的测验,通过口试传递的信息远比笔试多得多。事实上,花费1个小时写出的东西只需10~15分钟就能说完。所以,虽然书面沟通更为精确,但它也耗费了大量的时间。书面沟通的另一个主要缺点是缺乏反馈。口头沟通能使接收者对自己听到的信息迅速做出回应,而书面沟通则不具备这种内在的反馈机制。其结果是无法确保发出的信息能够被接收到,即使被接收到,也无法保证接收者按照发送者的本意对信息进行解释。后一点对口头沟通来说也是个问题。除非在一些条件下,人们很容易让接收者概括自己所说的信息。精确的总结代表着反馈,即表明人们收到的和理解的信息是什么样的。

2. 非语言沟通

据美国加州大学洛杉矶分校的研究发现,一个人要向外界传达完整的信息,单纯的语言成分只占7%,声调占38%,另外的55%需要由非语言的体态来传达,而且因为肢体语言通常是一个人下意识的举动,所以它很少具有欺骗性。

人类自然传递手段中的各种非语言手段,诸如姿势、表情、眼神、形体动作、身体接触,以及服装的选择、整容手段、香水气味和时间与空间的使用形式等都具有符号意义,都可以通过人的视觉、听觉、触觉、嗅觉等感知渠道来表情达意。它不但可以加强、扩大语言手段的作用,还可以弱化、抵消语言手段的效果。如表情可以表现言不由衷、眼神闪烁。

(二)根据渠道的不同,沟通可以分为正式沟通和非正式沟通

1. 正式沟通

正式沟通是指由组织内部明确的规章制度所规定的沟通方式,它和组织的结构息息相关。

(1)按照信息流向的不同,正式沟通又可分为上行沟通、下行沟通、横向沟通和斜向沟通。

①上行沟通是指与上司之间的沟通,也包括与上司的同事、上司的上司之间的沟通。在上司面前,主管扮演的是替身的角色。因此,辅助上司就是主管最重要的工作之一,而有效辅助上司需要与上司进行有效的沟通。一般来说,上行沟通主要有四种形式:接受指示、汇报工作、商讨问题和表达不同意见。

②下行沟通与上行沟通刚好相反,是指居上者向居下者传达意见、发号施令等,即通常所说的上情下达。下行沟通时,"上"应是主体。要想沟通顺畅,上司要降低自己的姿态,不要一副高高在上的样子,使下属产生畏惧,引起下属的沟通反感。

③横向沟通又称平行沟通,指的是平级间进行的与完成工作有关的沟通。水平沟通具有很多优点:第一,它可以使办事程序、手续简化,节省时间,提高工作效率;第二,它可以使企业各个部门之间相互了解,有助于培养整体观念和合作精神,克服本位主义倾向;第三,它可以增加员工之间的互谅互让,培养员工之间的友谊,满足员工的社会需要,使员工提高工作兴趣,改善工作态度。但是其缺点表现在:横向沟通头绪过多,信息量大,易于造成混乱。此外,水平沟通尤其是个体之间的沟通,可能成为员工发牢骚、传播小道消息的一条途径,造成涣散团体士气的消极影响。

④斜向沟通是指在正式组织中不同级别又无隶属关系的组织、部门与个人之间的信息交流。

(2)按照沟通形态的不同,正式沟通还可分为链式沟通、轮式沟通、环式沟通、全通道式沟通、Y式沟通和倒Y式沟通,如图19-2所示。

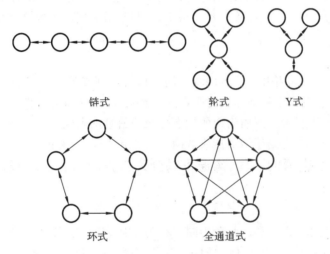

图 19-2　五种沟通的形态图

链式沟通属于控制型沟通,在组织系统中相当于纵向沟通网络。网络中每个人处在不同的层次中,上下信息传递速度慢且容易失真,信息传递者所接收的信息差异大。但由于结构严谨,链式沟通比较规范,在传统组织结构中应用较多。

轮式沟通又称主管中心控制型沟通,在这种沟通网络图中,只有一名成员是信息的汇集发布中心,相当于一个主管领导直接管理几个部门的权威控制系统。这种沟通形式集中程度高,信息传递快,主管者具有权威性。但由于沟通渠道少,组织成员满意程度低,士气往往受到较大的影响。

Y式沟通又称秘书中心控制型沟通,这种沟通网络相当于企业主管、秘书和下级人员之间的关系。这种网络形式能减轻企业主要领导者的负担,解决问题的速度较快。但除主管人员以外,下级平均满意度与士气较低,容易影响工作效率。

环式沟通又称工作小组型沟通,在这种沟通网络图中,成员之间依次以平等的地位相互联络,不能明确谁是主管,组织集中化程度低,沟通渠道少,信息传递较慢,但成员之间的相互满意度和士气都较高。

全通道式沟通是一个完全开放式的沟通网络,沟通渠道多,成员之间的地位平等,合作气氛浓厚,成员满意度和士气均高。全通道式沟通与环式沟通的相同之处在于,主管人员不明确,集中化程度低,一般不适用于正式组织中的信息传递。

2. 非正式沟通

非正式沟通是指正式组织途径以外的信息流通程序,一般根据组织成员在感情和动机上的需要而形成。它可以弥补正式沟通渠道的不足,传递正式沟通无法传递的信息,使管理者了解在正式场合无法获得的重要情况,了解下属私下表达的真实看法,为决策提供参照;减轻正式沟通渠道的负荷量,促使正式沟通提高效率等。

(三) 按照是否进行反馈,沟通可以分为单向沟通和双向沟通

1. 单向沟通

单向沟通是指信息发送者和接收者两者之间的地位不变(单向传递),一方只发送信息,另一方只接收信息。单向沟通的优点是信息传递速度快,信息发送者的压力小;其缺点是接收者没有反馈意见的机会,不能产生平等感和参与感,不利于增加接收者的自信心和责任心,不利于建立双方的感情。

2. 双向沟通

双向沟通中,信息发送者和接收者两者之间的位置不断交换,且发送者是以协商和讨论的姿态面对接收者,信息发出以后还需及时听取反馈意见,必要时双方可进行多次重复商谈,直到双方共同明确和满意为止等。双向沟通的优点是沟通信息准确性较高,接收者有反馈意见的机会,产生平等感和参与感,有助于增加接收者的自信心和责任心,有助于建立双方的感情。

(四) 按照沟通主题的不同,沟通可以分为自我沟通、人际沟通、群体沟通、企业沟通和跨文化沟通

1. 自我沟通

自我沟通是指信息发送者和接收者为同一行为主体,自行发出信息,自行传递并自我接收和理解的过程。通俗地说,自我沟通就是自己与自己对话,通过自身独立思考、自我反省、自我知觉、自我激励、自我内心冲突及自我批评,进而达到自我认同,实现内心平衡。良好的自我沟通,可以使自己积极、主动地排解那些消极的负面情绪,使自己保持良好的心境、乐观的情绪及理智清醒的心态,是实现卓越人生的坚实基础。

2. 人际沟通

人际沟通是指人与人之间进行的信息和情感的传递和交流。

3. 群体沟通

群体沟通是指组织中两个或以上相互作用、相互依赖的个体,为了达到基于其各自目的的群体特定目标而组成的集合体,并在此集合体中进行交流的过程。

四、沟通障碍

沟通障碍是指沟通过程中的某些干扰因素的存在,导致信息在传递过程中出现的扭曲或失真。在信息沟通中,沟通障碍的来源主要有四个:一是信息发送者,二是信道,三是信息接收者,四是环境。

(一) 与信息发送者有关的障碍

在沟通过程中,作为主动的信息沟通的发送者和接收者,沟通效果在很大程度上取决于信

息发送者,即发送者的自身素质和在信息沟通中的表现。

1. 信息来源所造成的障碍

1）信息发送者的编码能力欠佳

信息发送者的表达能力较差、词不达意,或者逻辑混乱、晦涩难懂,就会使接收者无法准确对其发送的信息进行解码,无法了解其所要传递的真实信息。因此,无论是口头沟通还是书面沟通,都要表达清楚,使人一目了然。

2）选择性过滤信息

信息发送者在发送信息前一般会对信息进行特殊处理,甚至把控制信息作为一种必要的手段来使用,因此会对信息进行选择性过滤,这会影响信息本身的真实性、准确性。

2. 语言障碍

语言不是客观的实体,而是通过人的思维反映客观事物的符号,它与事物之间只存在间接的关系。加上客观事物和人的思想意识复杂多变,语言的表达范围和人的语言文字又是多义的,对不同的甚至相同的现象会产生不同的意思、不同的理解,从而引起误会与错译。

3. 沟通方式与时机选择不合适

沟通至少发生在两个人之间,因此沟通时必须根据信息接收者选择合适的沟通方式和时机。当发送者把信息编译成信号时,他只在自己的知识范围、经验内进行编码,同样地,信息接收者也只能在自己的知识范围、经验内进行译码,他们的范围交叉区就是双方的共同经验区,在这个区域内信息很容易被传达和接收,这就是为什么沟通双方很熟悉时会有"一点即通"的默契。相反,如果没有共同的经验区,就很难沟通信息,因为接收者不能翻译和理解发送过来的信息的内涵。

另外,沟通方式与时机选择不当,缺乏审时度势的能力,会大大降低信息交流的价值;沟通通道选择失误,则会使信息传递受阻,或延误传递的时机,直接影响沟通的效果。

4. 信息发送者的信誉不佳

在沟通中,信息发送者如果给信息接收者留下不良印象,特别是第一印象不好,会使信息接收者质疑其能力或人品、经验等,信息接收者可能会用质疑的眼光去审视其发送的信息,这样将直接影响沟通的效果,或者因需要对信息发送者进行长期考验而导致沟通的期限延长。

（二）信息传递过程中的障碍

1. 时机问题

信息传递的时机会增加或者降低信息的沟通价值,如时间上的耽搁与拖延会使信息过时,甚至无用;而不合时机地发送信息,对于接收者的理解,将是一个难以克服的障碍。

2. 媒介问题

沟通媒介不合适,也会影响沟通效果,甚至使沟通无法实现。例如,当我们传递一些紧急信息时,选用传统的信件邮递方式,而不采用电话、互联网等现代化通信手段,则极有可能会错失良机。

3. 沟通渠道过长

组织机构庞大,内部层次多,从最高层传递信息到最低层,从最低层汇总情况到最高层,中间环节太多,容易损失较多信息。

4. 外部环境的干扰

外部环境的干扰主要是指外部社会中的生活方式、价值观、态度体系等方面的要素对沟通的影响。例如,在美国社会背景下,组织中的上下级沟通显得较为民主,下级可以直接向上级提出自己的意见;而日本的公司则等级森严,沟通一般是逐层进行的。

5. 组织结构的影响

组织机构过于庞大,往往会导致严重的沟通障碍。沟通结构设置不合理,机构复杂,各部门职责不清、分工不明、多头领导等,都会影响沟通的效率和效果。

6. 组织文化的影响

组织中员工的价值观、态度体系和行为方式在很大程度上受到组织文化的影响,因而组织文化对信息沟通有着不可忽视的作用。例如,在一个崇尚等级制度、强调独裁式管理的官僚组织里,信息通常被高层管理者垄断,而且人与人之间的沟通缺乏互动性和开放性,自下而上的沟通行为常常不受重视。另外,物质文化太匮乏,没有沟通所必需的物质场所,也会对沟通造成影响。

(三) 与信息接收者有关的障碍

1. 接收者的知觉选择性所造成的障碍

在沟通过程中,信息接收者的个人特征,诸如个性特点、认知水平、价值标准、权力地位、社会阶层、文化修养、智商情商等,将直接影响到对发送者的正确认识。人们通常对自己感兴趣的事给予很大的关心,对自己不利的信息可能会视而不见。

2. 接收者的信息过滤所造成的障碍

沟通中,接收者在接收信息时,有时候会按照自己的需要对信息进行过滤。过滤是指在信息传递的各个层级中,接收者按照自己的需要,故意操纵信息,造成信息歪曲。信息在传递过程中,经过多次过滤,甚至"添枝加叶",最终有可能会变得面目全非。

3. 信息过量造成的障碍

沟通中,信息过量会导致接收者疲于应付、反应迟缓,造成沟通障碍。现代组织中,有的管理者会抱怨自己被淹没在"文山会海"之中,其结果是导致他们对信息变得麻木起来,不能及时做出反应,而这必然会影响到沟通的效果。

4. 心理、情绪障碍

在沟通中,由于接收者地位不平等或者由于接收者对信息发送者的主观理解所造成的接收者在沟通中的担忧、畏惧、紧张等心理反应,接收者不能正确地理解发送者的意图。一般人在接收信息时不仅要判断信息本身,而且要判断信息发送的人。一般来说,地位高的人对地位低的人的沟通顾忌相对较少,而下级与上级沟通时难免有所顾忌。

五、解决沟通障碍的方法

尽管在沟通过程中存在各种障碍,但是通过采用正确的沟通理念、科学的沟通方法和渠道,是可以有效地克服沟通障碍,实现高效沟通的。具体来说,解决沟通障碍的方法主要有以下几个方面。

(一) 建立多种沟通渠道

"条条大道通罗马",建立多样化的沟通渠道,面对不同的沟通对象、不同的情境,可以灵活地选取有效的沟通渠道,使沟通达到事半功倍的效果。如很多国际大公司的高层管理人员会在中午与员工一起就餐,以非正式的聊天方式,有效地营造出坦率、自由的沟通氛围,缩小与员工之间的距离,通过无拘无束地谈天说地,更真实地了解员工的思想和需求。

(二) 注意沟通双方的差异

在沟通中,沟通双方必须要能够换位思考,站在对方的立场,以对方的观点和视野来考虑问题。处于主动位置的信息发送者尤其要充分考虑接收者的心理特征、知识背景等状况,并以此调整自己的谈话方式、措辞或者服饰、仪态,同时要以自己的职务、地位、身份为基础去进行沟通,一定要选择合适的沟通环境。如:生产部经理西装革履打着"官腔"到车间与一线工人交流工作,难免会在双方之间树立起鸿沟;但如果生产部经理以这样的衣着,采用同样的表达方式,去参加高级别企业管理论坛、峰会等,则又是必需的。

(三) 提升沟通技能

信息沟通技能低,严重影响着双方之间的沟通,或者使对方不愿意与之沟通,或者沟通的效果极差甚至适得其反,这都不利于沟通的有效进行。沟通技能的提高,要求沟通者要加强口头表达能力和文字表达能力等,加强与人交往技巧的训练,不断从多次的沟通失败中吸取经验和教训并努力加以改进。

(四) 使用合适的语言和文字

语言和文字是沟通过程中信息传递的主要工具,语言和文字使用的好坏影响着信息是否能准确、迅速地传递。方言过重的语言表达和拙劣的文字表述都不利于信息的有效传递,不利于信息沟通的有效进行。

在沟通过程中,信息发送者发出的信息能否被接收者理解,在很大程度上依赖于信息的发送者所使用的语言是否通俗易懂。鉴于接收信息的人各不相同,所以信息发送者所使用的语言也应因人而异,总之,必须使用接收者最易理解和懂得的语言。对于容易产生歧义的话语,应尽量避免使用,或者对产生误解的话语做明确的解释说明,表明自己的真实态度和情感,以澄清误解。

(五) 注意非语言信息

非语言信息往往比语言信息更能打动人。因此,在沟通中,信息发送者必须确保发出的非语言信息正面,有强化语言的作用,信息接收者则要密切注意对方的非语言提示,从而全面理解对方的思想、情感。高明的信息接收者精于察言观色,窥一斑而知全豹。

(六) 积极倾听

在沟通中,有时候听比说重要。积极倾听就是要求沟通双方能站在对方的立场上,运用对方的思维架构去理解信息。一般说来,要做到积极倾听,需要遵守以下四点:专心、移情、客观和完整。专心就是指要认真倾听对方所要表达的内容及细节;移情就是指在情绪和理智上都能与对方感同身受;客观就是指要切实把握沟通的真实内容,而不是迅速地加以价值评判;完整就是指要对沟通的内容有一个完整的了解,不能断章取义。

(七) 充分利用反馈机制

在沟通中,许多沟通问题都是因为信息接收者没能准确把握信息发送者的意思而造成的。为减少类似问题的出现,沟通双方应积极进行反馈。只有通过反馈,确认接收者接收并理解了发送者所发送的信息,沟通才算完成。发送者要检验沟通是否达到目标,也只有通过获得接收者的反馈才能确定。因此,建立并充分利用反馈机制,无疑是实现有效沟通的重要环节。反馈可以采取书面和口头两种方式,也可以通过观察、感受等方式获得反馈信息。

案例1:谁之过错

周秀华是一家小型工程咨询公司的业务主管,她下周要会见一位重要客户。为准备这次会见,她需要公司其他员工提供几份报告,包括杨峰的一份计划和梁宽提交的预算。在她去梁宽办公室的路上,她看到杨峰正坐在他的办公桌前,周秀华将头伸进他的办公室说:"杨峰,我星期一前要那份博宏计划。"杨峰咕哝着说好,但仍旧趴在办公室桌上工作。周秀华沿着大厅继续往前走。

杨峰正在做设计的详细说明,眼看着就要解决一个在设计中一直困扰他的难题了。这个看上去虽小但却相当重要的一步这几天来让他大伤脑筋,但现在就要解决了。他必须赶在星期四之前完成设计,办事人员才能在下周一开始准备最后的布置。周末是这个项目原定的时限,他必须尽快解决这个问题,以符合进度安排。他全神贯注地工作,以致当周秀华将头伸进他的办公室时,他根本就没有注意到她说了什么。他不是故意扫她的兴的,他只是根本就没有听见她在说什么。

所以,当周一会议开始后,周秀华未能接到杨峰递交的报告,她感到很生气。几个小时后,杨峰提交了材料,并断言他从来没有被告知星期一一早是最后的期限。周秀华回忆起她曾告诉过杨峰有关报告的事,而杨峰则回忆说,当时他正在把他在计算机程序上的突破进展形成文件,她刚好经过他的办公室,也没说过什么。杨峰感觉很委屈,他认为自己按时提交了计划,耽误同客户的谈判责任在周秀华而不在他。

思考题:

1. 请回答案例中造成工作耽误的责任应该由谁承担?为什么?
2. 工作中应如何避免类似沟通障碍的发生?

案例2:阳贡公司员工为何对工作不满意

阳贡公司是一家中外合资的集开发、生产、销售于一体的高科技企业,其技术在国内同行业中居于领先水平,公司拥有员工100人左右,其中的技术、业务人员绝大部分为近几年毕业的大学生,其余为高中学历的操作人员。目前,公司员工当中普遍存在着对公司的不满情绪,辞职率也相当高。

员工对公司的不满始于公司筹建初期。当时公司曾派遣一批技术人员出国培训,这批技术人员在培训期间合法获得了出国人员的学习补助金,但在回国后公司领导要求他们将补助金交给公司所有。技术人员据理不交,双方僵持不下,公司领导便找人逐个反复谈话,言辞激烈,并采取一些行政制裁措施给他们施加压力,但这批人员当中没有一个人按领导的意图行事,这导致双方矛盾日趋激化。最后,公司领导不得不承认这些人已形成一个非正式组织团体,他们由于共同的利益而在内部达成一致的意见:任何人都不得擅自单独将钱交回。他们中的每个人都严格遵守这一规定,再加上没有法律依据,公司只好作罢。因为这件事造成的公司内耗相当大,公司领导因为这批技术人员"不服从"上级而非常气恼,对他们有了一些成见,而这些技术人员也知道领导对他们的看法，估计将来还会受到上级的刁难，因此也都不再一心一意地准备在公司长期干下去。于是，陆续有人开始寻找机会跳槽。一次，公司领导得知一家同行业的公司来挖人，公司内部也有不少技术人员前去应聘。为了准确地知道公司内部有哪些人去应聘，公司领导特意安排两个心腹装作应聘人员前去打探，并得到了应聘人员的名单。谁知这个秘密不胫而走，应聘人员都知道自己已经上了"黑名单"，估计如果继续留在公司，也不会有好结果，于是在后来都相继辞职而去。

由于人员频繁离职，公司不得不从外面招聘，以补足空缺。为了能吸引招聘人员，公司向求职人员许诺住房、高薪等一系列优惠条件。但被招人员进入公司后，却发现当初的许诺难以条条兑现，非常不满，不少人干了不久就另谋高就了。为了留住人才，公司购买了两栋商品房分给部分骨干员工，同时规定生产用房不出售，员工离开公司时，需将住房退给公司。这一规定的本意是想借住房留住人才，却使大家觉得没有安全感，有可能即使在公司干了很多年，将来有一天被公司解雇时，还是一无所有，因此，这一制度并没有达到预期的效果，依然不断有人提出辞职。另外，公司强调住房只分给骨干人员，剩下将近一半的房子宁肯空着也不给那些急需住房的员工住，这极大地打击了其他员工的积极性，使他们感到在公司没有希望，由于没有更好的出路，因此工作起来情绪低落，甚至有消极怠工的现象。在工资奖金制度方面，公司也一再进行调整，工资和奖金的结构变得越来越复杂，但大多数员工的收入水平并没有多大变化。公司本想通过调整，使员工的工作绩效与收入挂钩，从而调动员工工作的积极性。但频繁的工资调整使大家越来越注重工资奖金收入，而每次的调整又没有明显的改善，于是大家产生了失望情绪。此外，大家发现在几次调整过程中，真正受益的只有领导和个别职能部门的人员，如人事部门。这样一来，原本希望公平的措施却产生了更不公平的效果，员工们怨气颇多，认为公司调整工资奖金不过是为了使一些人得到好处，完全没有起到调动员工工作积极性的作用。

公司的技术、业务人员虽然素质较高，但关键职能部门，如人事部门的人员却普遍素质较低，其主管缺少人力资源管理知识的系统学习，却靠逢迎上级稳居这一职位。他制定的考勤制度只是针对一般员工，却给了与他同级或在他上级的人员以很大的自由度。如：规定一般员工每天上下班必须打卡，迟到1分钟就要扣除全月奖金的30%，借机谋取私利，这样就在公司内部造成一种极不公平的状况，普通员工对此十分不满，于是他们也想出了一些办法来对付这种严格的考勤制度，如不请假、找人代替打卡或有意制造加班机会等方法来弥补损失。公司人员岗位的安排也存在一定的问题。这位人事主管虽然没有很高的学历，却盲目推崇高学历，本可以由本、专科生做的工作由硕士、博士来干，而有些本、专科生只能做有高中学历的人就能胜任的工作。这样，大家普遍觉得自己是大材小用，工作缺乏挑战性和成就感，员工们非常关心企业的经营与发展情况，特别是近年来整个行业不景气，受经济形势的影响，企业连年亏损，大家更是关心企业的下一步发展和对策。但公司领导在这方面很少与员工沟通，更没有做鼓舞人心的动员工作，使得大家看不到公司的希望，结果导致士气低下、人心涣散。

思考题：

1. 阳贡公司员工不满意是因为公司不能满足他们的需求。在本案例中，员工最大的不满意在于（　　）。

  A. 生理需求、安全需求、社交需求

  B. 安全需求、社交需求、尊重需求

  C. 社交需求、尊重需求、自我实现需求

D. 生理需求、安全需求、社交需求、尊重需求、自我实现需求

2. 阳贡公司内部非正式组织形成的原因是（　　）。
A. 上级领导的高压政策形成的逆反心理　　B. 有人发起组织，一哄而起
C. 共同的利益与感情　　　　　　　　　　D. 共同的兴趣与爱好

3. 阳贡公司最缺乏的激励方法是（　　）。
A. 目标激励和强化激励　　　　　　　　　B. 强化激励和支持性激励
C. 支持性激励和领导行为激励　　　　　　D. 领导行为激励和强化激励

4. 根据管理方格理论，阳贡公司领导属于（　　）。
A. 简单式　　　　B. 任务式　　　　C. 中间式　　　　D. 俱乐部式

5. 按照领导生命周期理论，阳贡公司领导对待职工应采取（　　）。
A. 高工作，低关系　　　　　　　　　　　B. 高工作，高关系
C. 高关系，低工作　　　　　　　　　　　D. 低工作，低关系

思考练习

一、单项选择题

1. 把权力定位于职工群体的领导模型是（　　）。
A. 放任型　　　　B. 仁慈型　　　　C. 民主型　　　　D. 协商式

2. 赫茨伯格把从不满意到没有不满意的因素称为保健因素，下列哪一项属于保健因素？（　　）
A. 工作被认可　　　　　　　　　　　　　B. 工作责任心
C. 工作条件　　　　　　　　　　　　　　D. 工作安全

3. 根据领导生命周期理论，领导者的风格应根据其下属的成熟程度而逐渐调整。那么随着下属由不成熟向逐渐成熟过渡，领导行为应如何转变？（　　）
A. 命令式—说服式—参与式—授权式
B. 命令式—参与式—说服式—授权式
C. 高工作、低关系—低工作、高关系—高工作、高关系—低工作、低关系
D. 低工作、高关系—高工作、低关系—高工作、高关系—低工作、低关系

4. 有些领导事必躬亲、劳累不堪，但管理的效果并不理想，这可能主要是因为他忽视了（　　）。
A. 提高自己的领导能力　　　　　　　　　B. 运用现代的办公设施
C. 过分集权的弊端和分权的重要性　　　　D. 锻炼身体的重要性

5. 一位在政府职能部门多年从事管理工作的中年管理者，最近被任命为某研究所的所长。面对陌生的学科专业和资深的研究人员，该所长感到有点无从下手。如果就他如何有效地开展新工作提出原则性建议，你首选的是（　　）。
A. 明确各研究人员的研究目标与任务，实行责权利挂钩考核
B. 充分尊重专家，努力将研究人员的个人兴趣与组织发展目标协同起来
C. 充分尊重专家，按专家意见办，全力做好支持服务工作
D. 以研究人员的研究兴趣和专长为基础生成组织目标

6. 副厂长王工有三十年的机电工作经验，同事们都很敬重他，这体现了他的（　　）。
A. 法定权　　　　B. 奖励权　　　　C. 个人专长权　　　D. 强制权

7. 于先生受命前往一家多年亏损的企业担任厂长。到任之后,他待人热情,早上早早地站在工厂的门口迎候大家,如果有的员工迟到,他并不是批评和指责,而是询问原因,主动帮助员工解决实际困难。一周下来,大家看到厂长每天都提前到厂,而且又待人热情,原来习惯于迟到的员工也不迟到了。从这件事情来看,是什么权力使于厂长产生了如此大的影响力?(　　)
　　A.个人影响权　　B.专长权　　　　C.法定权　　　　D.强制权

8. 当人们认为自己的报酬与劳动之比,与他人的报酬与劳动之比相等时,就会有较大的激励作用,这种理论称为(　　)。
　　A.双因素理论　　B.效用理论　　　C.公平理论　　　D.强化理论

9. 某公司总经理安排其助手去洽谈一个重要的工程项目合同,结果由于助手考虑欠周全,合同最终被另一家公司截走。由于此合同对公司经营关系重大,董事会在讨论失误的责任时存在以下几种说法,你认为哪一种说法最为合理?(　　)
　　A.总经理至少应该承担领导用人不当与督促、检查失职的责任
　　B.总经理的助手既然承接了该谈判任务,就应对谈判承担完全的责任
　　C.若总经理助手又进一步将任务委托给其下属,则他也不必承担谈判失败的责任
　　D.公司总经理已将此事委托给助手,所以对谈判的失败完全没有责任

10. 管理方格图中,(9,1)型对应的是(　　)领导方式。
　　A.任务型　　　　B.乡村俱乐部型　C.中庸型　　　　D.贫乏型

11. 如果一个追随者的独立性比较强,工作水平高,那么采取(　　)的领导方式是不适宜的。
　　A.专权型　　　　B.民主型　　　　C.放任型　　　　D.贫乏型

12. 某企业多年来任务完成得都比较好,职工经济收入也很高,但领导和职工的关系却很差,该领导采用的领导方式很可能是管理方格理论中所说的(　　)。
　　A.任务型领导方式　　　　　　　　B.乡村俱乐部型领导方式
　　C.中庸之道型领导方式　　　　　　D.贫乏型领导方式

13. 张宁在大学计算机系毕业以后,到一家计算机软件公司工作。三年来,他工作积极,取得了一定的成绩。最近他作为某项目小组的成员,与组内其他人一道奋战了三个月,成功地开发了一个系统,公司领导对此十分满意。这天,张宁领到了亲手交给他的红包,较丰厚的奖金令张宁十分高兴,但当他随后在项目小组奖金表上签字时,目光在表上注视了一会儿后,脸便很快地阴沉了下来。对于这种情况,下列哪种理论可以较恰当地给予解释?(　　)
　　A.双因素理论　　B.期望理论　　　C.公平理论　　　D.强化理论

14. 某学生在寒假进行社会调查时,对某小区内的企业职工状况进行了调查,发现了如下三种现象:①某铸造厂里大龄未婚男青年很多,他们常为自己的婚姻问题而烦恼;②地处市郊的某纺织厂,由于周围治安状况不好,做三班倒的女工在夜间上下班时因为经常受到流氓的干扰而不能安心工作;③某钢铁厂有位电子专业毕业的中年知识分子,他利用业余时间在研制小型电脑方面有所创新,他本人迫切要求从事这方面的专门研究,以争取早出成果。以上三种需求分别属于(　　)。
　　A.社会需求、安全需求和自我实现需求
　　B.生理需求、安全需求和自尊需求
　　C.社会需求、安全需求和自尊需求

D. 生理需求、安全需求和自我实现需求

15. "士为知己者亡"这一古训反映了有效的领导始于（　　）。
    A. 为了下属的利益不惜牺牲自己
    B. 了解下属的欲望和需求
    C. 上下级之间的友情
    D. 山头主义

16. 某造纸厂厂长说："走得正，行得端，领导才有威信，说话才有影响力，群众才能信服……"这位厂长的这段话强调了领导的力量来源于（　　）。
    A. 法定权　　　B. 专长权　　　C. 个人影响权　　　D. 强制权

17. 职务权力包括（　　）。
    A. 法定权、奖赏权和强制权　　　B. 法定权、奖赏权和个人影响权
    C. 奖赏权、参谋权和个人影响权　　　D. 专长权、强制权和个人影响权

18. 为了激发员工的内在积极性，一项工作最好授予哪类人？（　　）
    A. 能力远远高于任务要求的人　　　B. 能力远远低于任务要求的人
    C. 能力略高于任务要求的人　　　D. 能力略低于任务要求的人

19. 比较马斯洛的需求层次理论和赫茨伯格的双因素理论，马斯洛提出的五种需求中，属于保健因素的是（　　）。
    A. 生理和自尊的需求　　　B. 生理、安全和自我实现的需求
    C. 生理、安全和社交的需求　　　D. 安全和自我实现的需求

20. 商鞅在秦国推行改革，他在城门外立了一根木棍，声称有将木棍从南门移到北门的，奖励500金，但没有人去尝试。根据期望理论，这是由于（　　）。
    A. 500金的效价太低　　　B. 居民对完成要求的期望很低
    C. 居民对得到报酬的期望很低　　　D. 枪打出头鸟，大家都不敢尝试

21. 有这样一个小企业的老板，他视员工如兄弟，强调"有福共享，有难同当"，并把这种思想贯穿于企业的管理工作中。当企业的收入高时，他便多发奖金给大家；一旦企业产品销售状况不好，他就少发甚至不发奖金。一段时间后，他发现大家只是愿意"有福共享"，而不愿"有难同当"。在公司有难时甚至还有员工离开公司，或将联系到的业务转给别的企业，自己从中拿提成。这位老板有些不解，你认为这是为什么？（　　）
    A. 这位老板在搞平均主义　　　B. 这位老板把激励因素转化成了保健因素
    C. 员工们的横向攀比　　　D. 这位老板对员工激励缺乏系统规划

22. 假设你是某公司的经理，你招聘了一名很有希望的年轻下属并在工作上给了他许多的指导和关心。可现在，你听到一些小道消息，说其他职员认为你对这位年轻人过于关心了，这时你应该怎么办？（　　）
    A. 给这个年轻人安排一项重要工作，让他向其他职员证明他的能力
    B. 疏远这个年轻人，接近其他职员，以证明你是公平对待每个人的
    C. 重新评价这个年轻人的能力和潜力，据此决定下一步应该怎样做
    D. 不理会小道消息，继续现在的做法

23. 下列选项中，哪个不属于信息接收者的障碍？（　　）
    A. 过度加工　　　B. 表达模糊　　　C. 知觉偏差　　　D. 心理障碍

24. 在沟通距离的划定中,0~0.5属于( )。
   A. 社交距离　　　B. 私人距离　　　C. 亲密距离　　　D. 公众距离
25. 下列选项中,哪项不属于纵向沟通的障碍?( )
   A. 管理者展示的沟通风格与情境不一致　　B. 接收者沟通技能上的障碍
   C. 猜疑、威胁和恐惧　　　　　　　　　　D. 不善倾听
26. 通过组织明文规定的渠道进行信息交流是( )。
   A. 非正式沟通　　B. 上行沟通　　　C. 正式沟通　　　D. 双向沟通
27. 下列哪种沟通不属于非语言沟通?( )
   A. 面露微笑　　　B. 咳嗽　　　　　C. 眉头紧蹙　　　D. 打电话
28. 下列哪一种属于非正式沟通范畴?( )
   A. 报告会　　　　B. 讲座　　　　　C. 小道消息　　　D. 通知
29. 下列哪种方式不利于会议沟通形成成效?( )
   A. 明确会议目的　　　　　　　　　　B. 限制发言时间
   C. 会上分发会议文件　　　　　　　　D. 对参加人员有选择性
30. 沟通是管理中的黏合剂,可以理解为( )。
   A. 沟通可以将个体与团体捆绑在一起　　B. 沟通有利于消除摩擦
   C. 沟通促进个体发展　　　　　　　　　D. 沟通不可或缺
31. 商务场合行握手礼时,右手握住对方的同时左手握对方肩膀,表示( )。
   A. 支持　　　　　B. 熟悉　　　　　C. 诚意　　　　　D. 支配

二、多项选择题

1. 中国企业引入奖金机制的目的是发挥奖金的激励作用,但到目前,许多企业的奖金已成为工资的一部分,奖金变成了保健因素,这说明( )。
   A. 双因素理论在中国不怎么适用
   B. 保健因素和激励因素的具体内容在不同的国家是不一样的
   C. 防止激励因素向保健因素转化是管理者的重要作用
   D. 将奖金设计成激励因素本身就是错误的
2. 构成权力性影响力的主要因素有( )。
   A. 传统因素　　　B. 文化因素　　　C. 职位因素　　　D. 资历因素
3. 构成非权力性影响力的主要因素有( )。
   A. 品德因素　　　B. 才能因素　　　C. 知识因素　　　D. 感情因素
4. 西方现代领导理论的发展经历了三个阶段,即( )。
   A. 传统领导理论阶段　　　　　　　　B. 特质领导阶段
   C. 领导行为阶段　　　　　　　　　　D. 领导权变理论阶段
5. 勒温以权力定位为基本变量,把领导者在领导过程中表现出来的极端工作作风分为三种类型,即( )。
   A. 无政府型　　　B. 独裁专断型　　C. 民主参与型　　D. 自由放任型
6. 根据期望理论,激励力的大小取决于( )。
   A. 效价　　　　　B. 期望率　　　　C. 归属　　　　　D. 成就
7. 下列各项属于双因素理论的激励因素有( )。

A. 工作本身　　　　B. 同事关系　　　　C. 晋升　　　　　　D. 承认

三、简答题

1. 领导者与管理者有何不同？领导者是天生的吗？作为领导者必须具备哪些素质？
2. 领导的功能有哪些？
3. 勒温理论介绍的领导风格有哪些类型？
4. 马斯洛需求层次理论把人的需求划分为哪些层次？
5. 你是否认为大多数管理者在实践中都运用权变观点来提高领导力？
6. 什么叫作沟通？
7. 沟通的障碍有哪些？如何克服？

模块九

控制能力

GUANLI JICHU

YU SHIWU

学习情境

魏文王曾求教于名医扁鹊:"你们家兄弟三人都精于医术,谁是医术最好的呢?"扁鹊回答道:"大哥最好,二哥差些,我是三人中最差的一个。"魏文王不解地说:"请你介绍得详细些。"扁鹊解释说:"大哥治病,是在病情发作之前,那时候病人自己还不觉得有病,但大哥就下药铲除了病根,使他的医术难以被人认可,所以没有名气,只是在我们家中被推崇备至。我的二哥治病,是在病初起之时,症状尚不十分明显,病人也没有觉得痛苦,二哥能够药到病除,使乡里人都认为二哥只是治小病很灵。我治病,都是在病情十分严重之时,病人痛苦万分,病人家属心急如焚。此时,他们看到我在经脉上穿刺,用针放血,或在患处敷以毒药以毒攻毒,或动大手术直指病灶,使重病人的病情得到缓解或很快治愈,所以我名闻天下。"魏文王大悟。

你赞同扁鹊的说法吗?你怎么理解"控制"这一管理职能呢?

学习目标

1. 知识目标

通过本模块的学习训练,学生认识和了解控制的基本概念,了解控制的基本内容与过程,掌握控制的实施步骤,重点掌握控制的方法。

2. 能力目标

通过本模块的学习训练,学生知道针对不同的情境制定合理的控制标准。

3. 素质目标

通过本模块的学习训练,培养学生养成较好的按照目标和计划严格、科学地控制工作进度的习惯。

项目二十　总体控制能力

能力训练

训练 01:通过情境模拟,对控制进行认知。

公司质量控制大作战

一、时间:30分钟(课内时间30分钟,课外准备时间自定)。

二、活动目的:通过资料收集、实地走访,在了解不同公司的质量方法的基础上,让学生掌握企业控制的方法与技术,拓展学生视野,培养学生资料查找能力、数据分析能力和语言表达能力等。

三、活动地点:教室。

四、参与人数:以班级为单位,每间公司6~8人。

五、活动所需资源:多媒体设备,主持人1名,后勤工作人员若干。

六、操作程序:

(一)课前准备

1. 教师在授课之前提前通知学生做好准备,提高学生学习兴趣与积极性;教师选定本次模拟活动的主持人和后勤工作人员,主持人和后勤工作人员也需要参与公司组建。

2. 确定公司经营范围为学校内部市场,以公司为载体,每组6~8人,找到自己感兴趣的行业、公司,了解其质量控制的方法。

3. 制作相应的PPT课件,介绍所选公司的质量控制情况,并对其进行简要分析。

(二) 课堂现场验收成果

1. 活动开始前,后勤工作人员负责活动现场的布置,主持人准备好主持词。

2. 召开公司质量PK大会,各公司代表发言介绍所选公司的质量控制方法,后勤工作人员组织各组抽签确定活动上场顺序。(约20分钟,每个模拟公司必须确保用时为3~5分钟,不得过于简单,也不能花费太多时间)

3. 各小组自评分、互评分。

4. 教师评分及总结点评。

(三) 课后总结

每组学生提交一份2500字左右的公司质量控制报告。

训练问题:

1. 什么是控制?
2. 为什么质量控制是公司的重中之重?
3. 质量控制的手段有哪些?

一、控制概述

(一) 控制的含义

控制是指组织在动态的环境中为保证组织目标实现而采取的各种检查和纠偏的一系列活动或过程。管理学中的控制是指按照既定的目标和标准,对组织活动进行监督、测量,发现偏差并分析原因,采取措施使组织活动符合要求的过程。

控制是管理职能的组成部分,同时也表现为一个连续的过程。在这个过程中,管理人员应采取各种有效措施,以提高经济效益,实现经济发展目标。管理控制是包括人力控制、物力控制、财力控制等子系统的管理控制系统,其主要内容有:建立多层次的目标系统,在各单位、各部门之间进行资源的优化配置,通过下达目标和组织检查目标的落实情况,分析问题、查明原因,并找出方法予以解决;建设精干、高效的管理机构,采用卓有成效的管理方法。

(二) 控制的必要性

(1)控制职能是管理的基本职能之一。在管理职能体系中,计划职能制定目标,属于决策性职能;组织职能为目标进行资源配置,属于执行性职能;领导职能通过领导者的影响力来引导组织成员为实现目标而积极努力;控制职能可以发现、纠正工作中的偏差,保证计划的正常执行,属于保障性职能。因此,从某种程度上说,控制使管理过程形成一个封闭的回路,它结束了一个管理过程,又启动了下一个管理过程。

(2)控制能及时纠正计划执行过程中出现的偏差,督促有关人员严格按计划要求办事;也能发现计划中不符合实际的内容,并根据实践要求调整、修正原有计划。控制是完成计划任务、实现组织目标的保证;管理依靠控制手段,能及时发现组织自身或员工存在的缺点,并进行改正,是提高组织效率的重要手段。

(三)有效控制的原则

1. 适时控制原则

有效的控制要求能对组织活动中产生的偏差迅速并及时发现,及时采取措施,及时纠正,防止不利影响扩大。控制的适时性要求主要表现在两点:第一,在偏差还没被发现之前,准确预见,制定对策,防患于未然;第二,一旦出现偏差,能够迅速发现、及时纠正,不至于积重难返。

2. 适度控制原则

控制的范围与程度要适当,防止控制不足或过多,要处理全面控制与重点控制的关系,要使控制费用低于控制收益。适度控制应根据组织规模的大小、所要控制问题的重要程度及控制所能带来的效益进行权衡,防止在无意义的控制上花费时间与财力,要把着眼点放在组织工作最重要的方面和最关键的环节上。

3. 客观控制原则

实事求是,一切从实际出发,这是对控制工作的基本要求。管理控制中,对组织绩效状况的评价、建立的标准及采取的措施都要符合组织的实际情况,切忌主观臆断。为此,第一,所选择的控制标准要客观、精确和具有可考核性。第二,控制方式要客观真实。主管人员在检查和衡量工作成果时,要注意引导被考核者如实汇报情况,避免弄虚作假;同时,主管人员还要深入调查研究,尽量争取第一手材料,以避免主观臆断。

4. 弹性控制原则

管理学家孔茨曾经说过:"在某种特殊情况下,一个复杂的管理计划可能失常。控制就应当报告这种失常的情况,它还应当含有足够灵活的要素,以便在出现任何失常情况时都能保证对运行过程的管理控制。"在组织运营中,一些不确定因素往往使实际与计划要求背离,为此控制必须有灵活性,否则就不是组织控制,而是控制组织。

二、控制的类型

(一)按照控制运行时间划分

按照控制运行时间划分,控制可分为前馈控制、现场控制和反馈控制三种类型。

1. 前馈控制

前馈控制也称预先控制或面向未来的控制,主要指工作开始之前或受控系统运行之前,就根据经验或科学分析,对这种偏差发生的可能性进行预测,并采取措施加以防范,避免偏差造成损失。事先识别和预防偏差是前馈控制的简要概述。前馈控制是控制的最高境界,有先发制人、防患于未然的特点,其损失最小、效率最高,是最经济、最科学的控制方法。

2. 现场控制

现场控制也叫同期控制、即时控制或并行控制,它是指在工作开始到完成的全过程中,管理者深入现场进行必要的指导、检查和监督,在偏差刚刚发生或发生不久就能测定出来,并能迅速查明原因和采取纠正措施,及时排除偏差,以减少损失。现场控制具有立竿见影的效果,可使组织的损失控制在较低的程度,是一种经济、有效的方法。

3. 反馈控制

反馈控制又称事后控制或产出控制,是指在偏差和错误发生后,再去查明原因,并制定和采取纠正措施,防止同样的错误再次发生,消除偏差对下游活动或客户的影响;找出薄弱环节,改进工作。反馈控制通过总结经验教训,为未来计划的制定提供依据,借助财务分析(根据盈利投资能力,调整产品结构和生产方向)、成本分析(标准成本和实际成本比较,挖掘降低成本潜力)、员工成绩评定(目标管理法的绩效考核)等手段进行管理,是一种承前启后的控制,是对组织工作系统进行循环控制的联动点。

(二) 按照控制来源划分

按照控制来源划分,控制可以分为组织控制和非组织控制。

1. 组织控制

组织控制是根据主管人员设计和制定的一些机构和规定来进行控制的,像规划、预算和审计等都是正式组织控制的典型例子。组织通过规划来指导组织成员的活动;通过预算来控制消费;通过审计来检查各部门或个人是否按照规定进行活动,并提出更正措施。

2. 非组织控制

非组织控制是组织控制以外的控制,可分为群体控制和自我控制。群体控制是由组织内部的非正式组织基于群体成员的价值观和行为准则而进行的控制。自我控制主要取决于员工的个人素质,也取决于组织文化的影响和管理制度的实施。组织可以通过组织文化的建设与宣传来影响员工的价值观,协调员工个人目标与企业目标的一致性,并通过行为表现来实现有利于组织目标的自我控制。

(三) 按照控制对象划分

控制对象实际上反映了控制过程中管理者控制的焦点与重心。一般说来,按照控制对象的不同,控制大致可以分为对人员的控制、对财务的控制、对作业的控制、对信息的控制及对组织绩效的控制。

三、控制的过程

控制是在维持现状和打破现状的过程中完成的。维持现状是指保证计划实施活动的结果尽可能地接近原定的目标;打破现状则表现为针对组织内部条件和外部环境的变化,对原有标准或目标进行调整,并确定更合理的目标和控制标准。控制的过程如图 20-1 所示。

(一) 确定控制标准

控制标准是控制过程的基础和依据。没有控制标准,绩效就无法衡量。控制标准来源于计划,但是又不等同于计划。因此,必须按照计划的要求,建立起一套科学的控制标准。

1. 控制标准及其种类

控制标准是人们检查和衡量实际工作及其结果的规划,是由一系列计划目标构成的。控制标准一般包括定量标准和定性标准两部分。定量标准具有明确、可证实、可度量的特点,主要有实物标准、价值标准、时间标准;定性标准具有非定量的特点,但在实际工作中也尽可能地采用可度量的方法,如产品登记、顾客满意度等都是对产品质量的一种间接衡量。

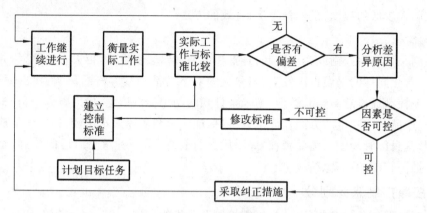

图 20-1 控制的过程

一般而言,企业常用控制标准有时间标准、质量标准、生产力标准、成本标准和行为标准等。

2. 关键控制点的选择

关键控制点也称为战略控制点,主要指在经营活动中受限制的因素,或是对计划的完成具有重要影响的因素。选择关键控制点,一般需要考虑以下几个方面:第一,选择的关键控制点应足以使管理者对组织总体状况形成一个比较全面的把握,应能全面反映并说明绩效的水平;第二,选择的关键点应能及时发现并反映问题,使管理者在严重损害发生前就能够看到问题的迹象;第三,选择的关键控制点应考虑经济实用而不是盲目地求多求全。

(二) 衡量实际工作

对照标准衡量实际工作是控制过程的第二步。通过比较,发现二者偏差,对实际工作做出客观的评价。衡量实际工作的关键是衡量什么和如何衡量两大问题。

1. 衡量的内容

衡量的内容应当与控制标准的类型相适应。对于定量标准,直接将实际数与标准数进行比较,计算差异的绝对值和相对值,并分析差异产生的原因;对于定性标准,管理者应当寻求一种主观衡量方法,而不能以难以衡量为借口而放松控制。

2. 衡量的方法

衡量的方法主要有亲自观察、统计报告、口头汇报和书面报告等方式。统计报告和书面报告是组织正规的控制方法,书面报告的优点在于全面、系统和准确,统计报告则具有时效性强的特点。亲自观察和口头汇报是组织非正规的控制方法,但是亲自观察可以获得员工的面部表情、语调、懈怠等被其他来源忽略的信息,口头汇报可以通过语言、语调和词汇本身传达其他被正规衡量方法过滤掉的信息。

当前,很多企业通过建立有效的信息管理系统,使反映实际工作情况的信息适时地传递给适当的管理人员,使之能与预定标准相比较,及时发现问题并解决问题。信息管理系统还应能及时将偏差信息传递给与被控制活动有关的部门和个人,以便及时地做出处理。组织建立信息管理系统,可以在衡量实际工作时使杂乱的信息变成有序、系统的信息,并能在正确的时间达到纠偏的目的。

沃尔玛公司的控制

沃尔玛公司是一家美国的世界性连锁企业,为应对企业庞大的数据处理问题,更好地实现管理控制,公司专门发射了一颗人造卫星。沃尔玛是世界上第一个拥有私人通信卫星的企业,它拥有一个六频道的卫星系统,形成了世界上最大的民用数据库,比美国电报公司的还要大。

所谓高投入就有高回报。这个高科技的通信系统使信息得以在公司内部及时、快速、通畅地流动,不但总部的会议情况和决策都可以通过卫星系统传送到各个分店,而且有关物流的各种信息也可以通过这个系统进行交流,保证了各分店的商品需求能顺利到达配送中心,总部对分店进货的建议也可以及时到达各分店。同时,该卫星系统还能使企业和众多供应商保持紧密联系。每天通过卫星系统直接把销售情况传送给供应商,这样,配送中心、供应商及每一分店的每一销售点都能形成连线作业,在短短的数小时内便可完成"填妥订单—各分店订单汇总—送出订单"的整个流程,大大提高了作业的高效性和准确性。另外,沃尔玛公司采用全球定位系统来对车辆进行定位,在任何时候,调度中心都能知道这些车辆在什么地方,离商店还有多远。通过卫星系统和利用电脑的追踪系统,完全能够在全球范围内实现商品的快速运输,进而保证了各门店能够及时地进行商品供给,实现有效控制。

在衡量实际工作时,有效的信息管理系统能给企业控制带来极大的帮助。沃尔玛公司通过构建强大的数据采集和处理系统,及时地对企业数据进行整理和相关性分析,有效地辅助了企业决策,促进了企业的发展。

(三) 纠正偏差

控制过程的最后一个步骤就是根据对实际工作的衡量结果,采取必要的措施来纠正偏差。具体表现为将衡量结果与控制标准进行对比,分析造成该结果的原因,确定纠偏现象并采取措施进行纠偏。纠正偏差需要注意以下问题。

1. 分析偏差的性质与原因

在控制过程中,并不是所有的偏差都需要纠正,因为并非所有的偏差都可能影响企业的最终成果。有些偏差可能反映了计划制定和执行工作中的严重问题,而另一些偏差则可能是由偶然的、短暂的、区域性的因素引起的,不一定对组织活动的最终结果产生重要影响。通常产生偏差的原因有以下两类。第一,组织外部或内部环境发生变化,使组织原定的目标无法完全实现,则原定的控制标准同样也无法完成。第二,组织管理方面。例如,从事该工作的人不能胜任这一工作,或是由于没有给予适当的指令。第三,从事该项工作的职工玩忽职守。

正偏差与负偏差

组织系统中的偏差有两种情况:正偏差与负偏差。人们常说的正偏差是指实际工作结果大大高于预定的目标,此时在高兴的时候不能忽略其原因的分析。正偏差出现的原因可能是原有的控制标准过低、碰上好运气或是管理出色等,不同的原因对组织将来计划或控制标准制定的影响大相径庭。负偏差是指实际工作的结果低于原来预定的控制标准。产生负偏差的原因可能有两个:一是组织预定的控制标准偏高,组织系统实际运行后发现不可能达到,这种情况下,组织应该调整计划和控制标准,使之能够符合实际的要求;二是由于组织系统管理不善,造成预定的控制标准不能达标,组织目标也就不能实现,这时应当重新调整组织的各种输入要素,并对这些要素进行合理的组织与管理,以消除偏差。

2. 确定纠正偏差措施的实施对象

从以上偏差的性质和原因分析可以看出,纠正偏差措施的实施对象既可能是企业的实际工作活动过程,也可能是组织的预定计划或控制标准。如果组织外部环境发生变化,不对预先制定的计划或行动准则进行及时调整,即使内部活动组织得非常完善,企业也不可能实现预定的目标。

3. 采取恰当的纠正偏差措施

根据偏差产生的主要原因,纠正偏差措施主要有两种:一是改进组织实际工作绩效,二是调整控制标准。在纠正偏差措施的选择与实施过程中,应注意以下几个问题:第一,改进组织实际工作绩效时,管理者可以通过对管理策略、组织机构、补救措施或培训计划的调整来消除偏差,也可以重新分配员工的工作,或做出人事上的调整,来满足实际工作的需要;第二,调整控制标准时应充分考虑原定计划实施的影响;第三,控制人员要充分考虑到组织成员对纠正偏差措施的不同态度,特别要注意消除执行者的疑虑,争取多数员工的理解、赞同和支持,以避免在纠正偏差措施的实施过程中可能出现人为障碍。

项目二十一　控制技术与方法运用能力

训练02:通过案例分析,对控制技术与方法进行认知。

戴尔公司与电脑显示屏供应商

戴尔公司创建于1984年,是美国一家以直销方式经销个人电脑的电子计算机制造商,其经营规模已迅速发展到当前120多亿美元销售额的水平。戴尔公司是以网络型组织形式来运作的企业,它有许多为其供应计算机硬件和软件的商。其中有一家供应商,电脑显示屏做得非常好。戴尔公司先是花很大的力气和投资,使这家供应商实现每百万件产品中只能有1000件瑕疵品,并通过绩效评估确信这家供应商达到要求水准后,戴尔公司就完全放心地让其产品直接打上"Dell"商标,并取消了对这种供应品的验收、库存。类似的做法也发生在戴尔公司其他外购零部件的供应商中。

通常情况下,供应商将供应的零部件运送到买方那里,经过开箱、触摸、重新包装、验收合格后,产品组装方将其存放在仓库中备用。为确保供货不出现脱节,公司往往要储备未来一段时间内可能需要的各种零部件,这是一般的商业惯例。因此,当戴尔公司对这家电脑显示屏供应商说"这种显示屏我们今后会购买400万到500万台,贵公司为什么不干脆让我们的人随时需要、随时提货"的时候,商界人士无不感到惊讶,甚至以为戴尔公司疯了。戴尔公司的经理们则认为,开箱验货和库存零部件只是传统的做法,并不是现代企业运营所必需的步骤,遂将这些"多余的"环节给取消了。

戴尔公司的做法就是,当物流部门从电子数据库得知公司某日将从自己的组装厂提出某型号电脑××部时,便在当天早上向这家供应商发出配额多少数量显示屏的指令信息,这样等到当天傍晚时分,一台台电脑便可打包完毕,分送到顾客手中。如此,不但可以节约了检验和库存成本,也加快了发货速度,提高了服务质量。

训练问题：
1. 戴尔公司对该供应商是否完全放弃和取消了控制？为什么？
2. 戴尔公司的做法对中国企业有适用性吗？
3. 企业常见的控制方法有哪些？

● 知识导航

控制的目的是消除偏差。组织为了实现控制的目的,针对不同的控制对象,可以采用各种不同的控制方法。

一、官僚控制方法

所谓的官僚控制,是韦伯对各层组织的一种描述,既有组织内的分工与专业化、层级化的权力结构,又有明确的规章制度和组织程序、正式的沟通方式等。官僚控制就是利用规则、权威层级、书面文件、标准和其他组织正式机制来进行的行为和业绩的控制。

（一）预算控制

预算就是用数字,特别是用财务数字来描述企业未来的活动计划,它预估了企业在未来时期的经营收入和现金流量,同时也为各部门、各项活动规定了在资金、劳动、材料、能源等方面的支出额度。

预算控制是指企业根据预算规定的收入与支出标准,检查和监督各个部门的生产经营活动,从而对企业进行控制。其作用是保证各种活动或各个部门在充分达成既定目标、实现利润的过程中对经营资源的利用,使费用支出受到严格、有效的约束。预算在组织中的作用主要表现在明确工作目标、协调部门关系、控制日常活动和考核业绩标准四大方面。

1. 预算的种类

预算的种类有：收入预算、支出预算、现金预算、资金支出预算和生产负债预算等。

2. 预算控制的步骤

预算控制的基本步骤包括：第一,编制预算;第二,执行预算;第三,衡量预算差异,并采取一些措施纠正偏差;第四,对预算控制结果进行分析总结,评价和考核预算控制的绩效。

3. 预算控制的优缺点

1) 预算控制的优点

其一,预算控制可以对组织中复杂纷繁的业务,采用一种共同标准——货币尺度来加以控制,便于对各种不同业务进行综合比较和评价；其二,预算控制采用的报表和制度都是早已被人们熟知的,是在会计中常用的方式；其三,预算控制的目标集中指向组织业务获得的效果；其四,预算控制有利于明确组织及其内部各部门的责任,有利于调动所有部门和个人的工作积极性。

2) 预算控制的缺点

(1) 预算控制有管得过细的危险。预算控制只能帮助企业控制那些可以计量的,特别是可以用货币单位计量的业务活动,而对于企业文化、企业形象、企业活力等,则不适合用预算控制。

(2)预算控制有管得过死的危险。企业活动的外部环境及内部环境是在不断变化的,这些变化会改变企业获取资源的支出或销售产品的实现收入,从而使预算变得不合时宜。因此,缺乏弹性、非常具体,特别是涉及较长时期的预算可能会过度束缚决策者的行动,使企业经营缺乏灵活性和适应性。

(3)预算控制有让预算目标取代组织目标的危险。项目预算或部门预算不仅对有关负责人提出了希望他们实现的结果,也为他们得到这些成果而能够开支的费用规定了限度,这种规定可能使管理者们在活动中精打细算,小心翼翼地遵守不得超过支出预算的准则,而忽视了部门活动的本来目的。

(4)预算控制有鼓励虚报、保护落后的危险。在编制费用预算时,通常会参照上期已经发生的本项目费用,同时,管理者们也知道,在预算获得最后批准的过程中,预算申请多半是要被削减的。因此,他们的费用预算申报数要多于其实际需要数,特别是对于那些难以观察、难以量化的费用项目更是如此。

费用预算总是具有按现额递增的规律,如果在预算编制过程中,没有仔细地复查相应的标准和程序,预算可能会成为低效的管理部门的保护伞,达不到对费用支出的有效控制的目的。

(二)财务控制

财务报表是用来追踪出入组织的商品和服务的货币价值,它是组织监控资产的流动性、总体财务状况和盈利能力三个主要方面的财务状况的基本工具。

1. 资产负债表

资产负债表分为三个部分:资产、负债、所有者权益,这三者的关系为:资产=负债+所有者权益。

2. 损益表

损益表反映了公司收入与支出的各项内容,用以反映公司在一定期间内的利润实现或亏损,它可以为报表的阅读者提供经济决策所需要的有关资料,也可用来分析利润增减变化成因,对公司的经营成本和投资价值做出评价。

3. 现金流量表

现金流量表主要反映资产负债表中各个项目对现金流量的影响,其主要作用是决定公司短期生存能力。根据用途的不同,可将现金流量表划分为经营、投资及融资三种类型。

(三)审计控制

审计是指对反映组织资金运动过程及其结果的会计记录及财务报表进行审核、鉴定,以判断其真实性和可能性,从而为控制和决策提供依据。审计主要有以下三种类型。

1. 外部审计

外部审计是指由审计机关派遣审计人员或社会审计机构对被审计单位的经济业务活动的合理性、合法性、准确性、真实性和效益性进行审查,并对审查结果做出客观、公正的评价。外部审计包括由国家审计机关对被审计单位的审计和社会审计组织中的审计师或注册会计师接受委托对被审计单位的审计,即国家审计和社会审计。

2. 内部审计

内部审计是由部门、单位内部专职审计人员进行的审计,它提供了检查现有控制程序和方法能否有效地保证达成既定目标和执行既定政策的手段。

3. 管理审计

管理审计是指对被审计单位的管理业绩、决策所进行的审核、稽查,就被审计单位的业绩或目标、计划、程序和方针提出意见,并对管理业绩的效果表明意见,以改进管理工作、提高经济效益。管理审计具有以下特点:第一,全面、综合地研究经营管理;第二,以经营计划为审计对象;第三,采用相应的科学方法和信息审计方法。

二、新型控制方法

随着竞争的加剧和经营复杂性的提高,现代企业需要进行控制的组织层面越来越高,所要控制的活动范围越来越广,这就需要企业采用综合的方法对企业经营的整个过程进行控制。下面介绍具有代表性的两种控制方法:标杆控制和平衡计分卡控制。

(一) 标杆控制

1. 标杆控制的内涵

标杆控制是以某一项指标或某一方面实践竞争力最强的企业、行业中的领先企业或组织内的某部门为基准,将本企业的产品、服务管理措施或相关实践的实际情况与这些基准进行定量化的评价、比较,在此基础上制定、实施改进的策略,并持续不断地反复进行的一种管理方法。标杆控制的心理学基础在于人的成就动机导向,认为个人和组织都应设定既富有挑战性又具有可行性的目标,只有这样,个人和组织才有发展的动力。

2. 标杆控制的作用与不足

通过设立挑战和赶超对象,并对最关键或最薄弱的环节进行改进,以此来全面提升企业的竞争力。在实施过程中,不仅要求使用财务指标,还要求使用非财务指标。当然,标杆控制也存在着不足:一是标杆控制容易导致企业的竞争战略趋同;二是标杆控制容易使企业陷入"落后—标杆—又落后—再标杆"的"标杆控制陷阱"中。

(二) 平衡计分卡控制

平衡计分卡是从财务、客户、内部运营、学习与发展四个角度,将组织的战略落实为可操作的衡量指标和目标值的一种新型绩效管理体系。设计平衡计分卡的目的就是要建立"实现战略指导"的绩效管理控制系统,从而保证企业战略得到有效的执行。因此,人们通常认为平衡计分卡是加强企业战略执行力的最有效的战略控制工具。

1. 平衡计分卡控制的内涵

平衡计分卡控制的核心思想就是通过财务、顾客、内部经营及学习与发展四个方面的指标之间的相互驱动的因果关系来展现组织的战略轨迹,实现绩效考核—绩效改进以及战略实施—战略修正的过程。平衡计分卡控制把绩效考核的地位上升到组织的战略层面,使之成为组织战略的实施工具。

2. 平衡计分卡控制的作用

平衡计分卡控制反映了财务与非财务衡量方法之间的平衡、长期目标与短期目标之间的平衡、外部和内部的平衡、结果和过程的平衡、管理业绩和经营业绩的平衡等多个方面。所以平衡计分卡控制能反映组织综合经营状况,使业绩评价趋于平衡和完善,有利于组织长期发展。

3. 平衡计分卡控制的实施障碍

平衡计分卡控制的实施障碍为：第一，沟通与共识上的障碍；第二，组织与管理系统方面的障碍；第三，信息交流方面的障碍；第四，对绩效考核认识方面的障碍。

三、管理控制的基本原则

为确保控制工作取得更好的成效，下面将管理控制中的主要原则归纳如下。

（一）控制应该同计划与组织相适应

管理的各项职能相互关联、相互制约。既然控制的目的是保证计划得到顺利实现，那么它就需要依靠组织中的各单位、各部门及全体成员来实施。所以，控制系统和控制方法应当与计划和组织的特点相适应。不同的计划具有不同的特点，因而控制所需的信息也各不相同。例如：对成本计划的控制信息主要是各部门、各单位甚至各种产品在生产经营过程中发生的费用；对产品销售计划的控制，则要收集销售产品的品种、规格、数量和交货期的情况。控制工作越是考虑到各种计划的特点，就越能更好地发挥作用。

同样，控制还应当反映组织结构的类型和特征。既然组织结构明确规定了企业内每个人所担任的职务和相应的职责权限，那么它就可以成为确定计划执行的职权所在和产生偏差的职责所在的依据。这说明了有效的管理控制必须要能够反映一个组织的结构状况，并通过健全的组织结构予以保证，否则只能是空谈。健全的组织结构有两个方面的含义：一方面，要能在组织中将反映实际情况和工作状态的信息迅速地上传下达，保证联络渠道的畅通；另一方面，要做到责权分明，使组织结构中的每个部门、每个人都能切实地担负起自己的责任，否则偏差一旦出现就难以纠正，控制也就不可能得以实现。

（二）控制应该突出重点，强调例外

在一个完整的计划执行过程中，组织通常需要选出若干关键点，把处于关键点的工作预期成果及其影响因素作为控制的重点。按照"次要的多数、关键的少数"原理，管理者不必完全了解计划执行过程中的全部具体细节，就可能达到对组织活动的有效控制。而且，由于控制的对象减少了，控制工作的成本也相应降低了。因此，控制要突出重点，抓住关键。管理者不能也没有必要事无巨细地对组织活动的方方面面都进行控制，而是要针对重要的、关键的少数因素实施重点控制。作为一位负责的管理者，谁都会希望自己对所管理的领域有全面的了解和把握，但明智的管理者需要认识到，组织中的工作活动往往是错综复杂、涉及面很广的，谁也无法对每方面、每件事均予以控制。全面控制并不见得是一种最经济、最有效的控制。管理者需要从实际工作出发，因地制宜地找出和确定最能反映或体现其所管辖单位工作成果的关键性因素，对之加以严密控制，其他方面则相对放松控制，这样可收到有的放矢、事半功倍的效果。

控制也应当强调例外原则。管理者将控制工作的重点放在计划实施过程中出现的特别好或特别坏的"例外"情况上，这样可以使他们把有限的精力集中于真正需要引起注意和重视的问题上。当然，例外并不能仅仅依据偏差数值的大小来确定，而是要考虑客观的实际情况。在同一个组织中，对于不同类别的工作，一定额度的偏差所反映的事态严重程度并不一样。有时管理费用高于预算的5%可能无关紧要，而产品合格率下降1%却可能出现产品严重滞销问题。所以，在实际工作中，例外原则必须与控制关键问题的原则结合起来，注意关键问题上的例外情况。

(三) 控制应该具有灵活性、及时性和经济性的特点

灵活的控制是指控制系统能适应主、客观条件的变化，持续地发挥作用。控制工作本是动态变化的，控制所依据的标准、衡量工作所用的方法等都可能随着情况的变化而调整、变化。如果事先制订的计划因为预见不到的情况而无法执行，而事先设计的控制系统仍按部就班地如期运转，那将会在错误的道路上越走越远。例如，假设预算是根据一定的销售量制定的，那么，如果实际销售量远远高于或低于测量的销售量，那么原来的预算就变得毫无意义了，这时就要求修改甚至重新制定预算，并根据新的预算制定合适的控制标准。

控制工作还必须注意及时性。信息是控制的基础。为提高控制的及时性，信息的收集和传递必须及时。如果信息的收集和传递不及时，信息处理时间又过长，偏差便得不到及时矫正。更有甚者，实际情况已经发生了变化，这时采取的滞后的矫正措施则可能不仅没有积极作用，反而会带来消极的影响。

为进行控制而支出的费用和由控制而增加的收益，两者都直接与控制的程度相关。这意味着，控制工作一定要坚持适度、适量的原则，以便提高控制工作的经济性。换句话说，从经济性角度考虑，控制力度并不是越大越好，控制系统也不是越复杂越好。控制系统越复杂，控制工作的力度越大，只意味着控制的投入越大。在许多情况下，这种控制投入的增加并不一定会导致计划的更顺利实施。事与愿违的情况在现实中是经常发生的。有时，自然消退也是一种行之有效的控制办法。

(四) 控制过程应避免出现目标扭曲问题

组织在将规则、程序和预算这些低层次的计划作为控制标准时，最容易发生目标与手段相置换的问题。本来，规则、程序和预算只是组织实现高层次计划目标的手段，但在实际控制中，有关人员对这些手段的关注可能超过对实现组织目标的关注，或者忘记了这些手段性措施只是为实现组织目标服务的，以致出现了为遵守规则或完成预算而不顾实际控制效果的种种刻板、僵硬、扭曲的行为，控制的机能障碍也就由此产生了。当人们丧失了识别组织整体目标的能力时，往往会出现"不是组织在运用控制职能，而是控制在束缚着组织"的不正常现象。因此，管理者在控制工作过程中要特别注意次级层次控制标准的从属性和服务性地位，这点对于成功、有效地实施控制至关重要。

(五) 有效的管理控制需要将财务绩效控制与非财务绩效控制有机地结合起来

有效的管理控制系统应该是一个综合性的完整的控制体系，它能将企业各方面的情况以整合、一体的方式反映给高层管理者及有关人员，使他们对组织的绩效有全面的把握。平衡计分卡控制就是将传统的财务评价与非财务方面的经营评价结合起来，从与企业经营成功关键因素相关联的方面建立绩效评价指标的一种综合管理控制系统和方法。它涵盖了四个主要的绩效评价领域：财务绩效、顾客服务、内部业务流程及组织学习和成长能力。在这四个评价领域中，管理者要确定出组织力争实现的关键绩效指标。一般而言，每个领域的评价指标限定在五项之内，这样就一共有二十项绩效控制指标。其中，财务绩效指标集中反映组织活动对改善短期和长期财务绩效的贡献，具体包括有净收益、投资回报率等传统的绩效指标。顾客服务指标则衡量诸如顾客如何看待这个组织以及顾客保持率、顾客满意度等。内部业务流程指标集中反映内部生产及业务工作的绩效统计状况，如订单履约率、单位订货成本等。最后一个角度是组织学习和成长能力，它侧重评价组织为了未来的发展而对人力资源及其他资源的管理状况，具体衡

量指标包括员工队伍稳定状况、业务流程改进程度及新产品开发水平等。平衡计分卡控制对这些衡量绩效的指标进行一体化的设计,确保各指标相互配合,并使企业当前的行动与长期的战略目标连接起来。这样,平衡计分卡控制就有助于促使管理者将注意力集中在决定一个组织未来成功的关键性战略绩效指标上,同时也有助于管理者将这些绩效指标清晰地传达至整个组织中,使有关人员关注组织的总体运营情况,而不仅仅是眼前的财务指标实现情况。

(六)控制工作应注重培养组织成员的自我控制能力

广大员工在生产和业务活动的第一线,是各种计划、决策的最终执行者,所以员工进行自我控制是提高控制有效性的根本途径。比如,要提高产品质量,仅靠工商部门监督和新闻报道是不够的,重要的是企业改善管理、加强控制;而在企业中,光靠管理者重视和完善控制制度也是不够的,广大员工应加强质量意识,并对产品生产的每个环节严格把关,这才是提高产品质量的最终保证。

自我控制具有很多优点。首先,自我控制有助于发挥员工的主动性、积极性和创造性。自我控制是指员工主动控制自己的工作活动,是自愿的。这样,他们在工作中便能潜心钻研技术,对工作中出现的问题会主动设法去解决。其次,自我控制可以减轻管理者的负担,减少企业控制费用的支出。最后,自我控制有助于提高控制的及时性和准确性。实际工作人员可以及时、准确地掌握工作情况的第一手材料,从而能及时、准确地采取措施,矫正偏差。

当然,鼓励和引导员工进行自我控制,并不意味着对员工可以放任自流。员工的工作目标必须服从于组织的整体目标,并有助于组织整体目标的实现。管理者要从组织整体目标的要求出发,经常检查各部门和员工的工作效果,并将其纳入企业全面控制系统之中。

格雷格厂长的目标与控制

格雷格担任这家工厂的厂长已有一年多时间了。他刚看了工厂有关今年实现目标情况的统计资料。厂里各方面工作的进展是出乎意料的,他为此气得说不出一句话来。记得他担任厂长后的第一件事是亲自制定工厂一系列的工作计划目标。具体来说,他要解决工厂的浪费问题,要解决职工超时工作的问题,要减少废料的运输费用问题。他具体规定:在一年内要把购买原材料的费用降低 10%~15%,把用于支付工人超时的费用从原来的 11 万美元减少到 6 万美元,要把废料运输费用降低 3%。他把这些具体目标告诉了有关方面的负责人。然而,他刚刚看过的年终统计资料却大大出乎他的意料。原材料的浪费比去年更严重,原材料的浪费率竟占总额的 16%;职工超时工作费用只降到了 9 万美元,远没达到原定的目标;运输费用也根本没有降低。

他把这些情况告诉了负责生产的副厂长,并严肃地批评了这位副厂长,而副厂长则争辩说:"我曾对工人强调过要注意减少浪费的问题,我原以为工人也会按我的要求去做。"人事部门的负责人也附和着说:"我已经为削减超时工作费用做了最大的努力,只对那些必须支付的款项才支付。"而负责运输方面的负责人则说:"我对未能把运输费用减下来并不感到意外,我已经想尽了一切办法。我预测,明年的运输费用可能要上升 3%~4%。"

在分别与有关方面的负责人交谈之后,格雷格又把他们召集起来布置新的要求,他说:"生产部门一定要把原材料的费用降低 10%,人事部门一定要把职工超时工作费用降到 7 万美元,即使是运输费用要提高,但也决不能超过今年的标准,这就是我们明年的目标。我明年再来看你们的结果!"

思考题:

1. 格雷格厂长有哪些控制管理工作做得不恰当?为什么?
2. 你认为这个厂明年的目标能实现吗?为什么?
3. 这位厂长采用的是哪种控制方式?有什么优缺点?
4. 格雷格厂长应该采取什么样的程序来对公司管理进行控制?

思考练习

一、选择题

1. 下列哪种控制的目的是及时发现并纠正工作中出现的偏差?( )
   A. 事先控制　　B. 现场控制　　C. 成果控制　　D. 综合控制

2. 进行控制时,首先要建立标准。关于建立标准,下列说法中哪一种有问题?( )
   A. 标准应该越高越好　　　　　　B. 标准应该考虑实施成本
   C. 标准应考虑实际可能　　　　　D. 标准应考虑顾客需求

3. "治病不如防病,防病不如讲卫生。"根据这一说法,以下几种控制方式中,哪一种方式最重要?( )
   A. 同期控制　　B. 现场控制　　C. 反馈控制　　D. 事前控制

4. 管理者在视察中发现一个员工操作机器不当,立即指明正确的操作方法并告诉该员工在以后的工作中要按正确的方式操作,这是一种( )。
   A. 反馈控制　　B. 指挥命令　　C. 事前控制　　D. 现场控制

5. 统计分析表明,"关键的事总是少数,一般的事常是多数",这意味着控制工作最应重视( )。
   A. 突出重点,强调例外　　　　　B. 灵活、及时和适度
   C. 客观、精确和具体　　　　　　D. 协调计划和组织工作

6. 实习医生在第一次做手术时需要有经验丰富的医生在手术过程中对其进行指导,这是一种( )。
   A. 事前控制　　B. 事后控制　　C. 随机控制　　D. 事中控制

7. 下列哪项不属于管理者实施控制的过程?( )
   A. 确立标准　　B. 衡量绩效　　C. 纠正偏差　　D. 分析测评

8. 在管理控制活动中,有一种控制是用过去的情况来指导现在和将来,这种控制是( )。
   A. 前馈控制　　B. 反馈控制　　C. 过程控制　　D. 间接控制

9. 人们常说,人的身体是"三分治七分养",这表明( )。
   A. 反馈控制比前馈控制重要　　　B. 同期控制比反馈控制重要
   C. 反馈控制比同期控制重要　　　D. 前馈控制比反馈控制重要

10. 下列哪一项控制工作是用于正在进行的计划执行过程?( )
    A. 前馈控制　　B. 反馈控制　　C. 现场控制　　D. 直接控制

11. 控制环节不包括( )。

A. 制定控制标准　　　　　　　　B. 用标准衡量绩效
C. 控制能力的培养　　　　　　　D. 采取矫正措施

12. 控制工作的第一步是（　　）。
A. 采取纠正偏差措施　　　　　　B. 预先控制
C. 衡量实际业绩　　　　　　　　D. 确定控制标准

13. 某企业要求营销人员每季度完成10万元的销售额，并保证货款回收率在90%以上，其中不包含以下哪一标准？（　　）
A. 时间标准　　B. 数量标准　　C. 质量标准　　D. 成本标准

14. 以下属于时间控制的方法是（　　）。
A. 预算控制　　B. 财务审计　　C. 甘特图　　D. 标杆控制

15. 下列控制中属于预先控制的有（　　）。
A. 课堂的点名与提问　　　　　　B. 员工的年终总结
C. 大学新生的入学教育　　　　　D. 学期结束的期末考试

16. 最常见的资金控制方法不包括哪些？（　　）
A. 预算控制　　B. 会计稽核　　C. 财务报表分析　　D. 数量控制

17. 安全控制通常不包括哪些方面的内容？（　　）
A. 经营安全控制　　　　　　　　B. 人身安全控制
C. 财产安全控制　　　　　　　　D. 资料安全控制

19. 能够有效地监督组织各项计划的落实和执行情况，发现计划与实际之间的差距，这一管理环节是（　　）。
A. 领导　　　　B. 组织　　　　C. 控制　　　　D. 协调

19. 一般而言，主要从事例行的、程序性的控制活动的是（　　）。
A. 高层管理人员　　　　　　　　B. 中、基层管理人员
C. 重点部门管理人员　　　　　　D. 科研部门管理人员

20. 如果要使控制工作在计划出现或预见不到的变动情况下保持有效的话，所设计的控制系统就要有（　　）。
A. 灵活性　　　B. 客观性　　　C. 经济性　　　D. 可考核性

二、简答题

1. 如何理解控制这一职能的内涵？
2. 有效控制的基本要求是什么？
3. 如何理解控制的基本过程？
4. 前馈控制、反馈控制和现场控制有什么区别和联系？
5. 常见的控制方法有哪些？

模块十
创新创业能力

GUANLI JICHU
YU SHIWU

学习情境

大众创业、万众创新始于2015年,这种社会潮流将持续下去,并可能成为很多青年人的选择。某高校毕业生小洪与几名同学也有创业的强烈欲望,但是在选择创业方向和创业项目的时候,大家因为没有相关的经历而陷入了迷茫。小洪和他的同学们应该如何踏出创业的第一步?你能为小洪和他的伙伴们提供什么好的建议呢?

学习目标

1. 知识目标

通过本模块的学习训练,学生认识和了解创新思维的基本方式,理解管理中的创新内容、创新路径及创新方法,掌握制订创业计划书的基本要素。

2. 能力目标

通过本模块的学习训练,学生具备基本的创新思路、知道如何制订创业计划书。

3. 素质目标

通过本模块的学习训练,培养学生养成创新意识,不墨守成规,善于用新思想、新方法解决问题。

项目二十二 创新能力

训练01:通过情境模拟,对创新进行认知。

创新思维大擂台

一、时间:90分钟。

二、活动目的:通过创新思维展示,让学生体会创新思维观念;通过创新思维技能训练,提高学生创新能力;通过思维碰撞,使学生突破思维固化,培养学生借助集体力量完成工作的意识等。

三、活动地点:教室。

四、参与人数:40~50人。

五、活动所需资源:多媒体设备,主持人1名,后勤工作人员若干。

六、操作程序:

(一)课前准备

1. 教师在授课之前提前通知学生做好准备,提高学生学习兴趣与积极性;教师选定本次活动的主持人和后勤工作人员。

2. 教师确定本次活动需要用的创新思维案例,组织后勤工作人员准备会议资料,组织学生成立8个学习小组,小组由学生自由组合成立,每组5~7人,并选出组长和计分员;组织各小组抽签决定对战双方。

3. 教师准备创新思维知识汇编,各小组课前结合给定案例分析讨论创新思维知识。

4. 制作相应的 PPT 课件,进行创新思维大擂台发言。

(二) 课堂现场验收成果

1. 活动开始前,后勤工作人员负责活动现场的布置,主持人准备好主持词。

2. 活动开始后,由展示小组抽取创新思维案例并针对案例结合创新思维相关知识进行演说,教师做出点评并给予评分,评分高的小组进入下一轮。(每组准备时间务必控制在2分钟以内,演说时间控制在3分钟以内)

3. 在第一轮获胜的四组中再进行两两PK(规则同上),第三轮决出最终获胜的一组(规则同上)。

4. 成员提问,教师解答。

5. 教师总结点评。

(三) 课后总结

各小组收集成员关于创新意识、创新思维方式、创新技能及活动心得体会并总结成文字材料,以备后用。

训练问题:

1. 创新意识的含义是什么?
2. 创新人格的基本素质有哪些?
3. 创新性思维类型有哪些?

一、创新的内涵

创新并不是陌生的词汇,它经常出现在各类管理学著作和教材之中。人们通常将它与设备的更新、产品的开发或工艺的改进联系在一起。无疑,这些技术方面的革新是创新的重要内容,但不是全部内容。创新首先是一种思想及在这种思想指导下的实践,是一种原则以及在这种原则指导下的具体活动,是管理的一种基本职能。创新作为管理职能表现在它本身就是管理工作的一个环节,它对任何组织来说都是一种重要的活动;创新和其他管理职能一样,有其内在的逻辑性,是建构在其逻辑性基础上的工作原则,可以使创新活动有计划、有步骤地进行。

二、创新对组织的作用

组织作为一个有机体,也和所有的生物有机体一样,都是处于不断进化和演变过程之中的,任何组织管理仅仅维持工作显然是不够的,它无法实现组织的可持续发展。管理的创新职能就是要突出"物竞天择,适者生存"的基本规律对组织的作用。任何组织系统的任何管理工作无不包含在维持和创新中,维持和创新是管理的本质内容,有效的管理在于适度的维持与适度的创新的组合。

(一) 创新是组织发展的基础,是组织获取经济增长的源泉

在过去的一个世纪中,人类的经济获得了迅猛的增长,20世纪大部分时期经济的增长率超过了第一次工业革命时期。这种发展和增长的根源就是熊彼特所说的创新。创新是经济发展

的核心,创新使物质繁荣的增长更加便利。

(二)创新是组织谋取竞争优势的利器

当今社会,各类组织的迅速发展,使得组织间的相互竞争成为普遍现象。特别是全球化的深入,工商业的竞争更加激烈。要想在竞争中谋取有利地位,就必须将创新放在突出的位置。竞争的压力要求企业家们不得不改进已有的制度,采用新的技术,推出新的产品,增加新的服务。有数据表明,创造性思维和组织效益之间具有直接的正相关性。

(三)创新是组织摆脱发展危机的途径

我们所说的发展危机是指组织明显难以维持现状,如果不进行改革,组织就难以为继的状况。发展危机对组织来说是周期性的,组织每一步的发展都有其工作重心的转变和新的发展障碍。在创业期间,管理目标主要是对需求快速、准确的反应,资金的充裕和安全问题;进入学步期和青春期,组织的管理目标更多地在于利润的增加和销售量及市场份额的扩大;组织进入成熟期后,管理目标转向维持已有的市场地位。相应地,在各阶段组织会出现领导危机、自主性危机、控制危机和硬化危机。组织只有不断地创新再创新,才能从容地渡过各种难关,持续、健康地发展。

三、创新的类别与特征

组织内部的创新可以从不同的角度去考察。

(一)从创新的规模以及创新对组织的影响程度来考察,可将创新分为局部创新和整体创新

局部创新是指在组织性质和目标不变的前提下,组织活动的某些内容、某些要素的性质或其相互组合的方式、组织的社会贡献形式或方式等发生变化;整体创新则往往改变组织的目标和使命,涉及组织的目标和运行方式,影响组织的社会贡献性质。

(二)从创新与环境的关系来分析,可将创新分为消极防御型创新与积极攻击型创新

消极防御型创新是指由于外部环境的变化对组织的存在和运行造成了某种程度的威胁,为了避免威胁或由此造成的组织损失的扩大,组织在内部展开的局部或全局性调整;积极攻击型创新是指在观察外部环境运动的过程中,敏锐地预测未来环境可能提供的某种有利机会,从而主动地调整组织的战略和技术,以便能积极地开发和利用这种机会,谋求组织的发展。

(三)从创新发生的时期来看,可将创新分为组织初建期的创新和组织运行中的创新

组织的组建本身就是社会的一项创新活动。创建者在一张白纸上绘制组织的目标、结构、运行规划等蓝图,这本身就要求有创新的思想和意识,创造一个全然不同于现有社会(经济组织)的新组织,寻找最满意的方案,取得最优秀的成果,并以最合理的方式组合,使组织进行活动。但是"创业难,守业更难",在变化的环境中"守业",必然要求积极地以攻为守,要求不断地创新。创新活动大量地存在于组织组建完毕并开始运转以后。管理者要不断地在组织运行过程中寻找、发现和利用新的创新机会,更新组织的活动内容,调整组织的结构,扩展组织的规模。

(四)从创新的组织程度上来看,可将创新分为自发创新与有组织的创新

任何社会、经济组织都是在一定的环境中运转的开放系统,环境的任何变化都会对组织的

存在和存在方式产生一定的影响,组织内部与外部环境直接联系的各子系统接收到环境变化的信号以后,必然会对组织的工作内容、工作方式、工作目标等方面进行积极或消极的调整,以应付变化或适应变化的要求。同时,组织内部的各个组成部分是相互联系、相互依存的。组织的相关性决定了组织内部与外部环境有联系的子系统根据环境变化的要求自发地做了调整后,必然会对那些与外部环境没有直接联系的子系统产生影响,从而要求后者也做出相应的调整。

与自发创新相对应的是有组织的创新。鉴于创新的重要性和自发创新结果的不确定性,有效的管理要求有组织地进行创新。为此,必须研究创新的规律,分析创新的内容,揭示创新过程的影响因素。有计划、有目的、有组织的创新取得成功的机会无疑要远远大于自发创新。

四、创新的基本内容

下面以企业为例来介绍组织创新的基本内容。

(一) 目标创新

企业是在一定的经济环境中从事经济活动的,特定的环境要求企业按照特定的方式提供特定的产品。一旦环境发生变化,要求企业的生产方向、经营目标,以及企业在生产过程中与其他社会经济组织的关系进行相应的调整。企业在各个时期的具体经营目标,都需要根据市场环境和消费需求的特点及变化趋势加以整合,每一次调整都是一种创新。

(二) 技术创新

技术创新是企业创新的主要内容,企业中出现的大量创新活动是有关技术方面的,因此,有人甚至把技术创新视为企业创新的同义词。

现代工业企业的一个主要特点是在生产过程中广泛运用先进的科学技术。技术水平是反映企业经营实力的一个重要标志,企业要在激烈的市场竞争中处于主动地位,就必须在顺应甚至引导社会技术进步的方面不断地进行技术创新。由于一定的技术都是通过一定的物质载体和利用这些载体的方法来体现的,因此企业的技术创新主要表现在要素创新、要素组合方法的创新及产品的创新三个方面。

(三) 制度创新

要素组合的创新主要是从技术角度分析了人、机、料等各种结合方式的改进和更新,而制度创新则需要从社会经济角度来分析企业组织中各成员间的正式关系的调整和变革。

制度是组织运行方式的原则规定。企业制度主要包括产权制度、经营制度和管理制度三个方面的内容。

1. 产权制度

产权制度是决定企业其他制度的根本性制度,它规定了企业最重要的生产要素的所有者对企业的权力、利益和责任。不同的时期,企业各种生产要素的相对重要性是不一样的。在主流经济学的分析中,生产资料是企业生产的首要因素,因此,产权制度主要指企业生产资料的所有制。

2. 经营制度

经营制度是有关经营权的归属及其行使条件、范围、限制等方面的原则规定。它表明企业的经营方式,确定谁是经营者,谁来组织企业生产资料的占有权、使用权和处置权的行使,谁来确定企业的生产方向、生产内容、生产形式,谁来保证企业生产资料的完整性及其增值,谁来向企业生产资料的所有者负责以及负何种责任。经营制度的创新方向应是不断寻求企业生产资料最有效利用的方式。

3. 管理制度

管理制度是行使经营权、组织企业日常经营活动的各种具体规则的总称,包括对材料、设备、人员及资金等各种要素的取得和使用的规定。在管理制度的众多内容中,分配制度是极重要的内容之一。分配制度涉及如何正确地衡量成员对组织的贡献并在此基础上如何提供足以维持这种贡献的报酬。由于劳动者是企业诸要素的利用效率的决定性因素,因此,提供合理的报酬以激发劳动者的工作热情对企业的经营有着非常重要的意义。分配制度的创新在于不断地追求和实现报酬与贡献的更高层次上的平衡。

(四)组织部门和结构创新

组织部门的设置和结构的形成要受到企业活动的内容、特点、规模、环境等因素的影响,因此,不同的企业有着不同的组织形式;同一企业在不同的时期,随着经营活动的变化,也要求组织的机构和结构不断调整。组织创新的目的在于更合理地组织管理人员的工作,提高管理工作的效率。

(五)环境创新

环境是企业经营的土壤,同时也制约着企业的经营。企业与环境的关系不是单纯地去适应,而是在适应的同时去改造、去引导,甚至是去创造。环境创新不是指企业为适应外界变化而调整内部结构或活动,而是指通过企业积极的创新活动去改造环境,去引导环境朝着有利于企业经营的方向变化。环境创新的主要内容是市场创新。市场创新主要是指通过企业的活动去引导消费,创造需求。

五、创新的过程

总结众多成功企业的经验,成功的变革与创新要经历寻找机会、提出构思、迅速行动、坚持不懈这样几个阶段。

(一)寻找机会

创新是对原有秩序的破坏。原有秩序之所以要打破,是因为其内部存在着或出现了某种不协调的现象。这些不协调的现象为组织的发展提供了有利的机会或造成了某种不利的威胁。创新活动正是从发现和利用原有秩序中的这些不协调现象开始的。不协调为创新提供了契机。

原有秩序中的不协调现象既可存在于组织的内部,也可产生于对组织有影响的外部。就组织的外部来说,有可能成为创新契机的变化主要有技术的变化、人口的变化、宏观经济环境的变化、文化与价值观念的转变等;就系统内部来说,引发创新的不协调现象主要有生产经营中的瓶颈、企业意外的成功和失败等。

组织的创新往往是从密切地关注、系统地分析社会经济组织在运行过程中出现的不协调现象开始的。

(二)提出构思

敏锐地观察到不协调现象以后,还要透过现象研究其原因,并据此分析和预测不协调现象的未来变化趋势,估计它们可能给组织带来的积极或消极后果,并在此基础上努力利用机会或将威胁转换成机会,采用头脑风暴法、德尔菲法、畅谈会等方法提出多种创新构思。(具体内容见模块五,这里不再赘述。)

(三)迅速行动

创新成功的秘诀主要在于迅速行动。提出的构思可能还不完善,甚至可能很不完善,但这种并非十全十美的构思必须立即付诸行动才有意义。"没有行动的思想会自生自灭",这句话对于创新思想的实践尤为重要。一味追求完美,以减少受讥讽、被攻击的机会,就可能错失良机,把创新的机会白白地送给自己的竞争对手。

(四)坚持不懈

构思经过尝试才能成熟,而尝试是有风险的。创新的过程是不断尝试、不断失败、不断提高的过程。因此,创新者在开始行动以后,为取得最终的成功,必须坚定不移地继续下去,绝不能半途而废,否则便会前功尽弃。要在创新中坚持下去,创新者必须有足够的自信心,有较强的忍耐力,能正确对待尝试过程中出现的失败,既为减少失误或消除失误后的影响而采取必要的预防或纠正措施,又不把一次尝试的失利看成整个创新构思的失败。创新的成功在很大程度上要归因于"最后五分钟"的坚持。

六、创新技法

创新技法是创造学家根据创新思维发展规律总结出的创造发明的一些原理、技巧和方法。在创新实践中总结出的这些创新技法,还可以在其他创造过程中加以借鉴和使用,从而提高人们的创造力和创造成果的实现率。从方法上总结创新活动中所具有的一些技巧、方法,并不是从创造学诞生之后才开始的;相反,正是前人总结出许多有关创造发明的技巧和方法,才促使创造学这门学科产生,同时也随着创新技法不断地被总结和发现出来。目前,人们总结出来的创新技法有三百多种,而较为常见的有六种:智力激励法、设问探讨法、仿生创新法、联想创新法、组合创新法、逆向思考创新法。

(一)智力激励法

智力激励法,即头脑风暴法,是世界上最早付诸实践的创新技法,它是由美国创造学家亚历克斯·奥斯本首先提出来的。这种技法一般通过一种特殊的会议,让参加的人员相互启发,填补知识空隙,从而引起创造性设想的连锁反应,产生众多的创造性设想。

(二)设问探讨法

设问探讨法是现代生产中经常使用的一种创新技法,其优点是简单易学,还可因地制宜,根据不同的需要,改换设问的方法。

(三)仿生创新法

仿生创新法既不是科学,也不是一种思维,而是应用仿生学的理论和方法,借助仿生思维产生的创新技法。什么是仿生思维?就是一种借用生物的功能和行为,模仿制造新的技术设备和系统的思维。模仿生物原理的发明创造层出不穷,例如,飞机是模仿鸟类飞行原理创造的,潜艇是模仿鱼儿遨游原理创造的,机器人是模仿人的活动创造出来的一种智能机器。

(四)联想创新法

没有想象力的人,不可能有创新能力。运用各种联想,如相似联想、对比联想、接近联想,把不同的事物和不同的设计联系起来,根据实际情况和具体需要加以调整、改造、完善,构成崭新的创造设计,这就是联想创新法。

1. 相似联想

相似联想在研制或寻找浮选新药剂时最有用。具有相同或相似结构性性能的药剂对相同或相似的矿物的浮选都可能有效。

2. 对比联想

例如,19世纪手术后的化脓率达到了45%,英国医学家利斯特研究了很久仍旧没有找到解决的办法,正当他百思不得其解时,他看到法国生物学家发现食物腐烂是因为微生物大量繁殖和坏死的报道,他运用对比联想,找到了手术后化脓的原因和解决化脓问题的办法。

3. 接近联想

例如,1891年,杜里埃为了保障内燃机有效地工作,需要将油与空气均匀地混合,正当他思索时,他看到了妻子正在喷香水,于是他从妻子喷香水中得到了启发,发明了发动机的汽化器。

(五)组合创新法

当今世界的重大科技创新,大多数都是组合创新,即集成创新。原始创新往往只是集成创新中的核心技术。因此,必须强调组合(集成)创新。

例如,我国重大的"两弹一星"和神舟系列载人航天飞行技术等科技成果,是集成创新最成功的典范。载人航天飞行技术是由航天技术、信息技术、材料技术、能源技术、生物技术、气象技术和系统科学技术等多种技术构成的,缺一不可。所以说神舟系列的成功,不是哪一种技术的原始创新,而是多种技术的集成创新。

(六)逆向思考创新法

科技史上很多重大的创新发明的起源就是逆向思考创新法。1877年,爱迪生在改进电话时发现,音膜随声音能产生有规律的振动。那么,同样的振动是否能转换为声音呢?经过反复试验研究,爱迪生终于发明了世界上第一台留声机。

七、创新人格的基本素质

创新人格是指有利于创新活动顺利开展的个性品质,它具有高度的自觉性和独立性,是一个人的品质与德行问题。创新人格的特点是以服务社会为己任,敬业爱岗,刻苦钻研,开拓进取,坚韧不拔。创新人格是创新主体进行创新活动的心智基础,是创新主体进行创新活动的能力基础。创新人格的基本素质有:

(1)善于与他人交流合作;
(2)善于批判继承;
(3)勇于反思、质疑、发现问题的探索精神;
(4)敢冒风险的大无畏勇气;
(5)能承受失败和委屈带来的压力、持之以恒的精神。

项目二十三 创业能力

训练02:通过模拟训练,对创业进行认知。

创业计划"拍砖会"

一、时间:90分钟。

二、活动目的:通过逆向思维方式,调动学生的学习积极性,引导学生参与教学的各个环节;通过团队合作方式,锻炼学生的团队合作意识,理解创业伙伴的重要性;通过指出错误的方式,提高学生学以致用的能力等。

三、活动地点:教室。

四、参与人数:40~50人。

五、活动所需资源:多媒体设备,主持人1名,后勤工作人员若干,6份创业计划书。

六、操作程序:

(一)课前准备

1. 教师在授课之前提前通知学生做好准备,提高学生学习兴趣与积极性;教师选定本次活动的主持人和后勤工作人员。

2. 教师确定本次"拍砖会"需要用的创业计划书,组织后勤工作人员准备会议资料,组织学生成立学习小组,小组由学生自由组合成立,每组6~8人,并选出组长和计分员。

3. 教师准备创业计划书基础步骤知识表,各小组课前结合创业计划书分析讨论创业计划书基础步骤知识。

4. 制作相应的PPT课件,进行创业计划"拍砖会"发言。

(二)课堂现场验收成果

1. 会议开始前,后勤工作人员负责活动现场的布置,主持人准备好主持词。

2. 召开创业计划"拍砖会",主持人分别介绍课前准备的创业计划书,各小组按找出的创业计划书中的错误个数计算小组得分。(每份创业计划书用时10分钟,共约60分钟,主持人介绍每份创业计划书的时间必须确保在4分钟内。)

3. 各小组自评、互评。

4. 教师总结点评。

(三)课后总结

1. 各小组整理本小组最终得分和找出问题及解决办法。

2. 各小组收集成员关于创业计划书的制作流程、注意细节及心得体会并总结成文字材料。

3. 教师指导各小组草拟一份创业计划书。

训练问题:

1. 创业计划书的"十步走"是什么?

2. 企业的责任有哪些?

3. 现金流量表的作用是什么？

一、创业者

创业者是指某个人发现某种信息、资源、机会或掌握某种技术，利用或借用相应的平台或载体，将其发现的信息、资源、机会或掌握的技术，以一定的方式转化、创造成更多的财富、价值，并实现某种追求或目标过程的人。创业者并不等于企业家，因为大多数创业者并不可能完全具备企业家必备的个人品格。创业者只有不断完善个人素质，带领企业获得商业上的成功，才可能逐步转变为真正的企业家。

对于一个企业来说，创业领导者乃群龙之首，创业领导者的品质、素质直接关系到企业的文化和企业的灵魂和精髓。作为一个领导者或管理者，要善于想出好的点子、方法和决策，这是思考力；在那么多的点子、方法和决策里，如何确定出一个更正确的答案，要靠决策力；然后找人执行制定的决策，就是找一个负责人或者是承办人把它抓好、做好，这是执行力。这样三个力合起来就变成了领导的"三力"：思考力、决策力和执行力。

二、创业团队

创业的主体是创业者，创业者可以是个体，也可以是团队。经济发展依赖于企业发展，而企业发展的关键在于有一大批具有企业家精神的企业家。创业者也被称为创业家、企业家和老板，企业家对生产要素的重新组合是经济增长的动力，是经济增长的内在因素。所以，现代经济在某种意义上就是企业家经济。

（一）创业团队的内涵

创业团队是由参与公司创建、制定发展战略和从事企业管理的两个或两个以上的成员组成的团体。他们之间的技能互补，为了实现共同的创业目标彼此担负相应的责任，并为达成高品质的结果而共同努力。他们一般占有公司股份或享有某种程度的企业所有权。创业团队要比一般的团队具备更多的知识储备和内涵，并且团队成员之间还具备开创事业的共同承诺。

一个完整的创业团队应具有五项基本要素。

1. 目标

创业团队应该有一个既定的共同目标，为团队成员导航，要知道向何处去。没有目标，这个团队就没有存在的价值。

2. 人

人是构成创业团队的最核心的力量。在一个创业团队中，人力资源是所有创业资源中最活跃、最重要的资源。要充分调动创业者的各种资源和能力，将人力资源进一步转化为人力资本。

3. 定位

创业团队的定位包含以下两层意思。

1）创业团队的定位

创业团队在企业中处于什么位置？由谁选择和决定团队的成员？创业团队最终应对谁负责？创业团队采取什么方式激励下属？

2) 个体(创业者)的定位

作为成员,他在创业团队中扮演什么角色?是制订计划还是具体实施或评估?是大家共同出资,委派某个人参与管理,还是大家共同出资,共同参与管理,或者是共同出资,聘请第三方(职业经理人)管理?这些体现在创业实体的组织形式上,是合伙企业还是公司制企业?

4. 权力

创业团队当中领导者的权力大小与其团队的发展阶段和创业实体所在行业相关。一般来说,创业团队越成熟,领导者所拥有的权力相应越小。在创业团队发展的初期阶段,领导权相对比较集中。高科技实体多数实行民主的管理方式。

5. 计划

计划有两层含义:一是目标的最终实现,需要一系列具体的行动方案,可能会把计划理解成达到目标的具体工作程序;二是按计划进行,可以保证创业团队的正常运作,在计划的控制下,创业团队会一步一步地接近工作目标。

(二) 创业团队的组成

通常一个高效的创业团队应该具备以下特征。

(1) 团队成员与公司拥有共同的梦想,满怀热情地为了公司的成功而工作。

(2) 如果团队成员此前就在一个团队里愉快地合作过,不管是在大公司还是新建的公司中,这个团队往往具有更多的优势,因为成员们已经过了磨合期,不再面临初次合作存在的问题。

(3) 团队成员中至少有一人对公司所处的行业有一定的经验。

(4) 团队拥有行业关系网,其兄弟公司能够助其一臂之力。

(5) 团队所掌握的专业知识涵盖该行业的各个方面,如技术、财务、营销、运营。

(6) 团队全心全意致力于公司的发展,共同应对融资约束问题。

(三) 创业团队的激励机制

创业团队成员本身具有分离倾向,团队管理稍有松懈,就可能导致团队的绩效大幅度地下降。有效激励是企业长久保持团队士气的关键。有效激励通常包括两个方面的激励:一是物质条件,二是心理收益。

1. 团队文化的激励

团队文化是固化剂,团队凝聚力的培养离不开团队文化的建设。团队文化激励对团队建设的积极作用主要表现在:团队文化通过营造一种积极向上、相互尊重、相互信任的文化氛围来协调企业内外的人际关系,通过调动成员积极性、主动性和创造性来增加团队的凝聚力和竞争力,使团队成员与整个团队同呼吸、共命运,把领导者、团队成员与整体紧紧联系在一起。

2. 经济利益的激励

创业企业的产权一般比较明确,机制灵活,所以对于创业团队成员,可以把期权激励作为经济激励的一项重要内容来实施,把传统的以现金为代表的短期经济激励和以期权为代表的长期经济激励结合起来,体现人力资源的价值。

3. 权力与职位的激励

通常,创业者具有极强的进取精神,而创业团队又是高知识群体。他们不仅仅为追求经济利益而进行创业活动,也为了得到成就感以及权力和地位上的满足。

（四）创业团队领导者应具备的能力与潜质

(1) 充沛的精力和全身心的投入。
(2) 智慧和精力。
(3) 正直的品行和良好的工作习惯。
(4) 丰富的阅历。
(5) 授权能力。

三、创业计划书

创业计划书是创业者叩响投资者大门的"敲门砖"，是创业者计划创立的业务的书面摘要。一份优秀的创业计划书往往会使创业达到事半功倍的效果。创业计划书是一份全方位的商业计划，其主要用途是递交给投资商，以便他们能对企业或项目做出评判，从而使企业获得融资。它用以描述与拟创办企业相关的内外部环境条件和要素特点，为业务的发展提供指示图，是衡量业务进展情况的标准。通常创业计划书是结合了市场营销、财务、生产、人力资源等职能计划的综合计划书。

（一）创业计划书的内容

一般来说，在创业计划书中应该包括创业的种类、资金规划及资金来源、资金总额的分配比例、阶段目标、财务预估、行销策略、可能风险评估、创业的动机、股东名册、预定员工人数，具体内容一般包括以下十个方面。

1. 计划摘要

计划摘要浓缩了创业计划书的精华，涵盖了计划的要点，以求一目了然，以便投资者能在最短的时间内评审计划并做出判断。计划摘要要尽量简明、生动，特别要说明企业的不同之处以及企业获得成功的市场因素。计划摘要主要包括公司介绍、管理者及其组织、主要产品和业务范围、市场概貌、营销策略、销售计划、生产管理计划、财务计划、资金需求状况等。

2. 企业介绍

企业介绍的目的不是描述整个计划，也不是提供另外一个摘要，而是对公司进行介绍，因此重点是公司的理念和如何制定公司的战略目标。

3. 行业分析

在行业分析中，应该正确评价所选行业的基本特点、竞争状况及未来的发展趋势等。（关于行业环境分析在模块四中已有介绍，这里不再赘述。）

4. 产品介绍

产品介绍应包括以下内容：产品的概念、性能及特性，主要产品介绍，产品的市场竞争力，产品的研究和开发过程，发展新产品的计划和成本分析，产品的市场前景预测，产品的品牌和专利等。在产品（服务）介绍部分，创业者要对产品（服务）做出详细的说明，说明要准确，也要通俗易懂，使不是专业人员的投资者也能明白。一般地，产品介绍都要附上产品原型、照片或其他介绍。

5. 组织结构

在企业的生产活动中，存在着人力资源管理、技术管理、财务管理、作业管理、产品管理等。其中投资者非常看重创业者背景和产品的前景。如果创业团队背景非常耀眼或者创业者有异常的魅力,都很容易取得投资者的信任和关注,相对而言也会比较容易拿到投资。如果产品的前景广阔,那就要让投资者充分了解,这样投资者会因为产品方向好而投资。

6. 市场预测

市场预测应包括以下内容:需求预测、市场现状综述、竞争厂商概览、目标顾客和目标市场、本企业产品的市场地位等。

7. 营销策略

对市场的错误认识是企业经营失败的最主要原因之一。在创业计划书中,营销策略应包括以下内容:①市场机构和营销渠道的选择;②营销队伍和管理;③促销计划和广告策略;④价格决策。

8. 生产制造计划

创业计划书中的生产制造计划应包括以下内容:产品制造和技术、设备现状,新产品投产计划,技术提升和设备更新的要求,质量控制和质量改进计划。

9. 财务规划

财务规划一般包括以下内容:现金流量表、资产负债表及损益表的制备。流动资金是企业的生命线,因此企业在初创或扩张时,对流动资金需要预先有周详的计划和过程中的严格控制。损益表反映的是企业的盈利状况,它是企业在一段时间运作后的经营结果。资产负债表则反映的是某一时刻的企业状况,投资者可以用资产负债表中的数据得到的比率指标来衡量企业的经营状况以及可能的投资回报率。

10. 风险管理

分析企业在市场、竞争和技术方面存在的基本风险,以便做好应对这些风险的准备,同时还要看到企业的附加机会,做好扩展计划,考虑最好和最坏情形下企业的未来计划。

(二)创业计划书的编写步骤

准备创业计划书是一个展望项目的未来前景、细致探索其中的合理思路、确认实施项目所需的各种必要资源、寻求所需支持的过程。需要注意的是,并非任何创业计划书都要完全包括上述全部内容。创业内容不同,相互之间的差异就很大。创业计划书具体的编写步骤包括六个阶段:经验学习阶段、创业构思阶段、市场调研阶段、方案起草阶段、最后修改完善阶段、检查阶段。

(三)创业计划书的编写技巧

任何创业计划书都必须十分注意管理阶层的背景资料,详细说明他们的姓名及令人信服的各种资料,这是创业计划书的基本要求,也是创业计划书包装的最基本要求。而好的创业计划书还要说明为什么你能开创这独特的产品或服务,并由此获得大量收益。

1. 产品和服务具有独特性

独特性优势体现在技术、品牌、成本等方面,而这些优势能保持多长时间也是投资者决定是否投资的重要因素之一。

2. 商业模式和赢利模式可行

商业模式是指如何生产商品,如何提供服务和市场策划等;赢利模式是指如何赚钱,如何把产品和服务转化为利润。商业模式和赢利模式的可行性,最终又体现在企业的执行力上。

3. 高效的管理

大多数风险投资者认为,任何风险投资成功的关键都是管理。管理是风险投资者第二关心的问题。风险投资领域的传统观点认为:如果你的点子好,但管理差,可能失去机遇;如果点子差,但管理好,则可能争取机遇。其中"好"的含义是多方面的。

4. 风险投资都是利字当头

提供有说服力的公司财务增长预测是创业者义不容辞的责任。所以,风险投资都选择有竞争力的企业、行业中的龙头。要想吸引投资,创业计划书要写明企业的规模、计划、发展状况等。

5. 退出机制

风险投资者如何摆脱某种状态是影响其投资决策的重要因素。也就是说,风险投资者在决定进入之前,一定要事先找好退身之路。他们不想长时期在你的公司拥有产权,他们希望其投资与其他资本共同作用一段时间,而后抽走,这就要求有退身之路。主要的退出机制有以下几种。

(1)公司上市,这样投资者可将自己拥有的该公司的股权公开出售。

(2)公司整体出售,即包括风险投资者的权益同时出售给有关公司,通常为大公司。

(3)公司、个人或第三团体把投资者拥有的本公司的权益买下或买回,创业计划书对有关事项应详细说明。

四、创业风险

(一)初创企业的风险

创业环境的不确定性,创业机会与创业企业的复杂性,创业者、创业团队与创业投资者的能力与实力的有限性,是创业风险的根本来源。

具体来说,外部经济市场与技术环境的不确定性变化,如宏观经济的波动或产业的巨变等都是创业风险的可能来源之一。然而,更深入的研究表明,由于创业的过程往往是将某一构思或技术转化为具体的产品或服务的过程,在这一过程中存在几个基本的、相互联系的缺口,它们是创业风险中不确定性的来源以及复杂性和有限性的主要来源。也就是说,创业风险在给定的宏观条件下往往直接来源于这些缺口。

(二)初创企业的风险管理

风险管理是指人们对各种风险的认识、控制和处理的行为,它要求人们研究风险发生和变化的规律,估算风险对社会经济生活可能造成的损害程度,并选择有效的手段,有计划、有目的地处理风险,以期用最小的成本代价获得最大的安全保障。这是一个对纯粹风险暴露的系统识别与管理的过程。成熟企业都有一个专门的部门和高层经理主管企业所面临的风险,以使风险损失对实现企业目标的负面影响最小化。创业企业一般规模较小,其风险管理的任务主要落在创业者身上。

发展到现在,风险管理已经形成了一般的管理原则,成熟企业通常依此来管理其所面临的风险。风险管理的程序一般包括以下几个环节:风险识别、风险评估、风险管理方法的选择和管理效果的评价等。

(三)初创企业的风险预防

当需要用综合的方法来管理风险的时候,很多处于创业阶段的企业所采用的仅是通过购买商业保险来分散风险的方法,这对一个希望健康成长的企业来说是远远不够的,因为企业所面临的风险远远不止这些可保风险。所以,企业的管理者必须了解风险的来源,并在此基础上建立一套风险管理程序,在需要的时候可以分别或综合地加以使用。

五、内部创业

(一)内部创业的概念及内涵

创新与创业是紧密联系的,特别是对大企业来说,创新是与内部创业更为紧密地联系在一起的。有研究者认为,创业与企业内的官僚层级制度是相互排斥的。但在实践中,一些企业却成功地实现了内部创业,如3M公司、贝尔亚特兰大公司、美国电话电报公司等。可以说,这种理论跟实践进一步推动了内部创业活动的开展。

一般认为,内部创业是指为了获得创新性的成果而得到组织授权和资源保证的企业创业活动。内部创业在本质上要优于自行创业,因为企业环境是创业者充分熟悉的,公司可以提供制造设备、供应商网络、技术资源、各类人才、营销网络及企业品牌。创业者不必费时向外界筹措创业资金,失败后承担的责任较少,相对成功的机会较大。因此,内部创业在本质上具有先天优势。内部创业是一种在现有企业组织内部推动的非正规活动,需要有领导者的强力支持,以及组织与管理上的诸多配合,方有成功的机会。内部创业的关键问题就是克服企业组织对创业行为的阻力,在组织边界内提倡创建企业家精神,从而使创新和创业活动得以在一个企业的内部形成氛围。

(二)内部创业的特点

1. 资源优势明显

在内部创业之初,最重要的是要争取领导的认同。如果内部创业活动得到企业管理层的认可,那么内部创业的资源优势将更加明显,内部创业将更容易获得成功。资源的优势突出表现为:①充足的资金来源;②构建内部创业团队相对容易,人才较易获得;③可以充分利用企业现有的基础设施,例如可以共享企业的价值链等,这为内部创业的成功提供了一定的保障。

2. 风险规避能力较强

内部创业活动是在企业内部开创新的业务。在原有企业中开辟新的业务板块,环境(宏观环境和微观环境)的不确定性使得内部创业活动本身的风险加大。这些风险主要包括:政策风险、经营性风险和资本风险。但是,由于是在原有企业中的衍生活动,其风险评价和规避能力在原有企业的支持和合理评价的基础上相对较强。

3. 企业内部制约因素较多

内部创业活动限定于企业内部,因此,内部创业活动要受到企业规则、政策和制度,以及其他因素的影响。公司的各种政策,尤其是投资政策的变化,对内部创业影响最大。当内部创业企业是风险规避型企业时,内部创业活动就会受到更大的约束。因为内部创业活动一般是风险很大的活动,按照公司已有的项目筛选机制,很多风险型的活动将被迫中断,从而阻碍内部创业活动的顺利进行。

4. 创业的主体不同,且对创业主体的价值认同存在差异

内部创业者是企业的创业者和革新者,他们的行为经常会挑战到现有组织的秩序和稳定性,这很容易在组织内部造成一些摩擦,成为企业内部的不稳定因素,也会阻碍内部创业者个人能力的施展。同时,内部创业者创业成功后得到的报酬是职业生涯的提升或者不提升,以及很少的报酬,这对内部创业者来说激励不够,而且不同的企业文化和企业精神会导致对内部创业

者不一致的价值认同。

5. 内部创业的内容和形式具有多样性

内部创业根据其创业源或创业活动内容可以分为不同的类型。根据创业源可将内部创业分为两类：内源内创业和外源内创业。内源内创业是指通过借助企业内部资源进行的内部创业，如内生型创业；外源内创业是指通过借助企业边界之外的资源来进行的内部创业，如通过战略联盟、并购、分包、外部风险资本等方式进行的创业活动。

（三）内部创业的动因

(1)新的、复杂的竞争对手数量快速增加。
(2)人们对传统企业管理的信任开始动摇。
(3)控制人才流失。

案例分析

创业案例两则

案例一：陈生毕业于北京大学，十多年前放弃了自己在政府中让人羡慕的公务员职务，毅然选择了下海，倒腾过白酒和房地产，打造了"天地壹号"苹果醋，在悄悄进入养猪行业后，在不到两年的时间内，在广州开设了近100家猪肉连锁店，营业额达到2个亿，被人称为广州千万富翁级的"猪肉大王"。

实际上，之所以能在养猪行业里在很短的时间内就取得骄人成绩，成为拥有数千名员工的集团董事长，还在于陈生此前就经历的几次创业的"实战经验"：陈生卖过菜，卖过白酒，卖过房子，卖过饮料。这使得陈生有着这样的独到见解：很多事情不是具备条件、做好了调查再去做就能做好，而是在条件不充分的时候就要开始做，这样才能抓住机会。

虽然走的还是"公司＋农户合作"的路线，但针对学生、部队等不同人群，却能够选择不同的农户，提出不同的饲养要求。比如，为部队定制的猪肉可肥一点，学生吃的猪肉可瘦一点，为精英人士定制的猪肉，据传猪每天吃中草药甚至冬虫夏草，因此公司的猪肉与普通的猪肉"和而不同"。在这样的精细化营销战略下，陈生终于在很短的时间内打响了"壹号土猪"品牌，成为广州知名的"猪肉大王"。

案例二：4位梦想创业的大学生，每人凑齐4000元，准备在校园附近开一间精品店。当他们和房屋转租者签好转让协议，对店面进行装修时，房东突然出现并进行阻挠。16 000元创业资金已经花光，门面却无法开张。

小王是中南大学铁道校区大三学生，大二时他就忙着在学校做市场调查，他认为定位中高档的男士精品店会很受学生欢迎。这学期开学不久，他和另外三位有创业想法的同学一拍即合，每人投资4000元准备开店。

校园附近的孙老板有三间紧挨着的店面，其中一个门面闲置着。孙老板同意以12 000元转让这个门面两年的使用权。当时孙老板说她有这个门面三年的使用权，但不要让房东知道房子已经转租给他们，就说几个大学生是帮她打工的，以避免房东找麻烦。"我们虽然知道孙老板不是房东，只是租用了房东的房子，但我们不知道一定要经过房东的同意才能租房。"9月10日，涉世未深的几名大学生和孙老板签下了门面转让协议书，并支付了7000元钱。

当他们开始对门面进行装修时，房东闻讯赶来。房东表示，他和孙老板签订的合同上明确写了该房子只允许做理发店,并且不允许转租。房东阻止他们装修,并和孙老板发生了冲突。在店面前透过玻璃门可以看到,几个玻璃柜凌乱地摆放着,地上刨花满地。

思考题:

1. 案例一中陈生在选取创业项目和经营公司的过程中采用了哪些创新思维方式?
2. 对比案例一和案例二,结合实际谈谈创业过程中需要注意哪些问题?规避哪些风险?

思考练习

一、单项选择题

1. 学习创新创业课程的目的不包括(　　)。
   A. 获得物质收获　　　　　　　　B. 培养创业意识
   C. 激发创业精神　　　　　　　　D. 训练创新思维
2. 创业与发明的区别不包括(　　)。
   A. 创业追求经济价值和社会价值　　B. 创业是与人有关的事业
   C. 创业需要时刻考虑投入回报　　　D. 发明成果能立刻转化成创业项目
3. 下列不属于传统创新技法的是(　　)。
   A. 智力激励法和设问探讨法　　　B. 仿生创新法和联想创新法
   C. 组合创新法和逆向思考创新法　D. TRIZ理论和联系创新法
4. 下列属于创新思维的类型有(　　)。
   A. 逻辑思维与形象思维　　　　　B. 发散思维与收敛思维
   C. 求同思维和求异思维　　　　　D. 横向思维与逆向思维

二、多项选择题

1. 对于创业者来说,有利的外部环境包括(　　)。
   A. 90后崇尚自由　　　　　　　　B. 政府政策支持
   C. 市场需求加大　　　　　　　　D. 创业门槛降低
2. 创业的循环是指(　　)。
   A. 机会识别与评估　　　　　　　B. 资源获取与整合
   C. 组织创立与改造　　　　　　　D. 价值创造与分享
3. 创业者的特征主要包括(　　)。
   A. 创新精神　　B. 冒险精神　　C. 独立精神　　D. 控制变化
4. 按照创新活动中对象的不同,将创新分为(　　)。
   A. 产品创新　　B. 工艺创新　　C. 服务创新　　D. 商业模式创新

三、简答题

1. 创新与创业的关系是什么?
2. 试阐述内部创业的内涵和特点。
3. 试简述创业计划书的基本内容。

参考文献

CANKAOWENXIAN

[1]　单凤儒.管理学基础[M].3版.北京:高等教育出版社,2008.

[2]　周三多,陈传明,贾良定.管理学——原理与方法[M].6版.上海:复旦大学出版社,2014.

[3]　肖祥伟.管理基础与实务[M].北京:高等教育出版社,2012.

[4]　万胜利.管理学原理与实务[M].北京:中国人民大学出版社,2014.

[5]　赖文燕.管理基础与实务[M].北京:北京交通大学出版社,2010.

[6]　潘虹尧.企业管理实务[M].北京:机械工业出版社,2010.

[7]　王爱民,张素罗.管理学原理[M].成都:西南财经大学出版社,2008.

[8]　周建军.管理学[M].成都:西南交通大学出版社,2009.

[9]　王彦长,刘明,广小利.管理大视野——管理案例、习题集[M].长沙:湖南师范大学出版社,2015.

[10]　仲崇高.管理学[M].2版.长沙:湖南师范大学出版社,2014.

[11]　〔美〕彼得·德鲁克.卓有成效的管理者[M].北京:机械工业出版社,2009.

[12]　〔美〕弗雷德里克·泰勒.科学管理原理[M].马风才,译.北京:机械工业出版社,2016.

[13]　〔法〕亨利·法约尔.工业管理与一般管理[M].迟力耕,张璇,译.北京:机械工业出版社,2013.

[14]　斯蒂芬·P.罗宾斯,玛丽·库尔特.管理学[M].11版.李原,孙健敏,黄小勇,译.北京:中国人民大学出版社,2012.

[15]　〔美〕彼得·德鲁克.管理的实践[M].齐若兰,译.北京:机械工业出版社,2009.

[16]　王红梅,蔡爱丽.管理学基础[M].2版.西安:西安交通大学出版社,2017.